Zu diesem Buch

Die naturwissenschaftlichen Texte von einem, der sich selbst als «verkommener Gymnasiast» bezeichnete und es als «Aufschneiderei» hätte ansehen müssen, daß er durchs Abiturexamen gefallen wäre – weil er nämlich «überhaupt nicht bis Prima gelangt ist» –, die naturwissenschaftlichen Texte eines solchen werden, wenn es sie überhaupt gibt, wohl nahezu nie als Anthologie herausgegeben. Genau diesen Texten Thomas Manns, der seine Schulkarriere mit diesen Worten beschrieb, ist dieses Buch gewidmet. Benannt wurde es nach «Professor Kuckuck», der dem Hochstapler und Memoirenschreiber Felix Krull in den *Bekenntnissen des Hochstaplers Felix Krull* die Welt erklärt. Der Ausflug in das Romanwerk Thomas Manns zeigt, wie kenntnisreich der große Schriftsteller die Physik, die Biologie, die Evolution, die Mathematik und die Medizin in Weltliteratur wie den *Zauberberg* oder die *Buddenbrooks* einfließen ließ. Ein Lesevergnügen der besonderen Art!

Henning Genz, geboren 1938 in Braunschweig, arbeitete nach dem Studium der Physik und Mathematik an den Universitäten Hamburg und Berkeley. Seit 1978 lehrte er am Institut für Theoretische Teilchenphysik an der Universität Karlsruhe. Er hat mehrere populärwissenschaftliche Bücher veröffentlicht (bei *science* erschienen: *Wie die Zeit in die Welt kam*, *Die Entdeckung des Nichts*, *Wie die Naturgesetze Wirklichkeit schaffen*).

Ernst Peter Fischer, geboren 1947 in Wuppertal, ist nach dem Studium der Physik, der Mathematik und der Biologie Professor für Wissenschaftsgeschichte an der Universität Konstanz. Er veröffentlichte viele populärwissenschaftliche Bücher, darunter viele Biographien berühmter Naturwissenschaftler und den Bestseller *Die andere Bildung. Was man von den Naturwissenschaften wissen sollte* (2003).

Henning Genz
Ernst Peter Fischer

Was Professor Kuckuck
noch nicht wußte

Naturwissenschaftliches in den Romanen

Thomas Manns, ausgewählt, kommentiert

und auf den neuesten Stand gebracht

Rowohlt Taschenbuch Verlag

rororo science

Lektorat Angelika Mette

Originalausgabe
Veröffentlicht im Rowohlt Taschenbuch Verlag,
Reinbek bei Hamburg, Mai 2004
Copyright © 2004 by Rowohlt Verlag GmbH,
Reinbek bei Hamburg
Illustrationen auf den Seiten 36, 69, 73
Copyright © by F. W. Bernstein
Umschlaggestaltung any.way, Barbara Hanke
Foto: ullstein bild/Premium
Layout Petra Wagner, Hamburg
Gesetzt aus der Sabon und
Thesis Sans PostScript, QuarkXPress 4.1
Satz Petra Wagner, Hamburg, und
KCS GmbH, Buchholz/Hamburg
Druck und Bindung Clausen & Bosse
Printed in Germany
ISBN 3 499 61580 0

INHALT

VORWORT

Thomas Mann und wir 9

KAPITEL 1

Ein «verkommener Gymnasiast» –
Thomas Mann und die Naturwissenschaften 15

KAPITEL 2

«Wie und wann trat im Nichts
die erste Schwingung des Seins auf?» –
Gedankensplitter 37

> Der Druck der Luft 37
> Farben durch Interferenz und Strahlung 46
> Fressen und gefressen werden 50
> Zellulare Automaten 54
> Die Experimente des Jonathan Leverkühn 65
> Magische Quadrate 81
> Pendelbewegungen 85
> Rechnen mit und ohne die Null 86
> Neutrinos 91
> Das Anthropische Prinzip 92
> Gedanken zur Zeit 117
> Kupidität und die Quadratur des Kreises 124

KAPITEL 3

«Er war sich seiner bewußt, [...]
aber er wußte nicht, was es sei» –

Erforschungen des Lebens 131

Das Rätsel des Ursprungs 131
Keine Rakete aus dem Weltraum 144
Leben auf der Erde 146
Das Miller-Experiment 148
Manfred Eigens Hyperzyklus 152
Zwei Ursprünge des Lebens 158
Wie kommt das Neue in die Welt? 159
Logik und Realität 161
Der irrationale Einzelfall 168
Ein Streitpunkt 170
In der Zelle 171

KAPITEL 4

«Das Leben ist eine Episode, und zwar,
im Maßstabe der Äonen, eine sehr flüchtige» –

Was Professor Kuckuck noch nicht wußte 179

Das Waggon-Gespräch des
Marquis de Venosta, alias Felix Krull 179
Lissabon: Der Besuch im Museum 202
Die Idee der Evolution heute 220
Einige Fragen an die Evolution 236
Evolutionäre Erkenntnislehre 245
Selektion und Sexualität 249
Das überladene Pferd 251
Kosmologie heute 253

Beschleunigte Expansion   256
Das kosmische Tortendiagramm   257
Schwarze Löcher   261
Die Kosmische Mikrowellen Hintergrund-
strahlung   265
Urzeugungen   268
Lobgold   286

ANHANG

Anmerkungen   287
Literaturverzeichnis   299
Register   310
Bildnachweis   317

Thomas Mann und wir

Wir – damit sind in diesem Buch ein mit Zahlen und Figuren vertrauter Theoretischer Physiker und ein Wissenschaftshistoriker gemeint, der sich zur Vorbereitung auf dieses Tun vor allem mit Molekularbiologie und Genetik befaßt hat. Mit dieser Zweiteilung durch die Disziplinen wird für den Leser der folgenden Seiten erkennbar, welche wissenschaftlichen Aspekte in diesem Buch von welchem Autor übernommen worden sind. Wenn es um die von Thomas Mann angesprochene Physik, einige mathematische Zusammenhänge und andere exakte Splitter geht, dann ist es Henning Genz, der erläutert, was dem Dichterfürsten heute auf- und vielleicht gefallen würde. Und wenn es um die Erforschung des Lebens und seine Herkunft geht, kommt Ernst Peter Fischer zu Wort. Die Idee und die Vorbereitung zu diesem gemeinsam durchgeführten Projekt stammen von Henning Genz, der auch für die einführende allgemeine Betrachtung zuständig ist, in der es eher grundsätzlich um das Verhältnis von Thomas Mann zu den Naturwissenschaften geht. Damit jeder von uns mit zwei Teilen an dem Buch beteiligt ist, wurde das Vorwort in die Hände von Ernst Peter Fischer gelegt, der die Gelegenheit nutzt, um sich herzlich bei Henning Genz für die Einladung zu bedanken, nach seinen Vorschlägen zu Papier zu bringen, was Professor Kuckuck noch nicht wußte, bzw. was dem hinzuzufügen ist, was Thomas Mann von der Wissenschaft seiner Tage für mitteilens- und erzählenswert hielt. Diese Frage enthält allein deshalb eine gewisse Spannung, weil der Dichter immerhin Zeitgenosse großer Physiker vom Range Max Plancks, Albert Einsteins und Werner Heisenbergs war und der Aufbruch in die Moderne zu Beginn des 20. Jahrhunderts zeitgleich in den Künsten und Wissenschaften erfolgte. Von einigen Romanciers des 20. Jahrhunderts – als Beispiel sei Wolfgang Koeppen genannt – ist zudem bekannt, daß die neuen Erkenntnisse der modernen Physik tatsächlich einen Einfluß auf ihre Entwicklung ausgeübt haben: «Ich empfange da ganz deutlich ein Weltbild, das meinen Ahnungen entspricht in vielem», hat Koeppen einmal in einem Interview über die Theorie der Atome gesagt[1], ohne daß dies in seinen Texten so deutlich würde, wie man wünschte und wie man es vielleicht zur Vermittlung der neuen Physik gebrauchen könnte.

Thomas Mann scheint da zugänglicher zu sein, womit wir zu diesem Buch und seinem Ziel zurückkehren. Wenn es beim ersten (disziplinären) Blick auch so aussieht, als ob die beiden Autoren, die sich der Naturwissenschaft in den Romanen des Zauberers annehmen, auf weitgehend verschiedenen Feldern Aktivität entfaltet haben, so zeigt sich beim zweiten Hinsehen, daß sie sich über die Forschungsgrenzen hinaus in einem völlig einig sind, nämlich in der Überzeugung, daß die Vermittlung von Wissenschaft not tut, möglich ist und jedes Bemühen rechtfertigt. Und beide haben es nicht bei dem entsprechenden Bekenntnis belassen, sondern über viele Jahre hinweg mit zahlreichen Beiträgen versucht, die genannte Not zu lindern. Als bevorzugtes Mittel haben wir – neben dem Halten von Vorträgen und dem Teilnehmen an Gesprächsrunden – das Schreiben von Sachbüchern gewählt, wobei der Biologe an dieser Stelle das Bekenntnis abgeben möchte, daß es ausgerechnet Texte von Thomas Mann waren, die ihm überhaupt erst Mut gemacht haben, an das Schreiben von Büchern zu denken. Der Doktorand hat sich von den wiederholt gelesenen Hinweisen des

Dichters beeinflussen lassen, daß Schreiben vor allen Dingen diszipliniertes regelmäßiges Arbeiten in der ersten Tageshälfte meint und Romane auch an ihrer handwerklichen Qualität gemessen werden und dadurch ihren Autor zufriedenstellen können. Die Hoffnung bestand darin, daß das Handwerk des Schreibens gelernt und die jeweils nötige Disziplin eingehalten werden konnte. Den Stoff, von dem man erzählen wollte, den würde die Wissenschaft schon in ausreichendem Maße liefern, da konnte man mit der Quantentheorie, der Molekularbiologie und anderen Hervorbringungen der Neuzeit sicher sein. Da gab es genug im Kopf, das seinen Ausdruck suchte.

Unter dieser Vorgabe haben die beiden Autoren dieses Buches viele Jahrzehnte hindurch auf verschiedene und vielfältige Weise versucht, von dem großen Abenteuer zu erzählen, das mit der Wissenschaft entstanden ist. Sie haben dabei zugleich ständig Ausschau nach Erzählungen gehalten, in denen von Wissenschaft die Rede ist und mit ihr etwas verstanden und unternommen wird. Wer dies gründlich und konsequent tut, wird früher oder später zwangsläufig bei Thomas Mann landen, auch wenn er zunächst viel Geduld oder Lesefleiß mit den Romanen des Zauberers braucht, um bis zu den Stellen vorzudringen, die ihre besondere Spannung aus dem wissenschaftlichen Sachverstand und seiner oftmals strengen Betrachtung ziehen.

Es sind zunächst zahlreiche medizinische Themen – wie der Typhus des Knaben Hanno in den *Buddenbrooks* oder die Krankheiten auf dem *Zauberberg* –, die in den Erzählungen und Romanen auftauchen, aber sie machen den Blick frei für biologische Forschungen, die davon losgelöst stattfinden und die nach und nach auch erzählt werden. Dabei ist unvermeidbar, daß Thomas Mann unter dieser Vorgabe zuletzt – in den *Bekenntnissen des Hochstaplers Felix Krull* – bei der großen Idee der Evolution landet und die Resultate der biologischen Anpassungsprozesse besichtigt, die unter diesem Konzept zusammengefaßt werden. Die Vorstellung der Evolution, von der Thomas Mann den im Titel angeführten Professor Kuckuck erzählen läßt, unterliegt natürlich auch der Evolution, und dabei ist in unseren Tagen die Ansicht entstanden, «daß mathematisches Denken nur eine spezielle Form unseres Sprachvermögens» ist.[2]

So heißt es zum Beispiel in dem Buch *Das Mathe-Gen* von Keith Devlin, und wir zitieren diese Ansicht, weil sie erlaubt, eine Verbindung zu knüpfen zwischen der Welt der Objekte, die in der Naturwissenschaft *ge*zählt (und unter anderem von den Autoren dieses Bandes behandelt) werden, und der Welt der Geschichten, die von einem Dichter wie Thomas Mann *er*zählt werden. Das Wortspiel mit dem Zählen bzw. Erzählen geht dabei tiefer, als man beim ersten Hören meinen könnte. Der Hinweis auf einen gemeinsamen Ursprung von Sprache und Zahl gewinnt rasch an Überzeugung, wenn man erfährt, daß sich die Verwandtschaft nicht nur im Deutschen, sondern zum Beispiel auch im Englischen zeigt, wo im «to tell» («erzählen») das althochdeutsche «tellen» (plattdeutsch «vertellen») sichtbar wird, das auf Teilen bzw. Verteilen hinweist. Und im Französischen erkennt man in dem Wort «raconter» («erzählen») das «compter» («zählen»), und selbst im lateinischen «numerus» («Zahl») tritt uns das «nomen» entgegen, also das Benennen bzw. das Benannte. «Erzählen» heißt dann wohl, die Vergangenheit zeitlich so auszubreiten, daß sie wie eine Folge (aus Zahlen) erscheint. In einer Erzählung folgen die Episoden des Lebens wie Zahlen in einer Folge aufeinander.

Anders ausgedrückt – wer gerne mit Zahlen und Zählbarem umgeht und mit ihrer Hilfe Bedeutung zu gewinnen bzw. zu geben versucht, ist gar nicht so weit von demjenigen entfernt, der aus dem Zählen ein Erzählen gemacht hat, um nicht nur den Wörtern Bedeutung zu geben, sondern mit ihnen dem Leben der Menschen. Darum allein geht es letztlich – in der Kunst ebenso wie in der Wissenschaft, die allerdings zu Lebzeiten von Thomas Mann so abstrakt geworden ist, daß für den Laien kaum noch erkennbar wird, wovon die Kenntnis abgezogen bzw. abgeleitet ist, die man ihm vermitteln möchte. Könnte die Vermittlung von Wissenschaft besser gelingen, wenn bei ihrer Darstellung erkennbar bleibt, was sie mit meinem Leben zu tun hat?

Das Gespräch, das Professor Kuckuck mit Felix Krull führt, zeigt, daß die Antwort auf diese Frage ‹ja› heißt, denn der Hochstapler lernt zwar vordergründig von der Evolution und ihren Hervorbringungen. Er erkennt darin aber vor allem das Spiel der Verwandlung, das ihn seit seinen Kindertagen gefesselt hat und das er mit keineswegs geringem Erfolg betreibt. Natürlich gilt es festzustellen, was die Wissenschaft nach Professor Kuckuck herausgefunden hat und was Thomas Mann noch unbekannt war. Aber vielleicht sollten wir auch beschreiben, was wir immer noch nicht wissen, nämlich wie man von der Wissenschaft so erzählt, daß sie der Zuhörer mit seinem Leben verbinden kann und deshalb erregt und erlebend versteht. Das auf jeden Fall haben Professor Kuckuck und sein Dichter gewußt.

Karlsruhe und Konstanz, 2004
Henning Genz und Ernst Peter Fischer

KAPITEL 1

Ein «verkommener Gymnasiast» –

Thomas Mann und die Naturwissenschaften

Daß es von einem, der sich selbst als «verkommener Gymnasiast» bezeichnete und der es als «Aufschneiderei» ansehen müßte, daß er «durchs Abiturexamen gefallen wäre» – weil er nämlich «überhaupt nicht bis Prima gelangt ist»[1] –, naturwissenschaftliche Texte gibt, die gesammelt, kommentiert und weitergeführt werden können, erstaunt. «Ich hab's wo anders hergenommen»[2], sagt Mephisto über ein Schmuckkästlein zu Faust in Goethes *Faust*, und dasselbe müßte Thomas Mann einem Leser zugeben, der ihn über seine anscheinend umfassende naturwissenschaftliche Bildung aushorchen wollte.

Aber wie denn nicht? Thomas Mann hat wieder und wieder zugegeben – ja, ohne Koketterie zugegeben –, daß er von alledem, was seine Figuren physikalisch und kosmologisch bewegt, überhaupt nichts versteht. So beginnt er in einem Aufsatz namens *Okkulte Erlebnisse*[3] von 1923, auf dessen fragwürdigen Inhalt einzugehen sein wird, einen Satz mit der Phrase: «Die Tatsache, daß ich von der Lehre des berühmten Herrn Einstein sehr wenig weiß und verstehe …», und in einem Brief an Rudolf Kayser[4] wiederholt er 1954, daß «wenig Menschen von [Einsteins] Leistung etwas verstehen», worauf er fortfährt: «Auch ich darf mich kaum zu diesen wenigen rechnen.» Kein Bedauern hier. Tatsachen bedeuteten ihm nur dann etwas, wenn er sie zur Darstellung der «Lebenswirklichkeit» seiner Figuren benötigte, um diese «glaubhaft» zu machen, sie also nicht nur zu «behaupten». Dazu, und nur dazu, benötigte er realistische Darstellungen ihrer Gedanken- und Arbeitswelt. Besonders zu tun ist es ihm um dem Tonsetzer Adrian Leverkühn im *Doktor Faustus*. Dessen Beziehungen zu den Naturwissenschaften sollen für «das Faustische» in ihm stehen; zu dessen Lebenswirklichkeit aber gehören sie nur nebenbei. So auch die naturwissenschaftlichen Reflexionen Goethes in *Lotte in Weimar* sowie die Überlegungen von Hans Castorp im *Zauberberg* zur Zeit.

Wohl aber treten Nebenfiguren auf, zu deren vordringlichen Lebenswirklichkeiten die Naturwissenschaften gehören. Zu nennen ist Adrians Vater Jonathan Leverkühn. Dessen sinnige Manie, die elementa zu spekulieren, muß für den naturwissenschaftlichen Aspekt des faustischen in Adrian herhalten. Vor allem aber in seinem unvollendeten Spätwerk, den *Bekenntnissen des Hochstaplers Felix Krull*, hat Thomas Mann eine Figur erfunden – erfunden? zusammengesetzt wäre besser! –, zu deren Lebenswirklichkeiten unabweisbar die Naturwissenschaften gehören, den Lissaboner Professor Kuckuck. Nach Hans Wysling [5] vereinigt das «vexatorische Gelehrtenkonglomerat» Professor Kuckuck sieben Autoren naturwissenschaftlicher Bücher in sich, unter ihnen Ernst Haeckel *(Die Welträthsel)*, Paul Kammerer *(Allgemeine Biologie)*, Lincoln Barnett *(The Universe and Dr. Einstein)* sowie Maurice Maeterlinck *(Geheimnisse des Weltalls)*. Hinzu kommt der Biologe Martin Kuckuck *(Die Lösung des Problems der Urzeugung)*, dem Manns Professor Kuckuck seinen Namen verdankt. In Kuckucks Gestalt ist offenbar, und wie vielerorts erwähnt, ein Porträt Schopenhauers eingegangen. Der Namensheld des Romans, Felix Krull, beschreibt den Professor Kuckuck nämlich so: «[...] ein älterer Herr, zierlich von Figur, etwas altmodisch gekleidet (mir schwebt ein vatermörderähnlicher Kragen vor, den er trug) und mit

Abb. 1 Dem Lissaboner Professor Kuckuck der *Bekenntnisse des Hochstaplers Felix Krull* hat Thomas Mann einige Züge Schopenhauers verliehen (Porträt von M. Lämmel).

grauem Bärtchen, der [...] mit Sternenaugen zu mir aufblickte.»[6] Sternenäugig aber ist der Schopenhauer der Abbildung nicht, so daß bei dieser Bezeichnung entweder die Phantasie mit Thomas Mann durchgegangen sein oder sich ein anderes Vorbild der Sternenäugigkeit statt der «Augensterne, die jeder hat» finden lassen muß. Weil Klaus Mann in seinem «Lebensbericht»[7] Albert Einstein neben «Silbermähne, Kuppelstirn uns schalkhaft tiefem Blick» auch «Augen, sternenhaft» zuschreibt, wird vermutet, Einstein sei ein zweites Vorbild der Gestalt des Professor Kuckuck gewesen. Das mag sein. Offensichtlich sternenäugig aber ist Thomas Mann selbst im Original seines Porträts des Jahres 1913 von Max Oppenheimer, das im Thomas-Mann-Archiv Zürich angesehen werden kann; Kopien wie die unsere lassen die aufdringliche Sternenäugigkeit des Originals nur erahnen. Übrigens hat Thomas Mann die Metapher der Sternenäugigkeit[8] bereits 1924 im *Zauberberg* (zur Charakterisierung von Naphtas Vater Elia) und 1939 in *Lotte in Weimar* als Eigenschaft Goethes verwendet.

Am Ehrgeiz, Thomas Mann seine einzelnen Quellen nachzuweisen, können und wollen wir uns nicht beteiligen. Wenn sie uns bei den Studien zu diesem Buch zugeflogen sind, sollen sie erwähnt werden. Natürlich kann man sagen, Thomas Mann habe abgeschrieben – abgeschrieben auf hohem Niveau. Immer wieder erstaunt, wie klein die stilistischen Abwandlungen sind, die ausreichen, um aus einem trocken-beschreibenden Text einen faszinierend zu lesenden, geradezu spannenden zu machen. «Stilistisch tätig», so seine Selbstauskunft[9], ist er, wenn er morgens, und nur dann, auch gegen «widrige Umstände» seine literarischen Werke fördert.

Bewunderung erregt, wie Thomas Mann sogar Aufzählungen in Literatur umzuformen vermag. Das lange – wir wagen zu sagen, überlange – Kapitel des *Faustus* über das Musikalienlager des «Oheims Leverkühn» bezieht seine sachliche Information ohne Ausnahme aus einem Buch des Jahres 1921 mit dem Titel *Das*

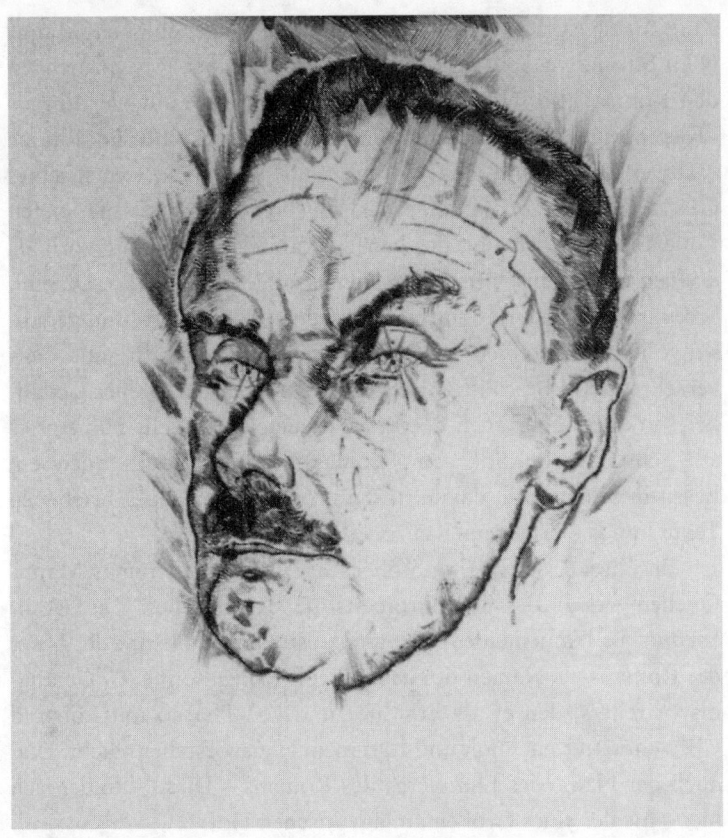

Abb. 2 Ausdrücklich sternenäugig ist Thomas Mann auf diesem Porträt von Max Oppenheimer aus dem Jahr 1913 dargestellt.

moderne Orchester – Die Instrumente des Orchesters [10]. Die Aufzählung «Zum Studium [der] Pikkoloflöte» endet dort mit den Nennungen «Berlioz: Damnation de Faust, Beschwörung der Irrlichter. R. Wagner: Walküre, Feuerzauber». Bei Thomas Mann liest sich das dann so: «Die Pikkoloflöte als schrille Verwandte» der Querflöte weiß «im Orchester-Tutti durchdringend die Höhe zu halten und im *Irrlichter-Reigen, im Feuerzauber* zu tanzen».

Zugeflogen ist uns eine (seltene) mittlere Ungenauigkeit Manns beim Stilisieren: Sowohl die Quelle als auch der Roman nennen den Kontrabaß «schwer beweglich». Thomas Mann, der ihn als «Riesengeige» apostrophiert, hält ihn zu Recht für im Raume «schwer beweglich»; die Quelle aber heißt ihn nicht wegen seines Gewichtes, sondern «infolge der schweren Ansprache der tiefen Töne» so. In Ansehung des ganzen Kapitels und seines Vorbilds können wir Manns vorgeschobenem Erzähler des *Faustus*, Dr. phil. Serenus Zeitblom, nur zustimmen, wenn er «ein sinn- und gedankenvolles Abschreiben»[11] zu einer «ebenso intense[n] und zeitverzehrende[n] Beschäftigung wie das Niederlegen eigener Gedanken» erklärt. Aber auch der Leser ist beteiligt: Nicht nur gibt es ein Schreiben im Stil von Thomas Mann, sondern auch ein Lesen in seinem Stil, das hilft, die prosaischsten abgeschriebenen Texte in – ja – erfahrene Kunstwerke umzuwandeln.

Berührend ist es, beim Stöbern in einem von Thomas Manns Quellenwerken des Josephromans für Ägyptisches[12] auf *Mai-Sachme* als Namen eines Arbeiters zu stoßen. Ihn kennt der Leser des Romans als Namen des dem Joseph wohlgesonnenen Gefängnisvorstehers, den er als Erhöhter und von Pharao mit Lobgold Überschütteter nachholt und zu seinem Hausvorsteher macht. Und auch der Name des Ehezwergs des Romans – Dudu – findet sich hier – als der eines Großen am ägyptischen Hof.

Wir wenden uns an Leser, die mit dem Werk Thomas Manns so weit vertraut sind, daß sie die großen Erzählungen und ihre Hauptfiguren – Hanno Buddenbrook, Joseph, Adrian Leverkühn, Hans Castorp, Felix Krull – kennen. Nebenfiguren werden nach ihrem Rang in diesem Buch mehr oder weniger ausführlich vorgestellt; nicht unbedingt bei ihrem ersten Auftreten. Thomas Mann hat treulich Tagebuch geführt. Die erhaltenen Tagebücher sind veröffentlicht; wir nennen bei Zitaten aus ihnen nur das Datum, nicht den Band der Eintragung. Wie Thomas Mann seine Quellen ohne Quellenangabe zitiert hat, wollen wir auch ihn gelegentlich zitieren – mal mit, mal ohne Anführungszeichen. Dem kundigen Leser kann es Spaß machen, die Zitate zu entdecken.

Ein zweites Beispiel für die der Sache nach treuliche, nach Stil und Bedeutung aber aneignende, in Lebenswirklichkeit umsetzende Zitierweise ohne Quellenangabe von Thomas Mann. Seine Erbsenzähler haben es für nötig befunden, die Aneignungen, die er vorgenommen hat, in nicht weniger als sechs Typen – Plagiat, Entlehnung, Anleihe, Montage und Integration – sowie vier Unterarten des Zitats zu zergliedern.[13] Unser Beispiel, das zur Illustration der Schwierigkeiten eines *Rechnens ohne die Null* noch einmal auftreten wird, fällt in die Kategorie «abgewandeltes Zitat»: Joseph, von seinen Brüdern an einen umherziehenden Handelsmann nach Ägypten verkauft, wird von diesem geprüft:

> Wievielmal ist die Sieben in der Siebensieb-
> zig? Wohl zweimal?» «Zweimal nur nach der
> Schrift. Aber dem Sinne nach muß ich die Sie-
> ben erst einmal, dann zweimal und dann acht-
> mal nehmen, daß ich auf Siebenundsiebzig
> komme, denn sieben, vierzehn und sechsund-
> fünfzig, die machen sie aus. Eins, zwei und
> acht aber sind elf, und so hab' ich's: elfmal
> geht die sieben ein in die Siebenundsiebzig.[14]

Die 7 stellen die Ägypter durch 7 senkrechte Striche I dar, die 70 durch 7 «bügelartige Anordnungen für weidende Rinder» ∩, so daß sie 77 als ∩∩∩∩∩∩∩ IIIIIII schreiben.

Bevor wir das Urbild dieser Berechnung wiedergeben, ein Wort zu unseren Anmerkungskästen: Sie sind Kurzkommentare, gelegentlich auch Richtigstellungen, zu dem jeweiligen Text. Als Vorlage für die Prüfungsaufgabe und ihre Lösung hat Thomas Mann diese Beschreibung der Rechenmethoden der Ägypter verwendet:

> Man fragt nicht, wie oft 7 in 77 enthalten sei, sondern, mit wel-
> chen Zahlen man 7 multiplizieren müsse, damit die Summe die-
> ser Produkte 77 ergebe. Um die Antwort zu erhalten, schreibt

man sich die Multiplikation von 7 mit verschiedenen kleinen
Zahlen auf und versucht nun, welche Produkte dieser Multiplikationen zusammengezählt wohl 77 ergeben könnten:

- 1   7
- 2   14
- 4   28
- 8   56.

Es sind in diesem Fall 7 und 14 und 56; die 3 zu ihnen gehöri-
gen Multiplikatoren (die der Schreiber sich durch einen Strich
bezeichnet hat) sind also die gesuchten Zahlen. Man muß also
7 mit 1 + 2 + 8, d. h. mit 11 multiplizieren, um 77 zu finden,
d. h., 7 geht 11 mal in 77.[15]

Uns mutet es seltsam an, daß die Bewältigung der Rechnung
77 : 7 = 11, die wir Elementarschülern zumuten, die Begnadung des
siebzehnjährigen Josephs soll belegen können. Mehr davon im
nächsten Kapitel.

Noch ein Beispiel für die Zitierweise Manns ohne Quellenangabe. Wir wählen es mit Gunilla Bergsten[16] aus dem hierfür
unerschöpflich erscheinenden Fundus des *Doktor Faustus*. Adrians
Vater Jonathan Leverkühn besitzt im Roman ein Buch über exotische Falter mit Abbildungen, das mit einem realen Buch ungefähr
übereinstimmt und mit des Autors Anstreichungen versehen im
Thomas-Mann-Archiv eingesehen werden kann. Angestrichen hat
sich Thomas Mann einen Abschnitt, in dem es heißt: «Eine dieser
Glasflügligen [...] ist ganz besonders schön, nämlich Hetaera
esmeralda. Sie hat nur einen dunklen Farbfleck auf ihren Flügeln,
der violett und rosa getönt ist; dies ist der einzig sichtbare Teil,
wenn das Insekt niedrig über totes Laub im dämmernden Schatten,
wo es häufig gefunden wird, hinfliegt, und es gleicht dann völlig
einem wandernden Blumenblatt.»[17] Hören wir nun, was Thomas
Mann daraus gemacht hat:

Ein solcher Schmetterling, in durchsichtiger Nacktheit den dämmernden Laubschatten liebend, hieß Hetaera esmeralda. Nur einen dunklen Farbfleck in Violett und Rosa hatte Hetaera auf ihren Flügeln, der sie, da man sonst nichts von ihr sieht, im Flug einem windgeführten Blütenblatt gleichen läßt.[18]

Die «durchsichtige Nacktheit» Esmeraldas bereitet bei Thomas Mann auf die Rolle vor, die der Schmetterling als Symbol der Sinnlichkeit im Roman spielen wird. Hiervon nichts bei uns. Bemerkt sei aber, daß zwar in dem Buch des Jonathan Leverkühn, nicht aber in seinem realen Vorbild der nahezu unsichtbare Falter dargestellt ist.

Unser Buch soll die naturwissenschaftliche Bildung des Bildungsbürgers par excellence Thomas Mann und die Wandlungen seines Bildungsguts im Laufe der Zeit darstellen, kommentieren und auf den neuesten Stand bringen. Wir unterstellen, daß dasjenige, was ihn und seine Gestalten im vergangenen Jahrhundert fasziniert hat, uns heute, da wir es genauer kennen, nicht weniger fasziniert. Die Fortschritte wollen wir darstellen und dadurch Manns Themen auf den neuesten Stand bringen. Zu einer veränderten Lebenswirklichkeit erheben kann sie aber nur der Leser selbst: Es fehlt ein Roman, der nach Art des *Zauberberg* oder des *Doktor Faustus* die Erschütterungen darstellt, welche unser Weltbild durch die gigantischen Fortschritte der Naturwissenschaften seither erfahren hat. Sie sind, wenn auch prosaisch, unser Thema. Unseres Präzeptors eingedenk, werden wir auf Themen verzichten, die er nicht angesprochen hat.

Bestimmt wurde das Weltbild Thomas Manns nicht durch die Naturwissenschaften, sondern, wie Hans Wysling formuliert hat, durch seine «Kirchenväter» Schopenhauer, Nietzsche, Wagner, Freud und Goethe.[19] In das durch sie geprägte Raster hat er seine naturwissenschaftlichen Lesefrüchte eingebracht. In der Tat sind es nur Lesefrüchte, und das ist erstaunlich. Mit den nicht medizinischen naturwissenschaftlichen Themen als hervorstechender Ausnahme hat er zu allen seinen Themen Experten gesucht und gefunden, die ihm beschrieben haben, wie es um sie und ihre Kunst oder Wissenschaft steht. Seine *Entstehung des Doktor Faustus* ist eine Fundgrube hierfür. Wir folgen Sigrid W. Becker-Frank, die für ihre bereits erwähnte Doktorarbeit die Werkgenese durchforscht hat und Mann so zitiert: «Gesellschaft bei Werfels mit Schönberg. Horchte ihn viel über Musik und Komponistendasein aus.» Und so: «Ein Fragebrief an den Arzt Dr. Rosenthal wegen des Ablaufs der Hirnhautentzündung.»[20] Und schließlich erkundigt er sich bei Prof. Tillich über das Studium der Theologie. Keine Spur dieser Art findet sich zu einem Experten der nicht medizinischen Naturwissenschaften, und schon gar nicht der Physik und Kosmologie. Das ist besonders auffällig, weil Thomas Mann zwischen 1938 und 1940 zweieinhalb Jahre lang in Princeton nur wenige hundert Meter von Albert Einstein, dem Experten der Experten für die Relativitätstheorie und den Kosmos, entfernt wohnte und mit ihm ein gutnachbarschaftliches Verhältnis pflegte, ja «mit dem Newton unserer Zeit auf […] alltäglich-cordialem Fusse»[21] stand. Ausgetauscht haben sie sich laut Tagebuch bereits ab 1933 über Politik und humanitäre Fragen. Ein Austausch über Naturwissenschaften ist hingegen nicht nachweisbar. Nur einmal erwähnt Thomas Mann ein Gespräch über Physik in den Tagebüchern. Am 21.10.1939 notiert er: «Nach Tische Unterhaltung über Physik und Einstein» – also nicht etwa «über Physik» mit Einstein, sondern mit dem Professor für Physik an der Universität Princeton Allen Shenstone, der wie Albert Einstein in der Nähe der Manns wohnte.

Auch Heike Weishaupt, die für ihre Magisterarbeit die wohl umfangreichste Quellenforschung zu dem Verhältnis von Einstein und Mann betrieben hat, kommt zu dem Schluß, daß «Mann […] von der Bekanntschaft mit dem Physiker Einstein nicht profitiert [hat]»[22]. Zu den physikalischen Kenntnissen Manns und deren Ent-

Abb. 3 Albert Einstein und Thomas Mann in Princeton 1938.

wicklung vom *Zauberberg* 1924, in dem Thomas Mann zuerst tief-
liegende naturwissenschaftliche Fragen stilistisch aufbereitet hat,
bis zum *Doktor Faustus* 1947 und *Felix Krull* 1954 hat sie dies
zu sagen: «Seine in dem Roman *Der Zauberberg* erstmals formulierten, sehr dürftigen physikalischen Kenntnisse wurden zwar
erweitert; dies läßt sich aber nicht auf Einsteins Einfluß zurückführen. Die Äußerungen über Zeit und Raum in den Romanen
Doktor Faustus und *Felix Krull* sind erneut Ausdruck seiner feh-
lenden mathematischen und physikalischen Kenntnisse.» Das ist
wohl so; es äußert sich aber weniger in nachweislich falschen
Aussagen, die es auch gibt, als in dunkel raunenden, welche die
Sachlage verschleiern. Ausgerechnet in der Niederschrift einer
Serie von Vorträgen über *Okkulte Erlebnisse*, die Thomas Mann
1923 an vielen Orten Europas gehalten hat und in denen er durch-

aus skeptisch-positiv über Séancen berichtet, an denen er teil-
genommen hatte, finden wir die Einschätzung, daß in der Lehre des
berühmten Herrn Einstein «die Grenze zwischen mathematischer
Physik und Metaphysik fließend geworden ist. Ist es noch ‹Physik›,
oder was ist es eigentlich, wenn man sagt (und man sagt heute so!),
die Materie sei zuletzt und zuinnerst nicht materiell, sie sei nur
eine Erscheinungsform der Energie, und ihre ‹kleinsten› Teile, die
aber bereits weder klein noch groß sind, seien zwar von zeit-
räumlichen Kraftfeldern umgeben, aber sie selbst seien *zeit- und
raumlos*?» Mit dem Dichter Daniel Zur Höhe des *Doktor Faustus*
sind wir versucht, hierzu «Jawohl, jawohl, so übel nicht, o freilich
doch, man kann es sagen!» auszurufen. Denn falsch ist ja nicht,
was Thomas Mann äußert, aber das Umfeld und der Tonfall lassen
Wissenschaft in Mystizismus abgleiten. Schlimmer noch: «In der
Tat ist jeder Gedanke an Betrug [bei den Séancen mit ihren Mate-
rialisationen, dem Läuten eigentlich nicht vorhandener Glocken]
im gewöhnlichen, taschenspielerischen Sinn des Wortes absurd» –
so daß die «zweifellose Wirklichkeit [der Vorgänge] den Erkennt-
nistrieb des Wissenschaftlers bis zur Leidenschaft reizen muß.
Heute, wo die Materie als eine Form der Energie, gewissermaßen
als ein anderer Aggregatzustand von ihr, begriffen ist, hat die Vorstellung einer ephemeren Materialisation von Energie außerhalb
des medialen Organismus, von psycho-physischer Fernwirkung
und Selbstgestaltbildung kaum noch etwas Phantastisches»[23] –
welch unsinnige These, verbunden mit einer recht genauen Beschreibung von Materie als «Aggregatzustand» der Energie. Es ist,
als sei das Ziel der Naturwissenschaften erst erreicht, wenn an
die Stelle sachlichen Verstehens mystisches getreten ist. Undeutlich
geartet ist wohl auch das Verständnis der meisten Laien, die von
den Naturwissenschaften gefesselt sind und die deshalb bei Thomas Mann fasziniert über Raum und Zeit lesen. Diese Faszination
ist auch vom Standpunkt des Naturwissenschaftlers aus eine gute
Sache, und wir wollen sie benutzen, um ein Publikum zu erreichen,

das in den Zeitungen zwar das Feuilleton und die den Geistes-
wissenschaften gewidmeten Beilagen, nicht aber die zu den Naturwissenschaften zur Kenntnis nimmt. Das möge uns eine Chance
geben, Verwirrtes zu entwirren.

Berufen kann sich Heike Weishaupt in ihrer Einschätzung der
physikalischen Kenntnisse Manns außer auf ihre Studien auch auf
ihren Magistervater Armin Hermann, der insistiert hat, daß Mann
die für das Verständnis der Relativitätstheorie notwendigen mathematischen Kenntnisse und Fähigkeiten fehlten, sowie auf Eberhard
Hilscher, der in einem Essay von 1976 Thomas Mann vorwirft,
daß er Adrian Leverkühn im *Faustus* «stolz-exakt» falsche Zahlenwerte physikalischer und kosmologischer Größen in den Mund
legt.[24] In der Tat war mindestens einer dieser Zahlenwerte bereits
um 1914, dem Zeitpunkt seiner Nennung im Roman, überholt:
Die Lichtgeschwindigkeit 297 600 km/sec im Vakuum, die von
dem Ergebnis 298 000 km/sec des französischen Physikers Jean
Bernard Léon Foucault (1819 bis 1868) aus dem Jahr 1862 abstammen dürfte. Vor 1914 genauer bestimmt worden war die
Lichtgeschwindigkeit in den Jahren 1878 bis 1882 durch den
amerikanischen Physiker polnischer Abstammung und (späteren)
Nobelpreisträger von 1907 Abraham A. Michelson (1852 bis 1931)
mit einem Ergebnis oberhalb von 299 000 km/sec. Als Thomas
Mann den Roman, der 1947 veröffentlicht werden sollte, verfaßte,
galt 299 773 km/sec seit 1941 als «offizieller» Wert der Lichtgeschwindigkeit. Der «exaktere» Wert 299 792 km/sec, den Hilscher
anführt, wurde 1983 durch den exakten Wert 299 792,458 km/sec
ersetzt.

Daß für eine Größe wie die Lichtgeschwindigkeit im Vakuum
überhaupt ein exakter Wert angegeben werden kann, erstaunt.
Hierhinter verbirgt sich ein Wandel in den Definitionen der Grundgrößen der Physik. Von 1899 bis 1983 war die Längeneinheit «Meter» durch die Länge eines Stabes definiert, der in Paris aufbewahrt
wurde (und wohl noch wird), und selbst einen gewissen Bruchteil

des Erdumfangs wiedergeben sollte; die Definition der Zeiteinheit Sekunde basierte bis 1967 auf der Dauer eines Jahres. Bei diesen Definitionen ist die Lichtgeschwindigkeit eine Meßgröße, für die, wie für alle derartigen Größen, kein exakter Wert angegeben werden kann: Alle Meßgrößen sind mit Ungenauigkeiten behaftet. Der Wandel in den Definitionen der Grundgrößen der Physik ist nun dieser: Der Lichtgeschwindigkeit als Naturkonstante wurde 1983 durch Konvention exakt der Wert 299 792,458 km/sec zugewiesen, und genauso ab 1967 der Sekunde ein exakter Bruchteil des Kehrwerts einer atomaren Schwingungsfrequenz. Folglich kann auch dem Meter ein exakter Wert als Bruchteil der Strecke zugewiesen werden, die ein Lichtstrahl in einer Sekunde durchmißt. Als Meßgröße bleibt schließlich anstelle der Lichtgeschwindigkeit nur die Länge des Urmeters in Paris übrig.

Nicht in der Praxis, wohl aber in den Grundlagen der Meßkunst hat dieser Umschwung von einer den Längenmaßstab definierenden Größe zu einer Meßgröße seinen Niederschlag gefunden. Was aber, wenn auch vermeintliche Naturkonstante wie die Lichtgeschwindigkeit im Vakuum und/oder die Schwingungsfrequenzen von Atomen sich im Laufe kosmologischer Zeiten merklich ändern, wie es neueste Beobachtungen für die Schwingungsfrequenzen suggerieren (siehe dazu S. 103).

Dies wäre neue Physik, deren Auswirkungen auf die Meßkunst erst an allerletzter Stelle zur Diskussion stünden. Räumliche und/ oder zeitliche Variationen der dann nur vermeintlichen Naturkonstante wie der Lichtgeschwindigkeit würden es vor allem unmöglich machen, durch sie universelle Maßeinheiten zu definieren, die immer und überall dieselben wären. Universelle Maßeinheiten würden es ermöglichen, auf ein Signal Außerirdischer, das nach unserer Größe fragte, eine Antwort zu geben, die sie verstehen könnten. Offenbar sinnlos wäre es, ihnen unsere Größe in Meter anzugeben – zusammen mit der Definition des Meters als die Länge eines Stabes, der in Paris aufbewahrt wird.

Zurück aber zu dem, was Thomas Mann seinem Adrian als Wissen vom Kosmos eingegeben hat. Es war vor 1914, als Adrian zu Zeitblom vom «Zustande rasender Ausdehnung» (nicht: «rasanter», wie bei Hilscher) sprach (siehe S. 100). Naturwissenschaftliche Kunde aber von der Expansion des Kosmos, die Adrian einfließen ließ, gibt es theoretisch erst ab 1923 – durch Beobachtungen ab 1929. Letzteres ist das Jahr, in dem der amerikanische Astronom Edwin Powell Hubble (1889 bis 1953) die Korrelation der Entfernung von Galaxien mit der Rotverschiebung des von ihnen ausgesandten Lichtes entdeckt hat. Und zuvor, aber erst ab 1923, konnte Hubble nachweisen, daß es außerhalb der Milchstraße leuchtende Himmelskörper – Galaxien – gibt. Wollte Thomas Mann suggerieren, daß Adrian Leverkühn dies alles vorausgeahnt habe? Doch wohl nicht. Ihm als Schreibenden nach 1945 war es bekannt, und in merkwürdiger Nonchalance – oder historischer Unkenntnis? – hat er im *Faustus* zwar Zeitbezüge historischer und soziologischer Art in zwei Diskutierkreisen detailreich erörtern lassen, die zeitliche Entwicklung naturwissenschaftlicher Kenntnisse aber außen vor gelassen.

Allgemein sind naturwissenschaftliche Erkenntnisse, die Thomas Mann im *Doktor Faustus*, besonders aber im *Felix Krull* ausgebreitet hat, erst weit nach den Epochen, in denen die Romane spielen, gewonnen bzw. von ihm wahrgenommen worden. Dem im Detail nachzugehen kann nicht unsere Aufgabe sein, sondern sei der professionellen Thomas-Mann-Forschung vorbehalten, die bislang das Verhältnis Manns zu den Naturwissenschaften bestenfalls stiefmütterlich behandelt hat. Was Professor Kuckuck dem fasziniert zuhörenden Marquis de Venosta, alias Felix Krull, an Kosmologischem unterbreitet, war zur Zeit der Szene, die nach unserer Einschätzung weit vor 1923 (wohl sogar vor dem Ersten Weltkrieg) spielt, vollkommen unbekannt. Es war, wie gesagt, Edwin Hubble, der ab 1929 entgegen beispielsweise den ursprünglichen

Erwartungen Albert Einsteins die Expansion des Universums bewiesen hat. Einstein hatte in seine 1916 veröffentlichte Allgemeine Relativitätstheorie eine ungeliebte Größe namens «Kosmologische Konstante» aufgenommen. Ohne diese Konstante, das wußte Einstein, verboten seine Gleichungen ein statisches, im Mittel ungeändert bleibendes Universum. Die Konstante hatte er eingeführt, um ein solches Universum, an das er glaubte, zu ermöglichen. Als er von der Entdeckung der Expansion erfuhr, soll er die Einführung der Konstante als «größte Eselei» seines Lebens bezeichnet haben. Denn hätte er darauf bestanden, daß es sie nicht gibt, hätte er die Expansion des Universums vorhersagen können. Tatsächlich mit der Anerkennung Einsteins vorhergesagt haben die Expansion 1923 der deutsche Mathematiker Hermann Weyl (1885 bis 1955) und der englische Astronom Sir Arthur Stanley Eddington (1882 bis 1944). Sie führten den Nachweis, daß sich Testpartikel in einem nach dem niederländischen Kosmologen Willem de Sitter (1872 bis 1934) benannten Weltmodell im Einklang mit der Allgemeinen Relativitätstheorie ohne Kosmologische Konstante voneinander entfernen, das De-Sitter-Universum sich, anders gesagt, ausdehnt. In einem Brief an Weyl hat Einstein auf diesen Nachweis 1923 so reagiert: «Wenn schon keine quasistatische Welt, dann fort mit dem kosmologischen Term.» [25]

In Ansehung dieser nonchalanten Behandlung der naturwissenschaftlichen Zeitskalen im Werk Manns, die Hilscher unerwähnt läßt, wollen wir ihm darin nicht folgen, Thomas Manns Zahlenwerte kritisch nachzurechnen. Was hätte Adrian über das Alter der Welt vernünftig zu einer Zeit sagen können, zu der ein solches Alter nicht einmal als naturwissenschaftlicher Begriff eingeführt worden war? Das Alter der Welt, die Zeiten der Sternentstehungen und die anderen kosmischen Parameter haben seit ihrer Einführung bis heute so stark geschwankt, daß jede Erörterung der von Thomas Mann gewählten Werte ins Sinnlose abgleiten muß – im Sinne von «Was hat er wann gewußt?» oder «Konnte er es gewußt haben?». Zur quantitativen Ausgestaltung der qualitativen Ideen vom Kosmos in Thomas Manns Büchern werden wir uns nur der heute anerkannten Zahlen bedienen.

Bei aller Kritik an Hilschers linientreuem Essay – er schrieb aus der ehemaligen DDR heraus – ist es bedenkenswert, wenn er schreibt, daß «Thomas Manns naturwissenschaftliche Ansichten über Elementarkenntnisse nicht hinaus[gingen]». Das stimmt durchgehend für die Physik, nicht aber für die Biologie und, nicht unser Thema, für die Medizin. Hören wir aber zunächst Thomas Mann selbst in dem Konzept vom 28. August 1951, einer Antwort auf eine Anfrage der *New York Herald Tribune*:

Nicht ohne eine Gebärde schamvoller Abwehr [...] nehme ich zuweilen wahr, daß man mich auf Grund meiner Bücher für einen geradezu universellen Kopf, einen Mann von encyklopädischem Wissen hält. Eine tragische Illusion! In Wirklichkeit bin ich für einen – verzeihen Sie das harte Wort – weltberühmten Schriftsteller von einer schwer glaublichen Unbildung. Auf Schulen habe ich nichts gelernt, als Lesen und Schreiben, das kleine Einmaleins und etwas Lateinisch. Alles Übrige wies ich mit dumpfer Hartnäckigkeit ab und galt für einen ausgemachten Faulpelz, – voreiliger Weise; denn später entwickelte ich einen Bienenfleiß, wenn es galt, ein dichterisches Werk wissenschaftlich zu fundieren, d.h. positive Kenntnisse zu sammeln, um literarisch damit zu spielen, streng genommen also, um Unfug damit zu treiben. So war ich nacheinander ein *gelernter Mediziner und Biologe, ein firmer Orientalist, Ägyptolog, Mytholog und Religionshistoriker, ein Spezialist für mittelalterliche Kultur und Poesie und dergleichen mehr.* Das Schlimme aber ist, daß ich, sobald das Werk, um dessentwillen ich mich in solche gelehrten Unkosten gestürzt, fertig und abgetan ist, alles ad hoc Gelernte mit unglaublicher Schnelligkeit wieder vergesse und mit leerem Kopf in dem kläglichen Bewußtsein vollständiger Ignoranz herumlaufe. Man kann sich also das bittere Lachen vorstellen, mit dem mein Gewissen auf jene Lobeserhebungen antwortet.

Seine wechselnden Berufe, die Thomas Mann hier anführt, haben *wir* hervorgehoben, um darauf hinzuweisen, daß der Beruf des Physikers oder Kosmologen weder vorkommt noch nach dem Vorkommenden unter *dergleichen mehr* verborgen sein kann. Ja, Thomas Mann *war*, wenn nötig, ein *gelernter Mediziner und Biologe*; darauf haben insbesondere der Mediziner Hans Wolfgang Bellwinkel und der Nobelpreisträger für Chemie von 1967 Manfred Eigen hingewiesen[26]; auf Eigens Ausführungen zu Biologischem im *Zauberberg* wird einzugehen sein. Bellwinkel, dem dieses Buch viel verdankt, unterscheidet in seiner Bewertung nicht zwischen dem Biologen Thomas Mann einerseits und dem Kosmologen und Physiker andererseits. Dem können wir nicht zustimmen. Experten zu Physik und Kosmologie hat Thomas Mann, anders als zu Biologie und Medizin, gerade nicht befragt; all sein Wissen hierzu hat er aus populärwissenschaftlichen Büchern und Artikeln bezogen, wobei er seine Lesefrüchte kumuliert und seinen Figuren unabhängig von deren Zeitlichkeit in den Mund gelegt hat.[27]

Demgegenüber waren seine Studien zur Biologie profund. Veritable, für das akademische Studium verfaßte Lehrbücher hat er durchstudiert und verständig stilistisch aufbereitet. Wenn wir heute im Thomas-Mann-Archiv in diese Bücher mit seinen Unterstreichungen hineinsehen, kann kein Zweifel aufkommen, daß er sich redlich bemüht und verstanden hat, was er las. Hingegen hätte er kein für die universitäre Lehre geschriebenes Physikbuch auch nur in Ansätzen verstehen können. Dazu ist zumindest eine umfangreiche Kenntnis der Schulmathematik erforderlich; das «kleine Einmaleins» reicht nicht aus. Um professionell zu dem vorzudringen, was ihm aus Physik und Kosmologie für seine Gestalten wichtig war, hätte er Vorarbeiten leisten müssen, die Jahre in Anspruch genommen hätten: Er hätte Physik studieren müssen.

So hat er sich denn mit populärwissenschaftlicher Literatur beholfen. Mit zweitklassiger über *Einstein und das Universum*, verglichen mit von Einstein selbst stammender wie dessen *Über die spezielle und die allgemeine Relativitätstheorie*, zuerst 1917 erschienen. Unter dem 4.4.1934 findet sich im Tagebuch die Eintragung: «Las nach Tische in Einsteins *Weltbild*. Schlief dann.»[28] Dieses Buch Einsteins kannte er also, aber es kann keinen großen Eindruck auf ihn gemacht haben, denn es wird nicht wieder erwähnt – jedenfalls nicht in den Tagebüchern und den veröffentlichten Briefen. Seine Kenntnisse – besser: Eindrücke – bezog er aus Zeitungsartikeln und einem Schub laienverständlicher Bücher[29], die wenige Jahre nach der Entdeckung der Expansion des Weltalls 1929 erschienen sind. Sie alle aber überragt als Vorstudie zum Kuckuck-Gespräch im *Felix Krull* die Lektüre des bereits erwähnten Buches *The Universe and Dr. Einstein* von Lincoln Barnett aus dem Jahr 1948, dessen von Thomas Mann benutztes Exemplar im Thomas-Mann-Archiv eingesehen werden kann: Anstreichungen über Anstreichungen, deren Passagen sich ins Deutsche übersetzt auch in Manns Notizbüchern aus jener Zeit finden.

Als Musiker oder Komponist hat sich Thomas Mann genausowenig wie als Physiker oder Kosmologe bezeichnet. Das erste wohl deshalb nicht, weil seine Darstellung der Musiktheorie des realen Musikers Arnold Schönberg als Werk des hypothetischen Adrian Leverkühn in *Doktor Faustus* von Schönberg so übelgenommen worden war, daß sich Thomas Mann zu einer Klarstellung herbeilassen mußte. Ins Auge fällt auch der Unterschied des Umgangs mit Adorno gegenüber dem mit Einstein. Theodor W. Adorno, der nach 1945 in Deutschland zu Ruhm gelangt ist, war zur Zeit der Entstehung des *Doktor Faustus*, nach der Übersiedlung der Familie Mann von Princeton nach Kalifornien, deren Nachbar. Die

Werke Adornos hat Thomas Mann weidlich ausgeschrieben und nicht nur dafür Zustimmung, sondern zudem Hinweise auf das Wesen der Musik eingefordert. Dies insbesondere in einem Brief vom 30.12.1945. Hier finden wir Manns Wort vom «höheren Abschreiben», das er schon früh geübt habe – «z.B. beim Typhus des kleinen Hanno Buddenbrook, zu dessen Darstellung [er] ... den betreffenden Artikel eines *Konversationslexikons* ungeniert ausschrieb, ihn sozusagen ‹in Verse brachte›. Es ist ein berühmtes Kapitel geworden.» So weit kein Unterschied zu dem «Aufgeschnappten» aus den Naturwissenschaften. Anders aber steht es um die Aneignung von Materialien, die *«selbst schon Geist sind»* – was für Thomas Mann die naturwissenschaftlichen Materialien offenbar nicht sein können. Ihm geht es bei der Musik nicht nur um die «Exaktheiten», die er gleich dreimal erwähnt und bei denen er Adorno auffordert, «korrigierend einzugreifen, wo diese ... schief, missverständlich und das Gelächter des Fachmanns erregend herauskommen». So nicht in den Naturwissenschaften. Bei ihnen begnügt er sich, wie dargestellt, mit dem, was er in Büchern und Zeitungsartikeln gefunden hat. Daß es ihm bei der Musik um mehr geht, liegt daran, daß sein Adrian Leverkühn ein Musiker ist, dessen imaginiertes Leben er glaubhaft machen will. Und er fordert Adorno auf, «mit mir darüber nach[zu]denken, wie das Werk – ich meine Leverkühns Werk – ungefähr ins Werk zu setzen wäre; wie Sie es machen würden, wenn Sie im Pakt mit dem Teufel wären».

«Mit dem Bleistift gelesen» ist eine von Thomas Mann oft gebrauchte Metapher. Sie bedeutet, daß er sich bei der Lektüre Anstreichungen «zum Wiedernachlesen» gemacht hat. Wie seine Figur Hans Castorp liebte er es, «mit dem Bleistift dareinzufahren». Mit dem Bleistift gelesen hat er, was seine jeweiligen literarischen Projekte oder deren Vorahnungen erforderten. Mit Sigrid Becker-Frank können wir Manns Weg von seinen Anstreichungen zu den Zitaten sogar zurückverfolgen: «Man kann mit ziemlicher Sicher-

Bakterium, deſſen individuelles Leben unter normalen Umſtänden vielleicht kaum nach Stunden zählt, in der Eiseskälte ſicher monate-, wahrſcheinlich viele, viele Jahre lang.

So weit alſo erſcheint die Hypotheſe der „Planetenimpfung" phyſikaliſch gut geſtützt; aber auch die (ihr nicht notwendig widerſprechende) Hypotheſe von der erdheimatlichen Entſtehung des Lebens hat jüngſt durch phyſikaliſche Vorgänge große Förderung erfahren. Der osmotiſche Druck, den miſchbare Flüſſigkeiten bei ihrem Durchtritt durch poröſe trennende Häute („Membranen") ausüben, läßt in Verſuchen von Leduc, Quincke, Benedikt und Stadelmann anorganiſche

Abb. 1. Landſchaft aus osmotiſchen Gebilden im Meerwaſſer.
(Nach Leduc.)

Stoffe zu champignon-, aſt- und gliedmaßenähnlichen Gebilden heranwachſen, die beſtimmten Gruppen und Arten von Lebeweſen täuſchend ähnlich ſehen (Abb. 1). Bedeckt man z. B. den Boden einer Kriſtalliſierſchale mit reinem Sand, ſtreut verſchiedengroße Kriſtalle von chromſaurem Kali, Eiſen- und Kupferſulfat darüber und füllt dann die Schale, die an ruhigem Orte ſtehen bleibe, mit verdünntem Waſſerglas, ſo entwickelt ſich ein ſcheinbarer Pflanzenwuchs aus blauen, grünen und braunen Bäumchen. Beſonders frappierend wirkt es, daß die osmotiſchen Gebilde, wenn ſie unter Süßwaſſer zuſtandekommen, tatſächlich in Binnengewäſſern vorkommende Formen, Fadenalgen, Schimmelpilze, Mooſe, Malermuſcheln u. dgl. kopieren; wenn ſie aber unter Seewaſſer wuchſen, im Meere lebenden Formen, wie Röhrenwürmern, Napfſchnecken, Auſtern, Hydroidpolypen, Aktinien, Kalkalgen uſw. ähneln. Nicht bloß in den äußeren Formen, ſondern auch in der inneren, zelligen Struktur,

Abb. 4 Seite 26 der «Allgemeinen Biologie» von Paul Kammerer, 1915, mit Anſtreichungen von Thomas Mann.

Abb. 5 «Mit dem Bleistift dareinzufahren» ist im *Zauberberg* Thomas Manns Metapher für seine tatsächlich eher vorsichtigen Anstreichungen (Abb. 4, S. 35, Abb. 21 b, S. 99 und Abb. 29, S. 209).

heit sagen, dass er später nur zitiert, was einen Strich bekommen hat.»[30] Bei Fragen der Naturwissenschaften außer der Medizin ist Thomas Mann, wie gesagt, niemals über die Lektüre mit dem Bleistift hinausgegangen, hat kein Expertenwissen eingefordert.

KAPITEL 2

«Wie und wann trat im Nichts die erste Schwingung des Seins auf?» –

Gedankensplitter

Verstreut über das Werk Thomas Manns finden sich wieder und wieder Gedankensplitter mathematischer und naturwissenschaftlicher Art, die zur Kommentierung und Weiterführung einladen, die aber keinem von Manns Oberbegriffen wie Kosmos, Zeit und Leben zuzuordnen sind. Ihnen ist dieses Kapitel gewidmet.

Der Druck der Luft

Königliche Hoheit heißt der Roman, in dem die naturwissenschaftlich ahnungslose Königliche Hoheit Klaus Heinrich um die Mathematikstudentin und unermeßlich reiche amerikanische Erbin Imma Spoelmann freit – zwei Romangestalten, in denen Thomas Mann sich selbst und seiner Gattin Katia, geborene Pringsheim, ein Denkmal gesetzt hat. Wußte Thomas Mann, bevor er sich als Autodidakt und Freier der Mathematikstudentin mit elementarer Naturwissenschaft vertraut gemacht hatte, daß es weder gemäß scholastischer Weisheit ein Abscheu der Natur vor dem Leeren noch der äußere Luftdruck, sondern die Ausdehnung des Wassers beim Gefrieren ist, welche «die Bombe platzen läßt»? Wir bezweifeln es:

Gegen Ende eines Kollegiums über Naturkunde [...] hatte der Professor [...] eine Metallkugel mit Wasser gefüllt und an-gekündigt, das Wasser werde, zum Gefrieren gebracht, infolge der Ausdehnung die Metallhülle sprengen[1]

– was, wie die Studenten auf Klaus Heinrichs Nachfrage «Ist die Bombe geplatzt?» erfahren, tatsächlich geschehen ist. Weshalb sich Wasser beim Gefrieren entgegen scholastischer Erwartung aus-dehnt, veranschaulichen die Abb. 13 a) + b) auf S. 67.

Wir können in der abendländischen, mit den griechischen Philoso-phen vor Sokrates – den Vorsokratikern – beginnenden Natur-philosophie zwei Lehrmeinungen zum Raum unterscheiden, die der Plenisten und der Atomisten.[2] Der erste dieser Philosophen, Thales von Milet (etwa 625 bis 545 v. Chr.), war ein Plenist. Nach seiner Meinung konnte es keinen leeren Raum geben, alles war im-mer angefüllt – mit Wasser übrigens in einer seiner verschiedenen Formen, dampfförmig, flüssig oder fest. Leukipp (um 450 bis etwa 420 v. Chr.) und Demokrit (um 460 bis etwa 370 v. Chr.) waren die ersten Atomisten: «Es gibt nur die Atome und den leeren Raum zwischen ihnen.» Aristoteles (384 bis 322 v. Chr.), der wohl ein-flußreichste antike Naturphilosoph und Lehrmeister der Scholastik sowie der Kirche seit dem 13. Jahrhundert, lehnte den Atomismus und mit ihm die Möglichkeit, daß es leeren Raum geben könne, scharf ab. Als Folge war der Plenismus die herrschende Lehre bis zur wissenschaftlichen Revolution des 16. und 17. Jahrhunderts. Die Lehre des Atomismus, die sich zu dieser Zeit durchzusetzen be-gann, brauchte den leeren Raum, um Bewegung zu ermöglichen – Bewegung sowohl der Atome als auch der Planeten in Newtons Lehre. Dabei war die Vorstellung, daß es einen *realen* leeren Raum geben könne, die Pierre Gassendi (1592 bis 1655), Blaise Pascal (1623 bis 1662), Evangelista Torricelli (1608 bis 1647), Otto von Guericke (1602 bis 1686) und Robert Boyle (1627 bis 1691) im

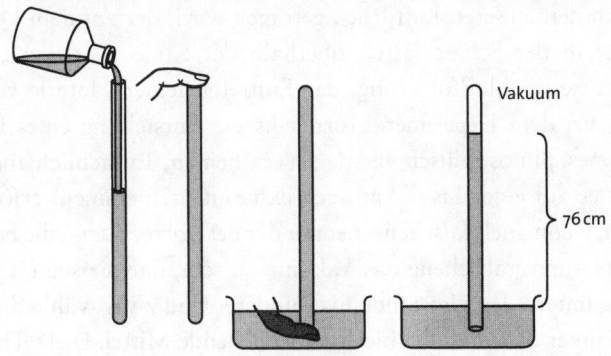

Abb. 6 Das Experiment, durch das Evangelista Torricelli, vermutlich auf Anregung Galileis, gezeigt hat, daß es leeren Raum geben muß. Das Experiment ist einfach genug: Ein mindestens etwa 80 Zentimeter langes, einseitig geschlossenes Rohr wird mit Quecksilber gefüllt, zugehalten, mit der Mündung in eine Schale voll Quecksilber getaucht und aufrecht gestellt. Wird die Öffnung des Rohrs freigegeben, fließt aus ihm Quecksilber in die Schale. Aber nicht alles – der Quecksilberspiegel im Rohr kommt in etwa 76 Zentimeter Höhe über dem in der Schale zur Ruhe. Am Ende ist über dem Quecksilber im Rohr ein luftleerer Raum entstanden, an dem es zu hängen scheint.

17. Jahrhundert entwickeln sollten, absolut neu und sensationell. René Descartes (1596 bis 1650) war wohl der letzte große Naturphilosoph, der den Plenismus der Antike wissenschaftlich vertrat. Auch bei der Auseinandersetzung mit den experimentellen Ergebnissen der Zeit zum leeren Raum leugnete er dessen Existenz kategorisch und aus altehrwürdigen Gründen. Für ihn ist *feine Materie*, die alles und jedes, insbesondere aber Glas und/oder Quecksilber, zu durchdringen vermag, allgegenwärtig.

Warum Glas und/oder Quecksilber? Bei dem Experiment Torricellis war *entweder* leerer Raum entstanden, *oder* feine Materie hatte das Glas und/oder das Quecksilber durchdrungen und den dann nur scheinbar leeren Raum angefüllt. Uns, die wir wissen, daß das Quecksilber nicht an dem leeren Raum hängt, sondern

durch den äußeren Luftdruck getragen wird, der auf dem Quecksilber in der Schale lastet, oberhalb der Säule aber nicht, mag
Descartes' Schlußfolgerung, das Eintreten feiner Materie verhindere bei dem Experiment Torricellis die Entstehung eines leeren
Raumes, philosophisch-verstiegen erscheinen. Tatsächlich aber beruht es auf einer bis dahin auch experimentell eminent erfolgreichen, wenn auch falschen Theorie: der des *horror vacui*, die besagt,
die Natur verabscheue das Vakuum so sehr, daß sie seine Entstehung unter allen Umständen verhindere. Und zwar wähle die Natur immer das mildeste, hierfür ausreichende Mittel. Diese Theorie
konnte erklären, daß das Getränk im Trinkhalm beim Saugen nach
oben steigt, daß Blasebälge bei geschlossener Tülle nicht geöffnet
werden können, daß Schröpfköpfe Blut saugen und daß – ein Doppelfehler! – Wasser beim Gefrieren in einem geschlossenen Behälter diesen sprengt. Unbeachtet mußte allerdings die wohlbekannte
Tatsache bleiben, daß Saugpumpen Wasser nur bis zu einer Höhe
von etwa zehn Meter anheben konnten; zur Überwindung größerer Höhenunterschiede mußten mehrere Saugpumpen hintereinan-
dergeschaltet werden. Möglicherweise war diese Tatsache Auslöser
des Gedankens, den Torricelli in die Tat umgesetzt hat, das anzu-
saugende Wasser durch Quecksilber zu ersetzen, das bei gleichem
Volumen um den Faktor 13 schwerer ist – wodurch die mögliche
Steighöhe von 10 auf 10 : 13 = 0,769 Meter herabgesetzt wird.

Hingegen war das Erklärungspotential eines zulässigen leeren
Raumes bis hin zu Torricellis Experiment vor allem philosophisch-
prinzipieller Natur: Wie konnte es Bewegung geben, wenn alles angefüllt war? Und wie konnte sich ohne Zwischenräume Salz ohne
Volumenvergrößerung in Wasser auflösen? Die zusätzliche Idee des
Atomismus, daß makroskopische Substanzen aus *Atomen* aufgebaut seien, wurde ironischerweise erst ab 1896 durch den Nachweis ihrer Teilbarkeit allgemein akzeptiert. Vor allem zu nennen in
diesem historischen Prozeß sind zwei Entdeckungen. Erstens 1896
die der *natürlichen Radioaktivität* durch Antoine Henri Becquerel

(1852 bis 1908), Physiknobelpreis 1903, die schlußendlich nur durch Umwandlung von Atom*kernen* in andere verstanden werden konnte. Zweitens die des Elektrons als Teilchen der Atomhülle durch J. J. Thomson (1856 bis 1940), Physiknobelpreis 1906, im Jahr 1897. Sie konnte nicht, wie die der Radioaktivität, nur im nachhinein richtig interpretiert werden, sondern hat selbst Hinweise auf den Aufbau der Atome geliefert, deren ehedem unterstellte Unteilbarkeit nur noch in ihrem Namen – unteilbar heißt auf Griechisch *atomos* – fortlebt.

Im 20. Jahrhundert hat sich die Idee durchgesetzt, daß die Materie aus wenigen Typen von Elementarteilchen aufgebaut ist, die nach allem jeweiligen Anschein nicht weiter geteilt werden können – aus Molekülen, Atomen, Elektronen, Atomkernen, Protonen und Neutronen, Quarks; und so weiter? Wieder und wieder hat sich die Liste der «Elementarteilchen» durch die Entdeckung geändert, daß bis dahin für unteilbar gehaltene Teilchen tatsächlich aus elementareren Bausteinen aufgebaut sind. Wie es um die heute für unteilbar gehaltenen «Elementarteilchen» steht, wissen wir nicht.

Descartes hatte sich vorgestellt, das Universum sei von Wirbeln sich bewegender kleiner Körper angefüllt, die er phantasievoll mit höchst detaillierten Eigenschaften ausgestattet hatte. Denn nicht nur ihre Ausdehnung, sondern alles, was bei makroskopischen Körpern hervortrat, hat Descartes auf die mikroskopischen übertragen, so daß auch sie ausgedehnt sein mußten und dem Abrieb und den Gesetzen von Berührung und Stoß, wie wir alle sie von den uns umgebenden Körpern kennen, unterliegen – und keinen weiteren. Das hat zu wenig geführt. Aber noch der schottische Physiker James Clerk Maxwell (1831 bis 1879), Entdecker der Gleichungen für Elektrizität und Magnetismus, die seinen Namen tragen, und der Österreicher Ludwig Boltzmann (1844 bis 1906) glaubten an elementare Objekte, die sich von großen nur dadurch unterschieden, daß sie eben klein sein sollten. Für sie sollten dieselben

Gesetze gelten wie für ihre großen Vorbilder und zugleich Abkömmlinge. Mechanisch sollten auch Elektrizität und Magnetismus durch einen allgegenwärtigen Äther erklärt werden können. Erst Relativität und Quantenmechanik haben ab etwa 1905 diese Auffassung durch andere, experimentell überprüfbare und mittlerweile erfolgreich überprüfte, ersetzt – nachdem Heinrich Hertz (1857 bis 1894), der Entdecker der elektromagnetischen Wellen, seine Abkehr von mechanischen Modellen 1892 so geäußert hatte: «Die Maxwellsche Theorie ist das System der Maxwellschen Gleichungen.»[3] Heute sehen wir es als eine Aufgabe der Physik an, die Eigenschaften makroskopischer Körper durch die ganz anderen der mikroskopischen zu erklären, welche in der Quantentheorie der Materie auftreten. Wir können sogar sagen, daß erst die Gesetze, die für sie gelten, diesen Körpern ihre besondere Form der Realität verleihen, welche mit der Alltagsrealität nahezu nichts gemein hat.[4] Maxwells Vorstellung von den Gasen als Ansammlungen kleiner Objekte, die denselben Gesetzen wie makroskopische Körper genügen, hat die Physik längst zu einem Modell herabgestuft. Ein Modell allerdings, das in seinem Anwendungsbereich noch immer höchst erfolgreich ist: Die Vorstellung von der Zusammensetzung der Gase aus räumlich getrennten Einheiten, die den Raum dadurch auszufüllen scheinen, daß sie in dauernder Bewegung sind, einander und an die Wände ihrer Behälter anstoßen und dadurch auf die Wände Druck ausüben, kann zahlreiche Eigenschaften von Gasen in weiten Bereichen von Druck und Temperatur zufriedenstellend erklären.

Mit einer Ausnahme – dem Doppelfehler der obigen Liste – können alle Erscheinungen, für welche der horror vacui verantwortlich gemacht wurde, dadurch erklärt werden, daß wir untergetaucht am Boden des Luftmeeres leben. Wasser, so die falsche Lehrmeinung, ziehe sich beim Gefrieren zusammen, so daß die Natur zur Verhinderung eines leeren Raumes einschreite und den Behälter zerquetsche.

Wie Klaus Heinrich von seinem Professor weiß, dehnt sich Wasser beim Gefrieren aus und sprengt den Behälter. Beginnend mit dem Jahr 1905 weiß die Physik, daß es keinen im Wortsinn leeren Raum geben kann. Wenn wir nach einem Raum fragen, dem alles entnommen ist, was ihm *im Einklang mit den Naturgesetzen* entnommen werden kann, so antwortet die Physik, daß ein solcher Raum zwar netto, aber nicht brutto leer sein kann – Fluktuationen sind allgegenwärtig (siehe S. 268). Hier nur soviel: Die Physik des 19. Jahrhunderts kannte den Äther als allgegenwärtige feine Materie, die schwingt, wenn sich elektromagnetische Wellen wie Licht ausbreiten. Nichts schien dagegen zu sprechen, daß der Äther in einem Raumbereich ruhig daliegt, dieser also ohne elektromagnetische Wellen absolut dunkel ist. Die heutige Physik kennt keinen Äther, sagt zugleich aber, daß es keinen absolut dunklen Raum geben kann, Fluktuationen elektromagnetischer Wellen, die tatsächlich keinen Träger brauchen, sind stets unabwendbar vorhanden. Und so weiter – alles, was es überhaupt geben kann, taucht kurzzeitig als Fluktuation im vermeintlich leeren Raum auf. Einen Hauch hiervon finden wir auch bei Thomas Mann, wenn er in seinem Tagebuch am 23. Dezember 1951 anläßlich der Arbeit am Kuckuck-Kapitel des Krull sinniert: «Wie und wann trat im Nichts die erste Schwingung des Seins auf?» Der Gedanke an das Nichts hat ihn damals nicht losgelassen, wenn sich auch wenig davon im publizierten Gespräch findet. An demselben Tag schreibt er in einem Brief an Paul Amann: «Wie und wann trat im Nichts die erste Schwingung (elektro-magnetisch oder wie immer) des Seins auf?» Und im Manuskript des Gespräches finden sich diese später gestrichenen Sätze des Hochstaplers Felix Krull: «Wann habe sich [fragte Kuckuck] aus dem Nichtsein die erste Schwingung und Welle, elektromagnetischer oder welcher Art immer, gelöst, woraus das unermeßliche Getümmel raum-zeitlichen Seins, die Allnatur, der Kosmos geworden [...].»[5]

Jedenfalls hat die heutige Physik den Plenisten recht gegeben. Der Aufschwung der Naturwissenschaften von 1550 bis 1900 beruht folglich auch auf dem Beiseitelegen einer an sich richtigen, bis 1900 aber empirisch folgenlosen Idee: Daß es keinen leeren Raum geben könne. Denn keiner der Effekte, von denen die frühen Plenisten dachten, daß er auf notwendiger Fülle beruhe, kann tatsächlich auf sie zurückgeführt werden. Experimentell nachweisbar sind die Vakuumfluktuationen erst im vergangenen 20. Jahrhundert geworden. Die vermeintlichen Vakuumeffekte der Plenisten bis hin zur Wissenschaftlichen Revolution beruhen mit Ausnahme des «Zerplatzens der Bombe» von Klaus Heinrich auf dem äußeren Luftdruck. Auch dieses Zerplatzen hat selbstverständlich nichts mit den Vakuumfluktuationen der heutigen Physik zu tun.

Um den Luftdruck geht es auch, wenn Imma, von Klaus Heinrich zum Ausritt aufgefordert, den Fortbestand des strahlenden Wetters bezweifelt, weil *der* Barometer gefallen ist.

Klaus Heinrich sagte: «Er ist gestiegen.» «Euere Hoheit belieben sich zu irren», antwortete Fräulein Spoelmann. «Die Parallaxe täuscht Sie.» [...] «Ich weiß nicht, was das ist, Fräulein Imma. [...] Sie müssen Nachsicht haben.» «Oh, ich bitte um gnädigste Entschuldigung. [...] Sie stehen schief vor dem Zeiger, darum scheint er Ihnen gestiegen. Wenn Sie sich entschließen würden, genau davor zu treten, so würden Sie sehen, daß der schwarze keineswegs über den goldenen hinausgegangen, sondern sogar ein bißchen zurückgewichen ist.» «Ich glaube wahrhaftig, Sie haben recht», sagte Klaus Heinrich betrübt. «Und also ist der Luftdruck doch höher, als ich dachte!» «Er ist niedriger, als Sie dachten.» «Wenn das Quecksilber gefallen ist?» «Das Quecksilber fällt bei niedrigem Druck und nicht bei hohem, Königliche Hoheit.» «Nun verstehe ich gar nichts mehr.»[6]

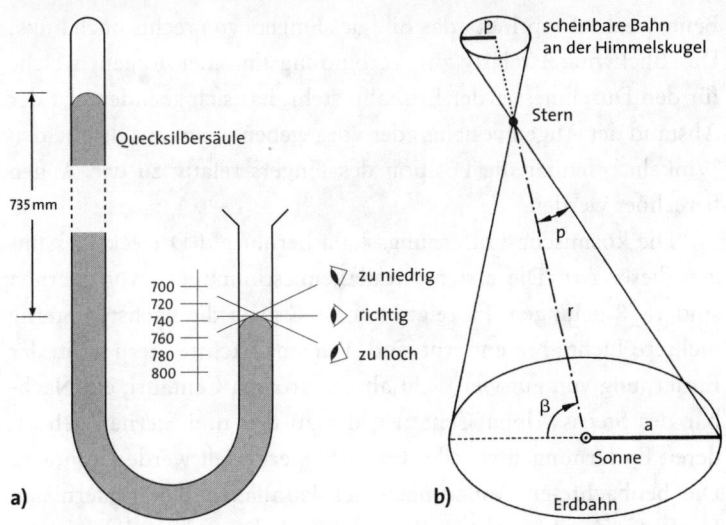

Abb. 7 Parallaxe beim Ablesen eines Barometers a) und bei der Beobachtung eines Sterns von verschiedenen Punkten der Erdbahn aus b).

Durch Parallaxe erzeugte Ablesefehler erläutert neben der Abb. 7a) auch die Abb. 7b). Der scheinbare Ort eines Stern auf der Himmelskugel der Fixsterne hängt genauso von dem Winkel ab, unter dem er von der Erde aus zu sehen ist. Dieser Winkel ändert sich, wie die Abbildung zeigt, im Laufe des Jahres. Von gegenüberliegenden Orten auf der Erdbahn aus gesehen, ist der Unterschied der Winkel offenbar am größten. Aus ihm kann bei Kenntnis des Durchmessers der Erdbahn die Entfernung des Sterns durch elementare Schulgeometrie ermittelt werden. Natürlich nur, wenn der Stern nicht so weit von der Erde entfernt ist, daß die Blickrichtungen zu ihm von beiden Punkten aus praktisch dieselben sind, der Winkelunterschied also wegen seiner Kleinheit nicht beobachtet werden kann. Der Parallaxeneffekt tritt besonders deutlich hervor, wenn man einen Finger am ausgestreckten Arm emporhält und ihn erst mit dem linken, dann mit dem rechten Auge betrachtet.

Beim Wechsel «springt» das Bild des Fingers von rechts nach links: Der Blickwinkel relativ zur Verbindungslinie der Augen, welche für den Durchmesser der Erdbahn steht, hat sich geändert. Ist der Abstand der Augen voneinander vorgegeben, kann aus den beiden Winkeln offenbar die Position des Fingers relativ zu den Augen berechnet werden.

Die kosmische Entfernungsskala beruht auf Dreiecksmessungen dieser Art. Die ersten Parallaxenbestimmungen von Sternen sind 1838 gelungen. Es zeigte sich, daß auch die nächsten Sterne mehrere Lichtjahre entfernt sind. Der uns nächste Stern ist in der Entfernung von gut vier Lichtjahren Proxima Centauri, ein Nachbar des Sterns Alpha Centauri, der zu den drei Sternen gehört, deren Entfernungen von der Erde 1838 ermittelt werden konnten. Die beobachteten Änderungen der Parallaxen dieser Sterne im Laufe der Zeit könnten im Prinzip natürlich auf deren Eigenbewegungen statt auf der Bewegung der Erde um die Sonne beruhen. Es wäre aber eine übergroße Konspiration, wenn sie so von der Jahreszeit abhingen, wie es die Bewegung der Erde ergibt und wie sie tatsächlich beobachtet werden. Die Ergebnisse des Jahres 1838 wurden denn auch nicht nur als Entfernungsmessungen, sondern auch als Belege für die Bewegung der Erde in Übereinstimmung mit den Gesetzen Newtons gewertet. Rechnet man die Bewegung der Erde aus den Parallaxenmessungen heraus, bleiben die Eigenbewegungen übrig. Auch sie ermöglichen Rückschlüsse auf die kosmischen Entfernungen, von denen Adrian Leverkühn im *Doktor Faustus* durch eigene Anschauung Kunde haben will (siehe S. 97).

Farben durch Interferenz und Streuung

Jonathan, der Vater von Adrian Leverkühn, wandte grillenhafte Mühe an das Studium der Natur: «Er habe wollen», schreibt Thomas Mann, «die elementa spekulieren. [...] Er trieb in bescheidenem Maßstab und mit bescheidenen Mitteln naturwissenschaftliche, biologische, auch wohl chemisch-physikalische Studien [...].» Und er besaß farbig illustrierte Bücher über exotische Falter und Meergetier, deren Vorbilder im Besitz von Thomas Mann wir kennen. Wenn Jonathan seine Bücher am Abend aufschlug, blickten seine Söhne Adrian und Georg sowie der Chronist Serenus Zeitblom und gelegentlich seine Frau Elsbeth mit hinein. Er wies ihnen die dort abgebildeten «Herrlichkeiten und Exzentrizitäten: diese in allen Farben der Palette, nächtigen und strahlenden, sich dahinschaukelnden [...] Insekten, die in phantastisch übertriebener Schönheit ein ephemeres Leben fristen [...].»

Die herrlichste Farbe, die sie zur Schau tragen, ein traumschönes Azurblau, sei [...] gar keine echte und wirkliche Farbe, sondern werde durch feine Rillen und andere Oberflächengestaltungen der Schüppchen auf ihren Flügeln hervorgerufen, eine Kleinstruktur, die es durch künstliche Brechung der Lichtstrahlen und Ausschaltung der meisten besorge, daß allein das leuchtendste Blaulicht in unser Auge gelange. «Sieh an» [hört der Chronist] Frau Leverkühn sagen «es ist also Trug?» «Nennst Du das Himmelsblau Trug?» erwiderte ihr Mann [...]. «Den Farbstoff kannst du mir auch nicht nennen, von dem es kommt.»[7]

Interferenz heißt in der Sprache der Physik die Ursache des «Ausschaltens» aller Farben mit Ausnahme des Blaulichts durch die Flügel des Falters; in der Streuung des Lichts liegt die Ursache des Himmelsblaus. In Thomas Manns Quelle – dem Buch *Falterschönheit*, das er besaß und das er Jonathan Leverkühn besitzen läßt – heißt es[8], daß die «Mikrostruktur» der «Rillen und andere[r] Oberflächenstrukturen der Schüppchen» das Licht so eigenartig bricht und reflektiert, daß «nur das intensivste Blaulicht noch in das Auge des Beobachters gelangt, während alle anderen Strahlen auf komplizierte Art ausgeschaltet werden. Strukturblau nennt der Forscher ein solches Blau, das – wie übrigens auch das Blau des Himmels – nicht durch einen nachweisbaren besonderen Farbstoff erzeugt wird.» Inhaltlich hat Thomas Mann dem nichts hinzugefügt.

Zunächst zur Interferenz: Strukturfarben von Falterflügeln und Vogelfedern gibt es in fast allen Farben des Spektrums, insbesondere in Blau und Grün, weniger in Rot. In ihnen schillern Ölpfützen und, in die Sonne gehalten, CDs sowie Hologramme. Ihre Ursache ist immer dieselbe: daß dem Licht nur ausgesuchte Pfade zum Auge offenstehen. Die Details des jeweiligen Eindrucks hängen selbstverständlich von den Details der jeweiligen Ursache ab. Wir wollen uns mit dem Prinzipiellen begnügen, daß in einer vorgegebenen Blickrichtung die einen Farben ausgelöscht, andere verstärkt werden können.

Ausgangspunkt ist die von Newton entdeckte, von Goethe vehement bestrittene Tatsache, daß das weiße Licht der Sonne ein Mischlicht aus den Farben des Regenbogens ist, die voneinander unbeeinflußt eben dieses Licht ausmachen. Falterflügel, Vogelfedern und CDs sind so beschaffen, daß sie wie eine Reihe unterbrochener Spiegel das Licht reflektieren und zurückhalten. Die so ausgesuchten Pfade des Lichtes zum Auge unterdrücken «durch Interferenz» einige Farben des ursprünglich alle Farben enthaltenden weißen Sonnenlichtes und verstärken andere.

Nun zur Streuung des Lichts, auf der das Himmelsblau beruht. Letztlich kann jede Ablenkung von Licht auf Interferenzen zurückgeführt werden. So auch die elementare Streuung von Licht an den Molekülen der Luft. Sie ist so beschaffen, daß Licht um so stärker gestreut wird, je kurzwelliger es ist; das kurzwellige blaue Licht um den Faktor fünf stärker als das langwelligere rote. Von dem weißen Mischlicht der Sonne wird daher vermehrt der blaue Anteil abgelenkt, so daß er – statt nur geradewegs von der Sonne – auch aus dem sonnenbeschienenen Himmel auf uns herabscheint: Der

Himmel ist blau. Dem direkten Sonnenlicht fehlt hingegen der weggestreute Anteil, so daß es röter erscheint als ohne die Streuung. Das fällt natürlich nur dann auf, wenn am Abend oder Morgen der Weg des Sonnenlichts innerhalb der Atmosphäre besonders weit ist: Die Morgen- oder Abendsonne ist röter als die Mittagssonne, die Abendsonne sogar mehr noch als die Morgensonne. Das liegt daran, daß nicht nur Moleküle das blaue Licht stärker als das rote streuen, sondern auch andere, nämlich kleine Schwebepartikel. Benannt ist die Streuung an Partikeln der Luft summarisch nach dem irischen Physiker John Tyndall (1820 bis 1893), der sie zuerst namhaft gemacht hat. Die elementare Streuung, auf der sie beruht, heißt Rayleigh-Streuung nach dem englischen Physiker Lord Robert John William Rayleigh (1842 bis 1919), Physiknobelpreisträger von 1904. Ihm verdanken wir das theoretische Verständnis der Streuung von Licht an einzelnen, aber auch zahlreichen Teilchen wie Molekülen, deren Abmessungen einzeln viel kleiner sind als die Wellenlängen des Lichts.

Wirken mehrere Moleküle der Luft in zufälligen Verdichtungen zusammen, wächst der Streueffekt, der das blaue Licht bevorzugt, proportional zu ihrer Anzahl, so daß an klaren Tagen, an denen die Luft von Dunst und anderen Verunreinigen frei ist, nahezu nur die «inkohärente» Rayleigh-Streuung auftritt und der Himmel dann besonders intensiv blau gefärbt ist. Andere Partikel in der Luft wie z.B. Staub und Wassertröpfchen – vorausgesetzt, sie sind, verglichen mit den Wellenlängen des Sonnenlichts, sehr klein – wirken wie die zufälligen Verdichtungen der Luft, so daß die Sonne, wenn sie über dem Meer untergeht, tief rot erscheint – winzige Wassertröpfchen haben von ihrem blauen Licht viel hinweggestreut. Daß der Himmel bei Regen, Rauch, Ruß oder Staub eher grau als blau ist, hängt damit zusammen, daß die Streuung des Lichts nicht mehr von der Wellenlänge abhängt, wenn die Partikel in der Luft eine gewisse Größe haben. Grüne Blätter absorbieren alles Licht außer grünem; Malerfarben alles außer dem ihrer jeweiligen Farbmischung. Der «Farbstoff» aber, der den Himmel grau oder blau färbt, entzieht dem Licht keine Farbe durch Absorption, sondern er streut es. Und der «Farbstoff» der Schmetterlingsflügel und Vogelfedern löscht durch Interferenz alle Farben mit Ausnahme jener aus, die er verstärkt und dadurch einzeln sichtbar macht.

Fressen und gefressen werden

Das Buch, dessen Tatsachen zur «Falterschönheit» Thomas Mann wiedergegeben hat, stammt aus dem Jahr 1935; darüber geschrieben hat er um 1947. In Ansehung seiner Nonchalance gegenüber der Zeitlichkeit bei Fragen der Physik erstaunt die Kritiklosigkeit, mit der er die Ablehnung jeder darwinistischen Erklärung für das Auftreten von zweckgerichteten Erscheinungsformen aus seiner Quelle übernommen, ja zum Teil sogar noch verstärkt hat. Zunächst, seiner Quelle getreulich folgend, der Sachverhalt:

> Nur einen dunklen Farbfleck in Violett und Rosa hatte Hetaera auf ihren Flügeln, der sie, da man sonst nichts von ihr sieht, im Flug einem windgeführten Blütenblatt gleichen läßt. – Es war da sodann der Blattschmetterling, dessen Flügel, oben in volltönendem Farbendreiklang prangend, auf ihrer Unterseite mit toller Genauigkeit einem Blatte gleichen, nicht nur nach Form und Geäder, sondern dazu noch durch minutiöse Wiedergabe kleiner Unreinigkeiten, nachgeahmter Wassertropfen, warziger Pilzbildungen und dergleichen mehr. Ließ dies geriebene Wesen sich mit hochgefalteten Flügeln im Laube nieder, so verschwand es durch Angleichung so völlig in seiner Umgebung, daß auch der gierigste Feind es nicht darin ausmachen konnte.

Die *Funktion* von «Angleichung» erkennt er mit seiner Quelle klar, deren Entstehung aber versteht er mit ihr nicht: «Die Tatsache, daß

eine solche Nachahmung unserem Menschenverstande als zweckmäßig, als sinnvoll erscheint, kann höchstens die Erhaltung einer
solchen Erscheinung im Daseinskampfe erklären; über ihre Entstehung sagt diese Zweckmäßigkeit natürlich nichts aus.» Wie seltsam, 1935. Erweitert hat Thomas Mann diese Erklärung seiner
Quelle um 1947, mit den Worten von Jonathan Leverkühn:

> Wie hat das Tier das gemacht? [...] Wie macht es die Natur
> durch das Tier? Denn dessen eigener Beobachtung und Berech-
> nung kann man den Trick unmöglich zuschreiben. [...] Warum
> aber hat gerade [der Falter] den listigen Vorzug? [...] Wo bleibt
> die Zweckmäßigkeit, von seinen hungrigen Verfolgern aus ge-
> sehen, den Eidechsen, Vögeln und Spinnen, denen er doch zur
> Nahrung bestimmt ist, die ihn aber, sobald er will, mit allem
> Scharfblick nicht ausfindig machen können? Ich frage das euch,
> damit nicht gar ihr mich danach fragt.

In die Zeit vor Darwin fühlen wir uns zurückversetzt, aber nicht zu
einem aufgeklärten Literaten in die Mitte des 20. Jahrhunderts –
wenn nicht Thomas Mann diesmal auch in einer Naturwissenschaft den Kenntnisstand seiner Geschöpfe zu ihrer Zeit, wohl um
1900, wiedergeben wollte. Genauso steht es um die Warnfarben,
die ungenießbare Falter zur Schau tragen, und schließlich steht es
auch um deren Nachahmung durch genießbare Falter so:

> Konnte nun dieser Falter zu seinem Schutze sich unsichtbar
> machen, so brauchte man in dem Buche nur weiter zu blättern,
> um die Bekanntschaft solcher zu machen, die durch augen-
> fälligste, ja aufdringliche, weithin reichende Sichtbarkeit den-
> selben Zweck erreichten. Sie waren nicht nur besonders groß,
> sondern auch ausnehmend prunkvoll gefärbt und gemustert,
> und [...] flogen [...] in diesem scheinbar herausfordernden
> Kleide mit ostentativer Gemächlichkeit [...] dahin, ohne sich

je zu verstecken und ohne daß je ein Tier, weder Affe, noch Vogel, noch Echse, ihnen auch nur nachgeblickt hätte. Warum? Weil sie ein Ekel waren. Und weil sie durch ihre auffallende Schönheit, dazu durch die Langsamkeit ihres Fluges, eben dies zu verstehen gaben. Ihr Saft war von so scheußlichem Geruch und Geschmack, daß, wenn einmal ein Mißverständnis, ein Fehlgriff vorkam, derjenige, der sich an einem von ihnen gütlich zu tun gedachte, den Bissen mit allen Anzeichen der Übelkeit wieder von sich spie. Ihre Ungenießbarkeit ist aber in der ganzen Natur bekannt, und sie sind sicher [...]. Was aber war die Folge? Daß andere Arten von Schmetterlingen sich trickweise in denselben Warnungsprunk kleideten und denn also auch in langsamem Unberührlichkeitsfluge melancholischsicher dahinzogen, obwohl sie durchaus genießbar waren.[9]

Selbstverständlich reicht das Schlagwort «Darwin» nicht aus, die Entstehung der Mimikry im Detail zu verstehen. Hierzu ist, wie wir zum Beispiel bei Klaus Lunau in seinem Buch *Warnen, Tarnen, Täuschen*[10] lesen können, Einsicht in komplexe Wechselwirkungen der jeweiligen zahlreichen Arten erforderlich, die aber ausnahmslos auf den grundsätzlichen Einsichten des Darwinismus beruhen. Anders als bei Jonathan Leverkühn im *Doktor Faustus* finden sich Ansätze hierzu bei einem Selbstgespräch Krulls anläßlich seines Besuchs des «Museu Sciências Naturaes» von Lissabon.

Im Oktober 1951 hat Thomas Mann in Chicago das «Museum of Natural History» besucht, «wo man die Ursprünge des Lebens und den Beginn des Menschen mit erregender Anschaulichkeit dargestellt findet. Wir waren zweimal dort, denn dergleichen fasziniert mich mehr, als jede Gemäldegalerie», schreibt er darüber am 10. Oktober 1951 an Ida Herz.[11] Auf diesen Besuch und den Niederschlag, den er im Hochstapler-Roman finden sollte, werden wir ausführlich eingehen. Weiter unten soll auch die Beziehung des Mann'schen Werks zum Darwinismus detailliert erörtert werden.

Jetzt aber Felix Krulls Gedanken zu den Panzern des ausgestorbenen Riesengürteltiers und den Backenzähnen des ebenfalls ausgestorbenen Säbelzahntigers. Im Museum fanden sich:

> [...] stumpfgesichtige Riesengürteltiere [...], deren Natur sie fürsorglich mit einem Rücken- und Flankenpanzer aus dicken Knochenplatten geschützt hatte. Aber die Natur ihres gierigen Kostgängers, des Säbelzahntigers, hatte ganz ebenso für diesen gesorgt und ihn so starke Kiefer und solche Brechzähne ausbilden lassen, daß er damit dem Knochenpanzer knackend beikommen und dem Gürteltier große Stücke seines wahrscheinlich sehr wohlschmeckenden Fleisches vom Leibe reißen konnte. Je größer und dicker gewappnet der widerwillige Wirt wurde, desto gewaltiger wurden Kiefer und Gebiß des Gastes, der ihm freudig zum Mahl auf den Rücken sprang. [...] Dem wachsenden Gürteltier zuliebe hatte [der Säbelzahntiger] alles getan, um nicht zurückzubleiben und sich zum Knacken tüchtig zu halten. Jenes hinwiederum wäre so groß und dick beschient nie geworden ohne den Liebhaber seines Fleisches. Wenn aber die Natur es schützen wollte gegen diesen durch die immer schwerer zu zerbrechende Panzerwölbung, warum hatte sie gleichzeitig dann immerfort die Kinnbacken und Säbelzähne des Feindes verstärkt? Sie hatte es mit beiden gehalten – und also mit keinem von beiden –, hatte nur ihren Scherz mit ihnen getrieben und sie, als sie sie recht auf die Höhe ihrer Möglichkeiten gebracht, im Stich gelassen. Was denkt die Natur sich? – Sie denkt sich gar nichts [...].[12]

Welch ein Fortschritt der Einsicht, der auch die Entwicklungen der Arten und ihre Wechselwirkungen berücksichtigt! Oder nur die stilistische Aufbereitung einer Quelle, einer Broschüre, eines Bulletins des Chicagoer Museums? Eine Frage, die die professionelle Thomas-Mann-Forschung möglicherweise bereits beantwortet hat.

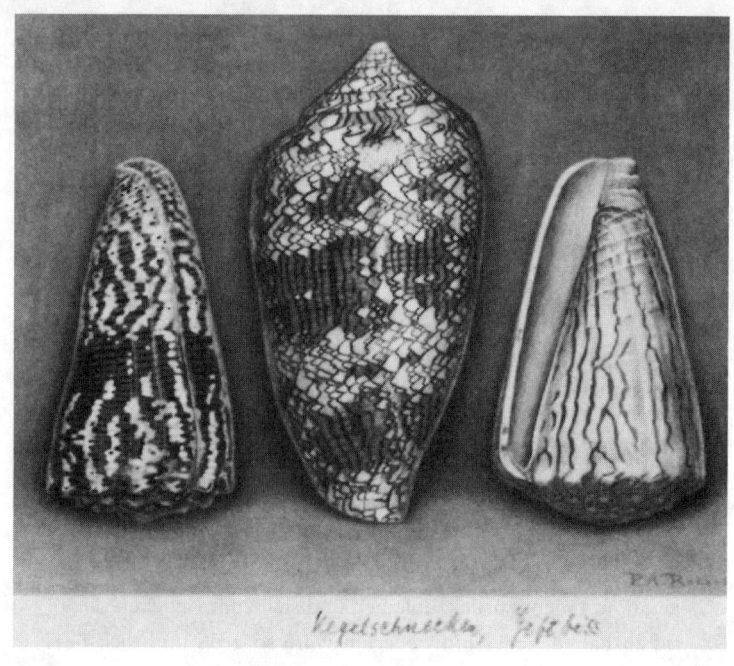

a)

Zellulare Automaten

Nach den Faltern und den Land- und Wassertieren wendet Jonathan sich seinem bebilderten Buch[13] der Schnecken und Muscheln zu. Daß die Kegelschnecken der Abb. 8a) wegen ihres Giftbisses gefürchtet – Thomas Mann schreibt «berüchtigt» – seien, hat er aus der Legende der Abbildungstafel übernommen. Giftbiß einerseits, Außenästhetik andererseits – diese «sonderbare Ambivalenz der Anschauung hatte sich immer in dem sehr verschiedenartigen Gebrauche kundgegeben, den man von den Prunkgeschöpfen machte. Sie hatten im Mittelalter zum stehenden Inventar der Hexenküchen und Alchimisten-Gewölbe gehört und waren als die passenden Gefäße für Gifte und Liebestränke befunden worden.

b)

Abb. 8 Die Farbtafeln a) und b) mit den Anmerkungen «Kegelschnecken, Giftbiß» und «Zeichenschrift» entstammen Thomas Manns Exemplar von [11] in der Züricher Nachlaßbibliothek. Von den «Kegelschnecken» a), die vom Indischen Ozean, aus Neu-Kaledonien und vom Golf von Kalifornien stammen (von links nach rechts), heißt es in der Legende von [11], sie seien «wegen ihres Giftbisses gefürchtet». Die b) «eigenartige Schönheit der Muscheln beruht [auch] auf der geheimnisvollen Zeichenschrift der Musterung». Wir haben die Abbildung mit Thomas Manns Notizen aus [67] übernommen. Die Schnecke Oliva porphyria aus Mexiko, rechts in c) (siehe S. 56) aus [11], besitzt ungenau genommen dieselbe Zeichnung wie die Kegelschnecke Conus textile L. in der Mitte von a). Die Legende zu c) in [11] vermerkt, daß die Zeichnung von Oliva porphyria erst nach dem Zerfall des Weichkörpers der Schnecke sichtbar wird. Wenn hier keine Signalwirkung der Zeichnung, dann wohl auch keine bei den Schnecken a) und den Muscheln b).

55

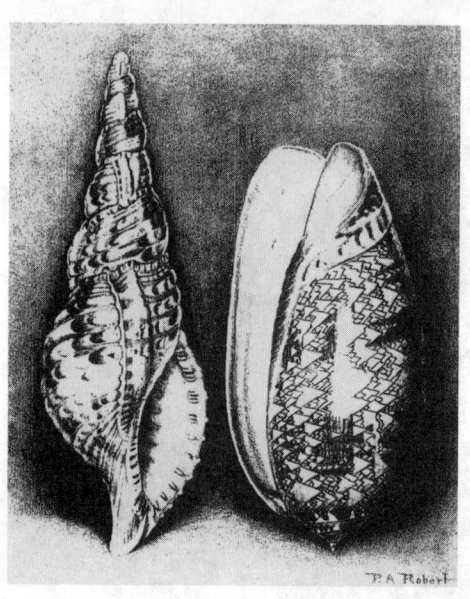

c)

Andererseits und zugleich aber hatten sie beim Gottesdienst zu Muschelschreinen für Hostien und Reliquien und sogar als Abendsmahlskelche gedient» – so liest sich die Vorlage stilistisch aufbereitet bei Thomas Mann. Adrians Freund, der fiktive Erzähler Serenus Zeitblom, kann sich nicht genug darüber wundern, daß alle diese «Gewinde und Gewölbe [...] das Eigenwerk ihrer gallerthaften Bewohner waren – wenigstens wenn man an der Vorstellung festhielt, daß die Natur sich selber macht. [...]: daß diese köstlichen Gehäuse das Produkt der Weichwesen selbst waren, die sie beschützten, das war dabei der erstaunlichste Gedanke».

So ist es selbstverständlich, und die Biologie weiß auch, wie die Außenschalen entstehen: als Folge von Ablagerungen der Weichwesen. Deren Form und Festigkeit kann zumindest im Prinzip darwinistisch durch die Nischen erklärt werden, welche die Muscheln und Schnecken besetzen – dicke Schalen zum Beispiel bei den Arten, die in stürmischer Brandung an Felsküsten auftreten. Eine ganz andere Antwort aber geben heutige Wissenschaftler auf Jonathans drängendste Frage – die nach dem Ursprung und Sinn nicht der Form der Schalen, sondern der geheimnisvollen Zeichenschrift ihrer Musterungen: «Was nun jene Zeichenschrift betrifft, über die er sich gar niemals beruhigen konnte, so fand sie sich auf der Schale einer neu-kaledonischen Muschel von mäßiger Größe und war auf weißlichem Grund in leicht rötlichbrauner Farbe ausgeführt. Die Charaktere, wie mit dem Pinsel gezogen, gingen gegen den Rand hin in reine Strich-Ornamentik über, hatten aber auf dem größten Teil der gewölbten Fläche in ihrer sorgfältigen Kompliziertheit das entschiedenste Ansehen von Verständigungsmerkmalen.» Jonathan Leverkühns Versuche des Vergleichs dieser Zeichnungen mit frühorientalischen Schriftarten, etwa dem altaramäischen Duktus, führen nirgendwohin, was der Erzähler so kommentiert: «Bedachte er, daß, wenn es sich wirklich hier um eine Geheimschrift hätte handeln sollen, die Natur über eine eigene, aus ihr selbst geborene, organisierte Sprache verfügen müßte? Denn welche vom Menschen erfundene sollte sie wählen, um sich auszudrücken? Schon damals aber, als Knabe, begriff ich sehr deutlich, daß die außerhumane Natur von Grund auf illiterat ist, was in meinen Augen eben gerade ihre Unheimlichkeit ausmacht.»[14]

Was sich uns mit Jonathan Leverkühn als Ausdrucksform aufdrängt, ist in Wahrheit ein Zufallsprodukt ohne Zweck und Sinn, der Abfall eines zielgerichteten Prozesses – des geordneten Wachstums der Schale –, der bei den Schnecken und Muscheln seltsamerweise komplexe Formen annimmt. Es ist eines der tiefliegendsten Naturgesetze, üblicherweise als der «Zweite Hauptsatz» apostrophiert, daß in der Natur kein Prozeß auftreten kann, bei dem insgesamt die Ordnung zunimmt. Wenn also Ordnung in irgendeiner Form auftritt, muß sie zur Kompensation in einer anderen Form abnehmen. Ein Beispiel muß uns genügen: Wird aus Wasser Eis, nimmt die sichtbare Ordnung zu (siehe Abb. 13 auf S. 67). Im verborgenen aber tritt bei dem Prozeß Kristallisationswärme auf, und diese muß abgeführt werden, damit sich das Eis bilden kann. Nun bedeutet Wärme ungeordnete Bewegung von Molekülen und Atomen, so daß bei dem Prozeß die Ordnung der Umwelt, welche die abgesonderte Wärmemenge ja aufnehmen muß, abnimmt. Um eine Bilanz von Ordnung und Unordnung aufstellen zu können, braucht es folglich ein universelles Maß für sie, welches die Atome, Moleküle und ihre Bewegungen, aber nicht nur sie, einbezieht. Wärme kann abgestrahlt werden, so daß auch die Wärmestrahlung als Träger von Unordnung auftreten können muß. Als universelles Maß für Unordnung hat sich die Entropie erwiesen, die kurz und knapp durch die Anzahl der inneren Zustände eines Systems definiert wird, welche mit dessen äußeren Eigenschaften vereinbar sind.

Nehmen wir nun Strukturen, die bei Pflanzen und Tieren entweder als Art oder individuell auftreten. Mit ihnen ist die sichtbare Ordnung größer, als sie es ohne sie wäre; Struktur muß der allgemeinen Tendenz zum Zerfall abgerungen werden – auf Kosten, selbstverständlich, wachsender Unordnung anderswo, die aber der Aufmerksamkeit leicht entgeht. Genauer ist es so, daß geordnete Strukturen immer dann bevorzugt auftreten, wenn mit ihnen die Ordnung effektiver abgebaut wird, als das ohne sie möglich wäre. Jonathan Leverkühn, wenn er nach dem Sinn der Zeichen auf den Schalen der Mollusken sucht, unterstellt, daß deren offensichtliche Struktur Sinn und Zweck des Prozesses ist, der sie hervorgebracht hat – wie es im allgemeinen ja auch ist. Hier aber nicht. Anders als die Strukturen der Gebisse von Lebewesen beispielsweise oder die Formen der Schnäbel von Darwins Finken, welche die Evolution zu dem Zweck hervorgebracht hat, zu dem sie gebraucht werden, sind die Zeichnungen der Schalen selbst ein Abfallprodukt des zweckgerichteten Prozesses, der den Schnecken und Muscheln das Wachstum ermöglicht. Die Ordnung der graphischen Muster kommt zu der nützenden Ordnung hinzu, erfordert zugleich aber zusätzlichen Abbau von Ordnung anderswo.

Die Bilanz von Ordnung und Unordnung beim Wachstum der Mollusken wollen wir nicht aufstellen. Die Indizien dafür, daß die Zeichnungen der Schalen keinem biologischen Zweck dienen, sollen aber angeführt werden. In Jonathan Leverkühns Buch steht zu lesen, daß die Zeichnung der *Seeolive* (siehe Abb. 8 c auf S. 56) «im Leben fast gänzlich vom Weichkörper überwallt und eigentlich erst nach dessen Zerfall sichtbar wird» – also keinem biologischem Zweck dienen kann, der ihre Sichtbarkeit voraussetzt. Hinzu kommt, daß die meisten dieser ornamentalen Meeresschnecken verborgen in praktisch lichtloser Tiefe leben. Hingegen: «Man mag noch so viele *Schnecken* auf ihr Baugeheimnis untersuchen, immer stößt man da auf neue, überraschende Varianten, die das Grundprinzip der schraubig aufsteigenden Spirale zu lösen trachten.» Ihre Schalen also passen die Mollusken ihren Lebensumständen im Laufe der Evolution an; die Zeichnungen aber sind – seltsamerweise geordnete – Abfallprodukte. So auch ihre Farben. Sie bestehen aus hochmolekularen organischen Substanzen, bei deren normalem Abbau durch den Darm schädliche Giftstoffe frei werden würden. Dies vermeidet die Seeschnecke dadurch, daß sie die ursprünglichen Gifte durch Einbau in die Schale gefahrlos ausscheidet – ein Mechanismus, mit dessen Hilfe mutatis mutandis Vögel die Farben ihrer Federn erzeugen und erhalten.

So kompliziert die physikalischen und chemischen Prozesse auch sein mögen, auf denen die Zeichnungen von Mollusken beruhen, können doch ihnen verblüffend ähnliche durch wenige Zeilen Computerprogramm eines «Zellularen Automaten» erzeugt werden. Gegeben sei kariertes Zeichenpapier. Seine Kästchen können wie beim Schiffeversenken angekreuzt werden. Anfangs sind nur Kästchen der ersten Zeile angekreuzt; typischerweise genau eines oder eine Zufallsauswahl. Aus der Verteilung der schwarzen und

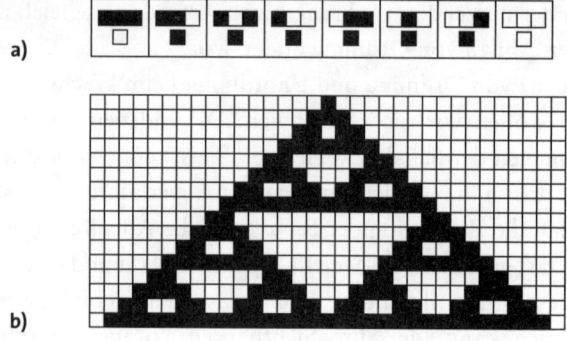

a)

b)

Abb. 9 Die Konstruktion des Gebildes b) durch fünfzehnfache Anwendung der in a) symbolisch dargestellten Regel beschreibt der Text.

weißen – angekreuzten und nicht angekreuzten – Kästchen der ersten Zeile berechnet der Zellulare Automat aufgrund einer ihm eingegebenen Regel die «Treffer» in der zweiten Zeile. Aus dieser folgt die Farbgebung der dritten, aus dieser die der vierten und so weiter, bis in alle Ewigkeit.

Ausgehend von der jeweils erreichten Zeile, legt die Regel eines Automaten die Farbe «Weiß» oder «Schwarz» eines Kästchens der nächsten Zeile durch die Farben fest, welche das Kästchen oberhalb seiner und dessen Nachbarkästchen besitzen. Deren Farbverteilung stehen die acht Möglichkeiten der oberen Zeile offen, und da jeder von ihnen eine von zwei Farben zugeordnet werden kann, haben wir es insgesamt mit $2^8 = 256$ verschiedenen Regeln Zellularer Automaten zu tun. Eine dieser Regeln ist die der Abb. 9a).

Einer breiten wissenschaftlichen Öffentlichkeit zur Kenntnis gebracht hat die Zellularen Automaten Stephen Wolfram (geboren 1959), Wunderkind, Doktor der theoretischen Physik seit 1979, Computerwissenschaftler und Gründer der Firma Wolfram Research, deren bekanntestes Produkt das vielbewunderte Programm *Mathematica* ist. In Wolframs Zählung besitzt die Regel des Automaten (Abb. 9a) die Nummer 126. Angewendet auf die erste Zeile der Abb. 9b) mit nur einem schwarzen Kästchen, erzeugt sie deren hierarchisch geordnetes Muster verschachtelter Dreiecke.

«Auf Grund unserer Alltagserfahrung erwarten wir, daß zur Konstruktion kompliziert aussehender Objekte komplizierte Konstruktionsverfahren erforderlich sind. Deshalb nehmen wir normalerweise an, daß die Pläne, nach denen eine komplizierte mechanische Vorrichtung gebaut wurde, vergleichbar kompliziert sein müssen.» So Wolfram in seinem im Jahr 2002 erschienenen Grundsatzwerk *A New Kind of Science*[15], das auf 1197 Seiten (plus Index) die Konsequenzen seiner von den Zellularen Automaten abgeleiteten Einsicht beschreibt, daß auch einfache Pläne kompliziert auftretende Konsequenzen besitzen können. Wolfram unterscheidet nicht zwischen wirklichen Zufallszahlen (deren Existenz er im übrigen leugnet) und den durch einfache Regeln erzeugten Zahlenfolgen, die für alle praktischen Zwecke mit wirklichen Zufallszahlen identifiziert werden können – mit Ausnahme, selbstverständlich, aller praktischen Zwecke, die sich der Regel bedienen, welche die «Zufallszahlen» hervorgebracht hat, was aber «zufällig» so gut wie nie vorkommen kann. Hier ist nicht der Platz, dies auszuspinnen, soviel aber doch: Wirklich zufällige Zahlenfolgen – wie nach gängiger Weisheit die zeitlichen Abstände zwischen den Ticks eines Geigerzählers – zeichnen sich dadurch aus, daß sie durch keine Zahlenfolge mitsamt Regel erzeugt werden können, die kürzer wäre als die Folge selbst. Ist das aber möglich, ist die Zahlenfolge nicht zufällig und wird als komprimierbar bezeichnet. Nun besagt ein Theorem der Computerei, daß von keiner Zahlenfolge bewiesen werden kann, daß sie *nicht* komprimierbar ist. Daher ist es unmöglich zu *wissen*, daß eine Zahlenfolge zufällig ist – und ebendeshalb ist Wolfram im Recht, wenn er Zahlenfolgen zufällig nennt, deren erzeugende Regel zwar einfach ist, für die aber kein gangbarer Weg bekannt ist, sie von der Zahlenfolge abzulesen. Hinzu kommt, daß sie selbstverständlich die bekannten Tests

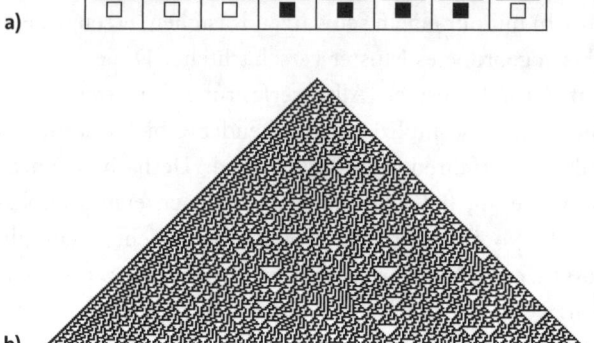

a)

b)

Abb. 10 In welchem Sinn das durch Anwendung der Regel a) entstehende Muster b) regellos ist, beschreibt der Text. In Stephen Wolframs Worten auf S. 315 in der Bildunterschrift zu b) in seinem Buch [79], dem unsere Abbildung entnommen ist: «There is no random input to this system, yet its behavior seems in many respects random. I suspect that this is how much of the randomness that we see in nature arises.»

für Zufälligkeit überstehen muß. Wolframs «für alle praktischen Zwecke» zufälligen, von Zellularen Automaten erzeugten Zahlenfolgen gelingt dies mit Bravour. Zudem zeichnet sie aus – genauer: zeichnet sie nach seiner Vermutung aus –, daß sie durch keinen kürzeren Prozeß als das Laufenlassen des Automaten, von dem sie abstammen, erzeugt werden können.

Eine Regel, die in Wolframs Sinn Zufallsmuster erzeugt, ist die der Abb. 10a) mit der Nummer 30; das Muster der Abb. 10b) ergibt sich durch sie aus einer einfachen ersten Zeile. Außerhalb der Strukturen an den Rändern kann von der Abbildung, die durch eine einfache Regel aus einer einfachen Vorgabe folgt, keine Regel abgelesen werden, der sie genügt. Wolfram vermutet, «daß viele der in der Natur zu beobachtenden Zufälligkeiten so entstehen». Hier wie auch bei den komplexen Strukturen finden wir unser

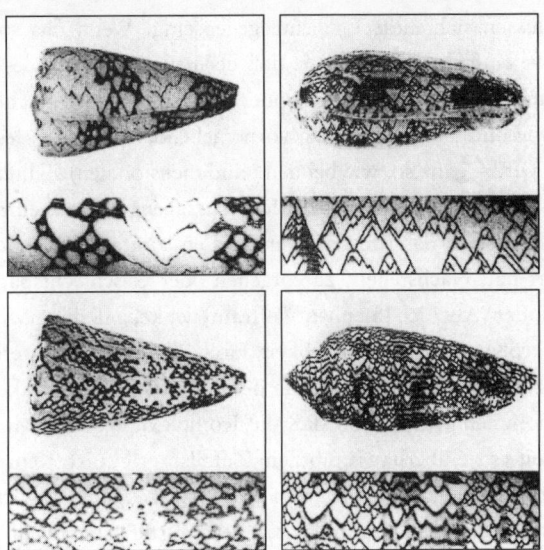

Abb. 11 Vier Mollusken mit Vergrößerungen ihrer Muster.

Thema der Muster von Mollusken wieder. Typische Beispiele solcher Zeichnungen zeigt die Abb. 11, die mit denen der Abb. 8a) auf S. 54 zu vergleichen sind. Wie die von Zellularen Automaten erzeugten Muster in Wolframs Buch zeigen, können sie alle als durch einfache Regeln entstanden gedacht werden. Hören wir Wolfram:

> Diese Ähnlichkeit der Zeichnungen realer Mollusken mit den Erzeugnissen Zellularer Automaten ist, so glaube ich, kein Zufall. Wie diese Erzeugnisse, wachsen die Schalen von Mollusken zeilenweise. Und zwar, indem eine Schicht weichen Zellmaterials am Rand des Tieres innerhalb der Schale neue Schalensubstanz produziert. Wie die Farbstoffe in die Schale eingebaut werden, ist nicht klar. Zweifellos gibt es aber Elemente in der weichen Zellmasse, die an gewissen Punkten Farbstoffe absondern, an anderen nicht. Und vermutlich be-

einflussen sich diese Elemente gegenseitig. Wenn das so ist, ist die einfachste Hypothese, daß der neue Zustand eines Elementes durch die vorhergehenden Zustände seiner Nachbarn [sowie durch seinen eigenen vorhergehenden Zustand] festgelegt wird – ganz so, wie bei den (eindimensionalen) Zellularen Automaten. [...] Traditionelle Ideen besagen, daß jede einzelne Molluskenart das Muster ihrer Schalen sorgfältig dafür optimiert hat, Nachstellern zu entgehen oder Geschlechtspartner zu finden. Aber ich [Stephen Wolfram] denke, daß diese Muster mit größerer Wahrscheinlichkeit durch Regeln erzeugt werden, die zufallsgesteuert der Menge der einfachsten Möglichkeiten entnommen wurden. So daß die Komplexität dieser Muster, soweit es sie überhaupt gibt, ein Zufallsprodukt ist. Kein ausgefeilter Mechanismus hat sich zu ihrer Erzeugung entwickeln müssen. Nein, die Komplexität der Muster ist einfach eine unabwendbare Folge des grundlegenden, in diesem [Wolframs] Buch entdeckten Phänomens, daß einfache Regeln oftmals komplexes Verhalten herbeiführen.[16]

Und schließlich merkt auch er an, daß die Muster der Schalen zahlreicher Molluskenarten zu Lebzeiten unter undurchsichtigen Schichten verborgen sind, so daß sie «unmöglich durch einen sorgsamen Prozeß der Optimierung oder natürlichen Auswahl festgelegt worden sein können».

Auch wenn das Wachstum der Muster der Molluskenschalen von einer ersten Zeile mit einfacher Farbgebung ausgehen sollte, wird man erwarten, daß fertig vorliegende Muster besser dem eines Automaten entsprechen, dessen Wachstum mit einer zufallsbestimmten Farbgebung beginnt. Das bestätigt ein Blick auf das Muster der Abb. 12, das durch Anwendung der Regel der Abb. 9a) auf eine erste Zeile mit zufallsbedingter Farbverteilung entstanden ist: Die generelle Übereinstimmung des Musters der Abbildung mit Mustern der Abb. 8a) und Abb. 11 ist verblüffend.

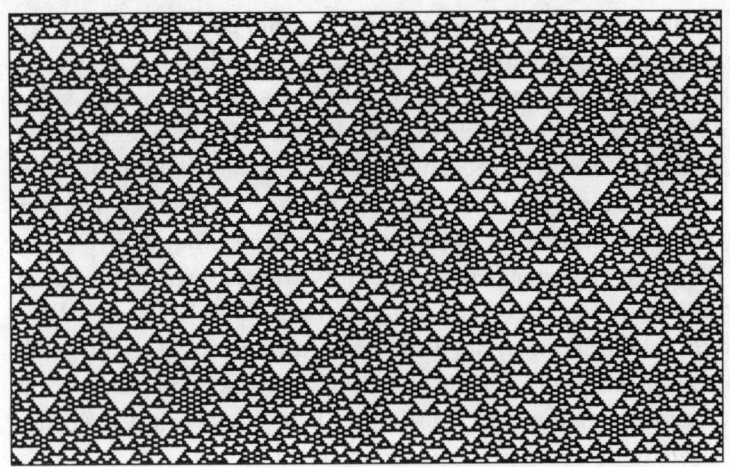

Abb. 12 Anwendung der Regel der Abb. 9 a) auf eine zufallsbestimmte erste Zeile hat dieses Muster ergeben. Seine Ähnlichkeit mit Mustern von Mollusken der Abb. 8 a) und Abb. 11 ist verblüffend. Aber auch andere Regeln generieren Muster, die sich von den hier zu betrachtenden qualitativ wenig unterscheiden.

Die Experimente des Jonathan Leverkühn

Nicht nur Lektüre, sondern auch eigene Experimente und Anschauungen boten dem Spekulierer und Sinnierer Jonathan Leverkühn Anlässe zu träumerischen Spekulationen. Er unterfing sich, mit der Natur zu laborieren, sie zu Phänomenen zu reizen, sie zu «versuchen», indem er ihr Wirken durch Experimente bloßzustellen suchte. Ihn beschäftigte «die Einheit der belebten und der sogenannten unbelebten Natur, es war der Gedanke, daß wir uns an dieser versündigen, wenn wir die Grenze zwischen beiden Gebieten allzu scharf ziehen, da sie doch in Wirklichkeit durchlässig ist und es eigentlich keine elementare Fähigkeit gibt, die durchaus den Lebewesen vorbehalten wäre, und die nicht der Biologe auch am unbelebten Objekt studieren könnte».

Eisblumen sind es, die Jonathan Leverkühn zuerst zu diesen träumerischen Spekulationen veranlassen. Nur ältere Leser werden Eisblumen aus eigener Erfahrung kennen. Sie entstehen an kalten Fensterscheiben von beheizten Räumen bei Frostwetter aus Wasserdampf, der an den Scheiben gefriert, und ähneln Blumen. Wenn Jonathan Leverkühn sich mit bloßem Auge und durch sein Vergrößerungsglas in ihre Struktur vertieft, kann er nur immer wieder die ihnen zugrunde liegende Sechseckstruktur angetroffen haben, die auf der Dreiecksgestalt der Wassermoleküle H_2O beruht. Diese schränkt die Formen ein, die sich bilden können, legt sie aber nicht fest. Dasselbe gilt für die Schneekristalle, die Hans Castorp im *Zauberberg* auf seinen Ärmel fallen läßt, um sie mit den Kenneraugen des Liebhaberforschers zu betrachten:

> [...] es waren Myriaden im Erstarren zu ebenmäßiger Vielfalt kristallisch zusammengeschossener Wasserteilchen [...] und unter den Myriaden von Zaubersternchen [...] war nicht eines dem anderen gleich; eine endlose Erfindungslust in der Abwandlung und allerfeinsten Ausgestaltung eines und immer desselben Grundschemas, des gleichseitig-gleichwinkligen Sechsecks herrschte da; aber in sich selbst war jedes der kalten Erzeugnisse von unbedingtem Ebenmaß und eisiger Regelmäßigkeit.

Bei Eisblumen und Schneekristallen ist es «immer dasselbe Grundschema» des Zusammenschlusses der Wassermoleküle a) zu regelmäßigen Sechsecken b), welches sowohl die Formenvielfalt der Schneekristalle c) als auch die der Eisblumen ermöglicht.

Die Physik versteht heute zumindest im Prinzip sowohl die Bildung einzeln sechsecksymmetrischer Schneekristalle als auch die von Eisblumen, die das ganz und gar nicht sind. Beides war zur Zeit Thomas Manns vollkommen unverstanden. Das Schlagwort heute ist «Diffusionsbegrenztes Wachstum». Die Eisblumen

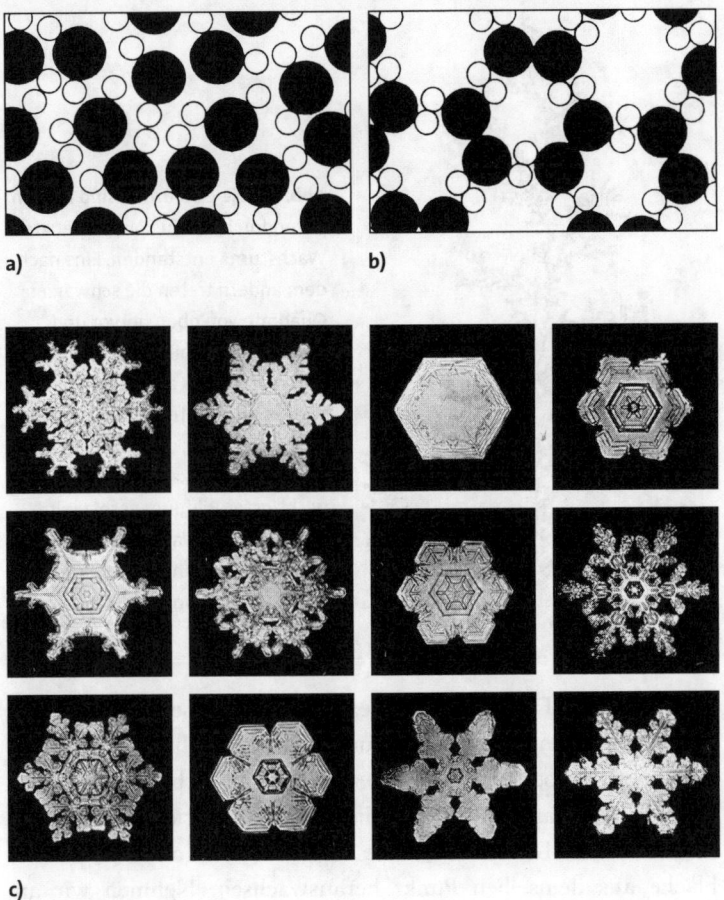

Abb. 13 In flüssigem Wasser bewegen sich die Wassermoleküle H_2O aus einem Sauerstoffatom und zwei Wasserstoffatomen a) ungeordnet durcheinander. Wenn Wasser gefriert, geht das Gewimmel in die regelmäßige Anordnung von Schneekristallen c) mit Sechsecksymmetrie über. Die Freiräume zwischen den Wassermolekülen b) lassen «die Bombe platzen», da sich Wasser beim Gefrieren ausdehnt.

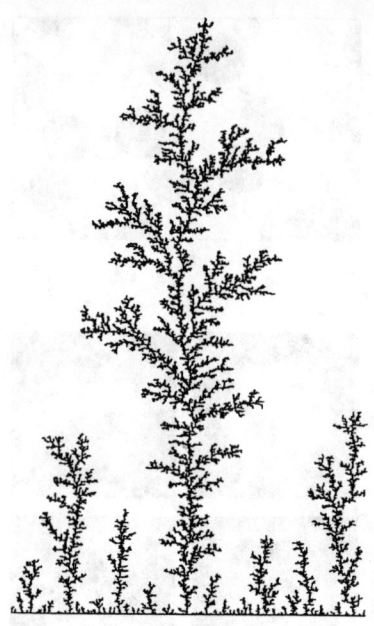

Abb. 14 Die Eisblumen sind im Computer durch «Diffusionsbegrenztes Wachstum» entstanden. Eins nach dem andern treten die schwarzen Quadrate von oben hervor und wandern in Zufallsschritten nach unten. Trifft eins auf den Boden, wird es an der Stelle seines Auftreffens angelagert, und das Wachstum einer Eisblume kann beginnen. Als wichtigstes Bildungsgesetz wird nämlich beim Wachstum ein Quadrat auch dort angelagert, wo es auf ein bereits angelagertes trifft.

sind unter dem Einfluß der Schwerkraft auf einer senkrecht stehenden Fensterscheibe gewachsen, und das erklärt ihre Oben-unten-Asymmetrie. Aber auch auf ebenen Flächen gewachsene Eisblumen besitzen insgesamt keinesfalls die Sechssymmetrie der einzelnen Schneeflocken. Dies vor allem deshalb, weil nicht alle Kristalle der Fläche aus demselben Punkt herauswachsen. Nehmen wir an, daß wir es nur mit zwei künftigen Eisblumen zu tun haben und daß die eine links oben, die andere rechts unten zu wachsen beginnt. Beide reihen Sechseck an Sechseck; wenn diese aber irgendwo in der Diagonale aufeinanderstoßen, werden sie nicht zueinanderpassen, sondern gegeneinander etwas verschoben und/oder verdreht sein: Es hat sich, professionell ausgedrückt, ein *Topologischer Defekt* – eine Verwerfungslinie – ausgebildet. Verwerfungen dieser Art können ohne Änderung des Gesamtbildes zwar verschoben,

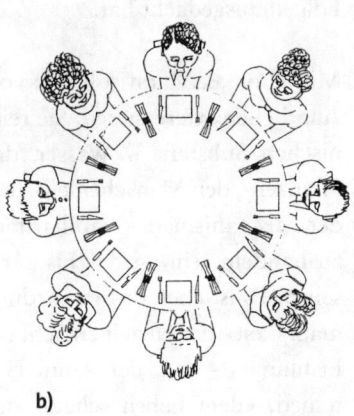

Abb. 15 Nach Auskunft des Bahnangestellten haben spielende Kinder den Topologischen Defekt a) verursacht. Liegt b) die Serviette rechts oder links? Die Wahl eines Gastes beantwortet die Frage für alle. Wenn sich aber zwei Gäste unabhängig voneinander verschieden entscheiden, werden die jeweiligen Nachbarn ihnen folgen; beide Formen der Symmetriebrechung breiten sich «lokal» um den Tisch herum aus. Wo sie aufeinandertreffen, entstehen Topologische Defekte analog zu denen, die in Kristallen auftreten: Ein Gast auf der einen Seite bekommt keine Serviette, auf der anderen bleibt eine über.

aber nicht aufgehoben werden, wie es die Abb. 15a) am Beispiel eines Knotens in einem Eisenbahngleis verdeutlicht. Als Paradigma für die Entstehung eines Topologischen Defekts kann die Abb. 15b) dienen: Liegt die Serviette in der Mitte zwischen zwei Gästen, hebt derjenige Gast, der zuerst nach einer Serviette greift, die Symmetrie auf. Seiner Wahl werden seine Nachbarn folgen, dann deren Nachbarn und so weiter: Die eine spezielle Form der Symmetriebrechung breitet sich um den Tisch herum aus. Hat nun aber ein zweiter Gast in großer Runde, von dem ersten weit entfernt, spontan eine eigene, der des ersten entgegengesetzte Wahl getroffen, wird sie dessen Nachbarn zu derselben veranlassen; auch diese zweite Form der Symmetriebrechung breitet sich um den Tisch herum aus. Wo die beiden Formen aufeinandertreffen, entstehen Topologische Defekte: keine Serviette für einen Gast, zwei für einen anderen. Ist die Tafelrunde groß, können die Defekte durch nachbarliche Verständigungen zwar verschoben, aber nicht aufgehoben werden – so lange jedenfalls, bis die beiden verschiedenen Defekte aufeinandertreffen und sich gegenseitig aufheben. Es war der Physiknobelpreisträger Abdus Salam des Jahres 1979, der sich diese Illustration der «Spontanen Symmetriebrechung» und ihrer Folgen ausgedacht hat.

Mit Thomas Mann soll uns vor allem die Beziehung der Muster zum Leben interessieren. Sie reicht von der Gleichheit der anorganischen Substanz – Wasser, das «auch das Lebensplasma, den Pflanzen-, den Menschenleib quellen machte» – über die Gleichheit der Mechanismen – Kapillarität und Osmose, von denen sogleich zu handeln sein wird – bis zur Gleichheit der erzeugten Formen selbst. Es ist eben das «unbedingte Ebenmaß und die eisige Regelmäßigkeit» der einzelnen Schneekristalle, die diese – anders als die Eisblumen – von der «zum Leben geordneten Substanz» unterschied, «dem Leben schauderte vor der genauen Richtigkeit, es empfand sie als tödlich, als das Geheimnis der Todes selbst, und

Hans Castorp glaubte zu verstehen, warum Tempelbaumeister der Vorzeit absichtlich und insgeheim kleine Abweichungen von der Symmetrie in ihrer Säulenordnungen angebracht hatten»[17]. Ein berühmtes Beispiel ist ein Tor in Neiko, Japan: Dessen Säulen sind als Schrauben ausgebildet und ergänzen einander als Rechts- und Linksschrauben in spiegelsymmetrischer Anordnung – mit Ausnahme eben einer Säule, die den falschen Drehsinn besitzt.

Daß es statt der Bestandteile eines Objekts deren *Anordnung* sein kann, worauf dessen Qualitäten beruhen, hat Thomas Mann – anscheinend überrascht – einige Male festgestellt. «Es kam etwas hinzu» ist die Wendung, mit der er die «Urzeugungen» von Etwas aus Nichts, von Organischem aus Anorganischem, von Leben aus Nichtleben und schließlich von menschlichem aus tierischem Leben umschreibt. Seine Gestalten schweigen sich zwar darüber aus, was dieses hinzukommende Etwas sein könnte – sicher nicht *nur* eine viel zu prosaische Organisation der Bestandteile –, aber die Notizblätter stellen fest, daß diese eben doch so zu wirken vermag. Aus der frühen Arbeitsperiode am *Hochstapler Felix Krull* stammt dieses Exzerpt aus einer unbekannten Quelle:

Edelsteine sind *stofflich* vollkommen *wertlos*. Sie bestehen aus den allergewöhnlichsten Stoffen. Der Kohlenstoff im Diamant ist derselbe wie der im Graphit, in der Steinkohle. Die Thonerde im Rubin und Saphir ist der Hauptbestandteil aller Töpferwaaren und Ziegel, und sie sind so gemein, daß fast ein Sechstel der ganzen Erdrinde daraus besteht. Nie giebt die Substanz den Juwelen ihren Wert: Nur die Molekulargruppierung, ihr Vorkommen in Krystallen giebt der Substanz die Eigenschaften, die sie kostbar machen.

Näher an einer von Thomas Manns Urzeugungen ist das folgende Exzerpt, das sich auf einem Notizblatt aus der späten Arbeitsperiode am *Krull* findet:

Pflanzenzelle beweist die physiolog. Möglichkeit, Stoffe, die dem Steinreich angehören, so umzubauen, daß sie in ihrer Synthese Leben bekommen. Das Biomolekül. Art von Urzeugung (Fähigkeit des Blattgrüns)

«Was war das Leben» – das ist die Frage, die Thomas Mann seinen Hans Castorp im *Zauberberg* grüblerisch und philosophisch ernsthaft untersuchen läßt; fortgeführt dann im Kuckuck-Gespräch des *Felix Krull*. Hierauf wird einzugehen sein. Philosophisch gesehen sind im Vergleich hierzu die Grübelein des Jonathan Leverkühn trivial; nach Ansicht von Thomas Mann wohl eben deshalb, weil sie auf physikalisch einsehbaren Effekten beruhen. Auch hierzu verweisen wir auf Späteres, darauf nämlich, daß Thomas Mann die eigene Anschauung zumindest eines der von ihm beschriebenen Experimente für überflüssig erachtete.

Zunächst aber Jonathan Leverkühns Gefallen an dem Experiment sichtbarer Musik. Es sind die «Chladnischen Klangfiguren», die Thomas Mann als Wunder so beschreibt:

Zu den wenigen physikalischen Apparaten, über die Adrians Vater verfügte, gehörte eine runde und frei schwebende, nur in der Mitte auf einem Zapfen ruhende Glasplatte, auf der dieses Wunder [der sichtbaren Musik] sich abspielte. Die Platte war nämlich mit feinem Sande bestreut, und vermittels eines alten Cellobogens, mit dem er von oben nach unten an ihrem Rande hinstrich, versetzte er sie in Schwingungen, nach welchen der erregte Sand sich zu erstaunlich präzisen und mannigfachen Figuren und Arabesken verschob und ordnete.

Dies deshalb, weil, wie Thomas Mann verschweigt, zwischen den auf und ab schwingenden Partien einer Platte Linien – Knotenlinien – auftreten müssen, in deren Verlauf die Platte sich weder nach oben noch nach unten bewegt, also ruht. Genauso entstehen

Abb. 16 «Gesichtsakustik» nennt Thomas Mann die bildliche Darstellung von Musik durch Chladnische Klangfiguren.

Obertöne bei schwingenden Saiten dadurch, daß inmitten der Saite Punkte auftreten, in denen die Saite so ruht, als ob sie mit überall derselben Frequenz oszillierte und in ihnen eingespannt wäre. Nur aber dort, wo die Platte ruht, kann der feine Sand liegenbleiben, und nach dort wird er von den schwingenden Partien geschleudert. Für die physikalische Ursache der Klangfiguren haben sich offenbar weder Thomas Mann noch seine Gestalten, die Knaben Adrian Leverkühn und Serenus Zeitblom, interessiert.

73

Ernsthafter, und durch seine Analogie zum Leben begründeter ist das Gefallen, das Adrians Vater an den Eisblumen findet:

> [...] alles wäre gut gewesen [...], wenn die Erzeugnisse sich, wie es ihnen zukam, im Symmetrisch-Figürlichen, streng Mathematischen und Regelmäßigen gehalten hätten. Aber daß sie mit einer gewissen gaukelnden Unverschämtheit Pflanzliches nachahmten, aufs wunderhübscheste Farrenwedel, Gräser, die Becher und Sterne von Blüten vortäuschten, daß sie mit ihren eisigen Mitteln im Organischen dilettierten, das war es, worüber Jonathan nicht hinwegkam. [...] Bildeten, so lautete seine Frage, diese Phantasmagorien die Formen des Vegetativen *vor*, oder bildeten sie sie *nach*? Keines von beidem, erwiderte er wohl sich selbst; es waren Parallelbildungen. Die schöpferisch träumende Natur träumte hier und dort dasselbe, und durfte von Nachahmung die Rede sein, so gewiß nur von wechselseitiger. Sollte man die wirklichen Kinder der Flur als Vorbilder hinstellen, weil sie organische Tiefenwirklichkeit besaßen, die Eisblumen aber bloße Erscheinungen waren? Aber ihre Erscheinung war das Ergebnis keiner geringeren Kompliziertheit stofflichen Zusammenspiels als diejenige der Pflanzen.

Wir sollten uns die *Unterschiede* auch der äußeren Erscheinung der «wirklichen Kinder der Flur» und der Eisblumen vor Augen führen: Diese wachsen im dreidimensionalen Raum, jene in einer zweidimensionalen Ebene; diese sind viel-, jene einfarbig. Und das «stoffliche Zusammenspiel» der Vielzahl verschiedener Moleküle, welches die Erscheinungen der Pflanzenwelt hervorbringt, ist unermeßlich komplizierter als jenes der Wassermoleküle auf einer Glasplatte, welches den Eisblumen ihre Gestalt verleiht. Dies gesagt, soll es uns mit Jonathan Leverkühn um das offensichtlich Gemeinsame der Erscheinungen gehen: Woher die Parallelbildungen? Daß die einen Vorbilder der anderen sein könnten, ist biologisch gesehen Unsinn. Tatsächlich wirken die physikalischen Mechanismen der unbelebten Natur wie Osmose, Kapillarität und Diffusionsbegrenztes Wachstum auch in der belebten und können in beiden denselben äußeren Schein hervorrufen. Daß, wie die Abb. 14 auf S. 68 zeigt, der Mechanismus des Diffusionsbegrenzten Wachstums in der Lage ist, das von Eisblumen und damit auch das parallele von Pflanzen zu simulieren, unterstreicht, daß er für beides in der Natur verantwortlich sein *kann*. Der Nachweis, daß er das *ist*, bedarf eingehender physikalischer und biologischer Untersuchungen. Sie kommen ohne ihn nicht aus, müssen aber weitergehende und durchaus unterschiedliche Details berücksichtigen. Erstaunlich ist die Variationsbreite, die bereits durch Wahl der Parameter eines Programms wie das der Abb. 14 erreicht werden kann.

Als Kapillarität bezeichnet die Physik alle durch Oberflächenspannungen bewirkten Erscheinungen, seien sie nun organischer oder anorganischer Natur. Als ihre wohl bekannteste Konsequenz können manche Insekten auf einer Wasseroberfläche laufen, ohne unterzugehen. Wird dem Wasser Spülmittel zugesetzt, gehen sie unter. Die Moleküle von Wasser ziehen sich gegenseitig an und setzen dadurch einer Vergrößerung der Wasseroberfläche, wie sie ja entstehen würde, wenn die Beine der Insekten eintauchten, Widerstand entgegen. Die Moleküle des Spülmittels treten zwischen die des Wassers und lagern sich an sie an, wodurch deren gegenseitige Anziehung herabgesetzt oder gar aufgehoben wird. Die Kapillarität ermöglicht auch das Fressen des «fressenden Tropfens», dem Vater Leverkühn mehr als einmal vor den Augen seiner jugendlichen Adepten Adrian und Serenus seine Mahlzeit verabreicht. Soweit wir wissen, tritt Fressen nach der Art des fressenden Tropfens in der belebten Natur nicht auf, so daß die Art, in der in diesem Fall die Reiche des Belebten und Unbelebten ineinander geistern, nur verwirren kann, aber die Naturgesetze der Kapillarität wirken genauso in der unbelebten wie in der belebten Natur. Selbstverständlich ist «ein Tropfen [...] kein Tier, auch kein primitivstes, nicht einmal eine Amöbe, man nimmt nicht an, daß er Appetit verspürt, Nahrung zu ergreifen, das Bekömmliche zu behalten, das Unbekömmliche abzulehnen weiß».

Bevor wir das Phänomen des fressenden Tropfens physikalisch erklären, hier die weitere Beschreibung durch Serenus Zeitblom.

Eben dies aber tat unser Tropfen [aus ätherischem Öl, möglicherweise Chloroform]. Er hing abgesondert in einem Glase Wasser, worin Jonathan ihn, vermutlich mit einer feinen Spritze, untergebracht hatte. Was er nun tat, war folgendes. Er nahm ein winziges Glasstäbchen, eigentlich nur ein Fädchen von Glas, das er mit Schellack bestrichen hatte, zwischen die Spitzen einer Pinzette und führte es in die Nähe des Tropfens. Nur das war es, was jener tat, das übrige tat der Tropfen. Er warf an seiner Oberfläche eine kleine Erhöhung, etwas wie einen Empfängnishügel auf, durch den er das Stäbchen der Länge nach in sich aufnahm. Dabei zog er sich selbst in die Länge, nahm Birnengestalt an, damit er seine Beute ganz einschließe und diese nicht an den Enden über ihn hinausrage, und begann [...], indem er allmählich sich wieder rundete, zunächst eine Eiform annahm, den Schellackaufstrich des Glasstäbchens abzuspeisen und in seinem Körperchen zu verteilen. Dies vollendet, beförderte er, zur Kugelgestalt zurückgekehrt, das saubergeschleckte Darreichungsgerät querhin an seine Peripherie und wieder ins umgebende Wasser hinaus.

Dies ist, wenn wir von den lebenswirklichen Analogien absehen, auf die es Thomas Mann wohl vor allem ankam, die perfekte Beschreibung eines physikalischen Prozesses, den physikalisch zu erklären wir uns nun anschicken. Eine seiner Grundlagen bildet, wie angedeutet, die Oberflächenspannung bei der Berührung zweier Substanzen; die zweite das Phänomen der Löslichkeit bzw.

Unlöslichkeit von Substanzen ineinander. Dies ist ein Phänomen, das selbstverständlich auch in der belebten Natur eine unübersehbar wichtige Rolle spielt. Beide Phänomene beruhen auf der Anziehung von Molekülen durch Moleküle. Dem der Löslichkeit wollen wir uns nicht erklärend widmen; wohl aber dem der Kapillarität, das allein für die spektakulären Aspekte des Schauspiels vom fressenden Tropfen verantwortlich ist. Was geschieht, wenn eine Flüssigkeit auf eine ebene Unterlage gespritzt wird, hängt davon ab, ob die Moleküle der Flüssigkeit einander oder die der Unterlage stärker anziehen. Im ersten Fall stößt die Unterlage die Flüssigkeit scheinbar ab; auf ihr bilden sie nicht benetzende Tröpfchen. Im zweiten Fall ziehen die Moleküle der Unterlage die der Flüssigkeit mehr an als diese einander; statt der Tröpfchen bildet die Flüssigkeit Laken, welche die Unterlage benetzen. Nun zu dem fressenden Tropfen: Weil Chloroform in Wasser nicht löslich ist, und/oder weil die Moleküle des Chloroforms einander mehr anziehen, als sie von den Molekülen des Wassers angezogen werden, erhalten sich Tropfen Chloroforms im Wasser. Auch der Schellacküberzug des Glasfädchens ist wasserunlöslich, so daß es bei dem Experiment nur auf das Glas, das Chloroform und den Schellacküberzug ankommt. Der «Appetit» der Chloroformmoleküle auf die Schellackmoleküle beruht auf ihrer vergleichsweise großen gegenseitigen Anziehung, die so weit geht, daß Schellack in Chloroform löslich ist. Ist dies geschehen, zieht sich der Chloroformtropfen zurück, weil die Substanz, anders als Schellack, Glas nicht benetzen kann – die Moleküle des Chloroforms ziehen sich gegenseitig stärker an, als sie durch die Glasoberfläche angezogen werden.

Selbstverständlich geht es Thomas Mann bei seiner Schilderung dieses Experiments mehr um den Eindruck, den es auf seine Figuren macht, als um naturwissenschaftliche Richtigkeit und Erklärung. Dasselbe gilt für ein anderes, abermals beeindruckenderes Experiment Jonathans, die Erzeugung pflanzenähnlicher Gebilde

durch *Osmotischen Druck*, dem wir uns jetzt mit dem Erzähler
Serenus Zeitblom zuwenden wollen:

> Das Kristallisationsgefäß [...] war zu drei Vierteln mit leicht
> schleimigem Wasser, nämlich verdünntem Wasserglas, gefüllt,
> und aus sandigem Grunde strebte darin eine groteske kleine
> Landschaft verschieden gefärbter Gewächse empor, eine kon-
> fuse Vegetation blauer, grüner und brauner Sprießereien, die
> an Algen, Pilze, festsitzende Polypen, auch an Moose, dann an
> Muscheln, Fruchtkolben, Bäumchen oder Äste von Bäumchen,
> da und dort geradezu an Gliedmaßen erinnerten [...]. Es stellte
> sich heraus, daß diese Gewächse durchaus unorganischen Ur-
> sprungs waren. [...] Den Sand am Boden des Gefäßes hatte
> Jonathan [...] mit verschiedenen Kristallen, es waren, wenn ich
> nicht irre, solche von chromsaurem Kali und Kupfersulfat,
> bestreut, und aus dieser Saat hatte sich als Werk eines physika-
> lischen Vorgangs, den man als ‹osmotischen Druck› bezeichnet,
> die bemitleidenswerte Zucht entwickelt, für die ihr Betreuer
> unsere Sympathie sogleich noch dringlicher in Anspruch nahm.
> Er zeigte uns nämlich, daß diese kummervollen Imitatoren des
> Lebens lichtbegierig, ‹heliotropisch› waren, wie die Wissen-
> schaft vom Leben es nennt. Er setzte für uns das Aquarium dem
> Sonnenlicht aus, indem er drei seiner Seiten gegen dasselbe zu
> verschatten wußte, und siehe, nach derjenigen Scheibe des
> Glasgefäßes, durch die das Licht einfiel, neigte sich binnen
> kurzem die ganze fragwürdige Sippschaft, Pilze, phallische
> Polypenstengel, Bäumchen und Algengräser nebst halbgeform-
> ten Gliedmaßen [...].

Wir verweisen den Leser auf die Abb. 4 auf S. 35 mit Manns
Unterstreichungen. Auf der nächsten Seite dieser Quelle finden
wir eine knappe Erklärung des Phänomens: «Es handelt sich [...]
um Auftreten von Grenzflächen an Berührungsstellen verschiede-

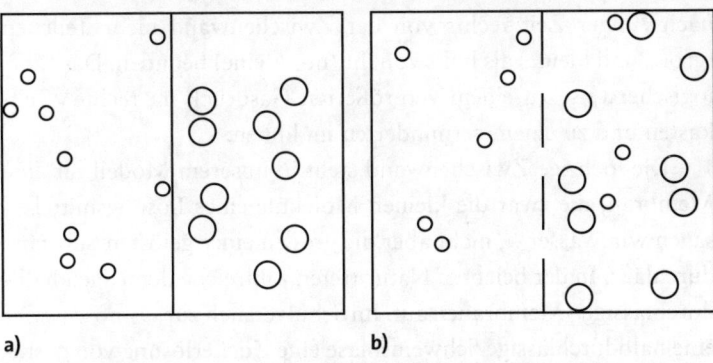

a)
b)

Abb. 17 Die Entstehung osmotischen Gasdrucks in a) und b) erläutert der Text.

ner Stoffe, wobei umhüllte Teile durch den osmotischen Druck der die Membran passierenden Flüssigkeit ausgedehnt werden.»[18]

Was also ist der osmotische Druck? Leichter als durch Lösungen kann sein Auftreten durch Gase erläutert werden. Als Modell eines Gases sollen uns bewegte Kreise dienen, die elastisch – also ohne Energieverlust – aneinander und an die Wände des Gefäßes stoßen, in dem sie eingesperrt sind; der Leser möge sich eine Ansammlung idealisierter Billardkugeln vorstellen, die, einmal angestoßen, für immer zwischen den Banden herumwuseln. Auf die Wände seines Gefäßes übt ein solches *ideales Gas* dadurch Druck aus, daß diese die Kreise, die auf sie treffen, reflektieren: Der Gasdruck ist nichts anderes als die Summe der hierbei auf die Wände einwirkenden Rückstoßkräfte. Beobachten wir nun eine durch eine feststehende Wand in zwei Teilkästen unterteilte Box. Im linken Teilkasten befinde sich ein Gas aus kleinen, im rechten eines aus großen Kreisen, und die Verhältnisse seien so, daß Druck und Temperatur in beiden Teilkästen dieselben sind. Nun wollen wir uns vorstellen, daß in der Trennwand Löcher entstehen, die so groß sind, daß zwar die kleinen, nicht aber die großen Kreise durch sie hindurchtreten können. Dann werden die kleinen, nicht aber die großen Kreise sich über den ganzen Raum ausbreiten, so daß sich nach einiger Zeit rechts von der Zwischenwand mehr Teilchen (große und kleine) als links von ihr (nur kleine) befinden. Das führt logischerweise zu einem vergrößerten Gasdruck im rechten Teilkasten und zu einem verminderten im linken.

Die löchrige Zwischenwand steht in unserem Modell für eine Membran, die zwar die kleinen Moleküle eines Lösungsmittels – sagen wir Wasser –, nicht aber die großen einer gelösten Substanz durchläßt. In der belebten Natur treten zahlreiche derartige «halbdurchlässige» Membranen auf. Im Schulversuch zur Osmose trennt eine halbdurchlässige Schweinsblase eine Zuckerlösung von destilliertem Wasser. Durch sie können zwar die Moleküle des Wassers, nicht aber die des Zuckers hindurchtreten. Durchlässig für Wasser, nicht für die organischen Substanzen in ihrem Innern sind auch die Schalen von Früchten wie Kirschen, Tomaten und Pflaumen. Deshalb dringt durch Osmose bei Regen Wasser in sie ein, erhöht den Innendruck und läßt die Schale platzen. Gleiches gilt für im Wasser quellende Bohnen und Erbsen: mehr Wasser tritt durch die Zellwände in sie ein, als von dem Inhalt der Zellen austreten kann. Und geschlossene Zellen und Blutgefäße tauschen osmotisch durch die Wände hindurch Säfte aus. Jonathans unglaubliche Naturerzeugnisse treten auf, weil sich aus unlöslichen Stoffen in den dichten Lösungen der Salze oberhalb ihrer Kristalle halbdurchlässige Häubchen bilden. In ihnen steigt der Druck durch Osmose, so daß sie platzen und sich nach Ausstoß dichter Lösung wieder schließen. Die ausgetretene dichte Lösung wird durch neue Häubchen eingeschlossen, die selbst wieder durch Osmose platzen, und so wuchert die Geschichte sichtbarlich von Ort zu Ort.

Von Thomas Mann wissen wir, daß er erst nach Abschluß der ersten Kapitel des *Doktor Faustus* mit der Schilderung der osmotischen Gewächse des Jonathan Leverkühn diese selbst in Augenschein genommen hat:

In Chicago [...] empfing ich [...] ein beziehungsvolles Geschenk. Es war nichts Geringeres als das Zubehör zur Herstellung ‹osmotischer Gewächse›, wie Vater Leverkühn sie zu Anfang des Romans spekulierend entwickelt: ein Gefäß mit Wasserglas-Lösung nebst obligater Kristallsaat. Ich führte die merkwürdige Gabe wochenlang mit mir [...] und als ich dann eines Abends in unserem New Yorker Hotel [...] vor einer Gruppe von Intimen [...] die ersten Kapitel von ‹Doktor Faustus› vorgelesen hatte, wagten wir mit humoristischem Schaudern das pseudo-biologische Experiment und sahen wirklich durch die schleimige Flut die farbigen Sprießereien aufsteigen [...].[19]

Magische Quadrate

Zur Charakterisierung der strengen, geradezu mathematischen und einengenden Form, der sich Adrian Leverkühn in seinen Kompositionen unterwirft, dient Thomas Mann das *Magische Quadrat*, das sein Erzähler Serenus Zeitblom bei Adrian vorfindet und so beschreibt:

[...] an der Wand war [...] ein arithmetischer Stich befestigt [...]: ein sogenanntes magisches Quadrat, wie es neben dem Stundenglase, dem Zirkel, der Waage, dem Polyeder und anderen Symbolen auch auf Dürers «Melencolia» erscheint. Wie dort war die Figur in sechzehn arabisch bezifferte Felder eingeteilt, so zwar, daß die 1 im rechten unteren, die 16 im linken oberen Feld zu finden war; und die Magie – oder Kuriosität – bestand nun darin, daß diese Zahlen, wie man sie auch addierte, von oben nach unten, in die Quere oder in der Diagonale, immer die Summe 34 ergaben. Auf welchem Anordnungsprinzip dies zauberisch gleichmäßige Ergebnis beruhte, habe ich nie herausbringen können [...].[20]

Sogar *beide* Diagonalen ergeben die Summe 34.

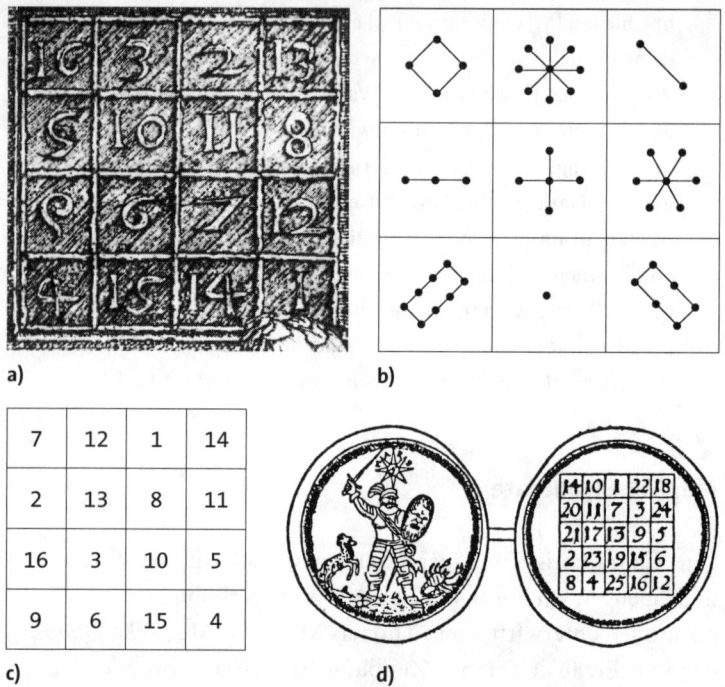

Abb. 18 Das Konstruktionsprinzip der Magischen Quadrate wird im Text beschrieben. Im Mittelalter waren Quadrate mit 3, 4, 5, 6, 7, 8 und 9 Zeilen und Spalten bekannt. Diesen sieben «Ordnungen» wurden die sieben «Planeten» Saturn, Jupiter, Mars, Sonne, Venus, Merkur und Mond magisch zugeordnet; dem Quadrat des Amuletts d) mit der Ordnung 5 außerdem der Kriegsgott Mars. Adrian Leverkühns Wand zierte das Magische Quadrat a) aus Dürers *Melencolia* mit der Ordnung 4.

Das Magische Quadrat Dürers, das wir in der Abb. 18a) herausgezeichnet haben, ist eins von 880 «wesentlich verschiedenen» der «Ordnung» 4. Magische Quadrate sind Tabellen mit gleich viel Spalten und Zeilen von *voneinander verschiedenen ganzen* Zahlen 1, 2, 3, …, welche die Bedingung erfüllen, daß Addition der Zahlen in allen Zeilen, Spalten und den beiden Diagonalen dieselbe

256	2	3	253	252	6	7	249	248	10	11	245	244	14	15	241
17	239	238	20	21	235	234	24	25	231	230	28	29	227	226	32
33	223	222	36	37	219	218	40	41	215	214	44	45	211	210	48
208	50	51	205	204	54	55	201	200	58	59	197	196	62	63	193
192	66	67	189	188	70	71	185	184	74	75	181	180	78	79	177
81	175	174	84	85	171	170	88	89	167	166	92	93	163	162	96
97	159	158	100	101	155	154	104	105	151	150	108	109	147	146	112
144	114	115	141	140	118	119	137	136	122	123	133	132	126	127	129
128	130	131	125	124	134	135	121	120	138	139	117	116	142	143	113
145	111	110	148	149	107	106	152	153	103	102	156	157	99	98	160
161	95	94	164	165	91	90	168	169	87	86	172	173	83	82	176
80	178	179	77	76	182	183	73	72	186	187	69	68	190	191	65
64	194	195	61	60	198	199	57	56	202	203	53	52	206	207	49
209	47	46	212	213	43	42	216	217	39	38	220	221	35	34	224
225	31	30	228	229	27	26	232	233	23	22	236	237	19	18	240
16	242	243	13	12	246	247	9	8	250	251	5	4	254	255	1

e)

Summe ergibt. Bei Dürers Quadrat ist diese Summe 34. Als «Ordnung» eines Magischen Quadrats wird die Zahl seiner Zeilen (oder auch Spalten) bezeichnet. Der Leser kann sich leicht überlegen, daß es kein magisches Quadrat der Ordnung 2 geben kann, während das Quadrat der Ordnung 1 – einfach die Zahl 1 – aus trivialen Gründen magisch ist (sofern man in dem Fall überhaupt von Zeilen, Spalten und Diagonalen sprechen mag). Beginnend mit der Ordnung 3, gibt es für jede Ordnung Magische Quadrate. «Wesentlich verschieden» sollen zwei Quadrate heißen, die nicht durch eine Drehung oder Spiegelung ineinander überführt werden können. Denn es leuchtet unmittelbar ein, daß das Bild eines jeden Magischen Quadrats unter einer Drehung oder Spiegelung ebenfalls magisch ist, so daß diese Bilder für alle Ordnungen als triviale Wiederholungen des ursprünglichen Quadrats anzusehen sind und deshalb bei Zählungen, wie viele Quadrate es jeweils gibt, ausgeschieden werden.

Die Quadrate der Ordnung 3, 4, 5, … bieten in dieser Reihenfolge 9, 16, 25, … Zahlen Platz. Obwohl in der Literatur davon gelegentlich abgewichen wird, wollen wir ein Quadrat nur dann als Magisches Quadrat bezeichnen, wenn diese Zahlen mit 1 beginnend die jeweils ersten ganzen Zahlen sind; bei der Ordnung 3 sind das die Zahlen von 1 bis 9, bei der Ordnung 4 die von 1 bis 16, und so weiter.[21] Daß Dürers Quadrat dieser Vorschrift genügt, hat Zeitblom offenbar als selbstverständlich vorausgesetzt.

Relativ leicht kann bewiesen werden, daß es bis auf Drehungen und Spiegelungen nur ein einziges Magisches Quadrat der Ordnung 3 gibt, das in der Abb. 18 b) dargestellte Lo Shu des alten China. Wie bereits gesagt, gibt es bis auf Drehungen und Spiegelungen genau 880 verschiedene Magische Quadrate der Ordnung 4; die Abb. 18 c) zeigt eines, das weder durch eine Drehung noch durch eine Spiegelung in das Quadrat Dürers überführt werden kann. Der Leser kann sich leicht davon überzeugen, daß sowohl Vertauschung der beiden inneren Zeilen als auch der beiden inneren Spalten das Quadrat Dürers in jeweils eines überführt, das magisch und von dem Dürers wesentlich verschieden ist. Hingegen geht das Quadrat der Abb. 18 c) zwar durch keine der beiden Vertauschungen für sich allein in ein ebenfalls Magisches über, wohl aber durch Vertauschen von *sowohl* dieser Spalten *als auch* dieser Zeilen.

Wie viele – bis auf Drehungen und Verschiebungen – verschiedene Magische Quadrate der Ordnung 5 es gibt, konnte erst 1973 durch eine Computerrechnung ermittelt werden: 275 305 224. Die Abb. 18 d) zeigt eines davon als Rückseite eines mittelalterlichen

Amuletts. Das Magische Quadrat der Abb. 18e) besitzt die Ordnung 16 mit 256 Eintragungen. Die Zeilen-, Spalten- und Diagonalensumme eines Magischen Quadrats hängt nur von seiner Ordnung ab, und es gibt eine einfache Formel zur Berechnung dieser Summe aus der Ordnung, so daß nicht erst ein Magisches Quadrat konstruiert werden muß, um sie zu kennen. Bei Ordnung 5 ergibt sie – richtig – 65, und bei Ordnung 16 kommt 2056 heraus; ein Ergebnis, das der geduldige Leser an dem Quadrat der Abb. 18e) als Beispiel überprüfen kann.

Unerwähnt gelassen hat Zeitblom zwei bis sechs magische oder kuriose Eigenschaften des Dürer'schen Quadrats. Erstens ergänzen sich die Zahlen 15 und 14 in der Mitte der untersten Zeile zur Jahreszahl 1514 des Jahres, in dem Dürer den Stich angefertigt hat. Zweitens bis fünftens kann das Quadrat aus den vier Unterquadraten links oben, rechts oben, links unten und rechts unten mit ihren Zahlen (16, 3, 5, 10), (2, 13, 11, 8), (9, 6, 4, 15) und (7, 12, 14, 1) aufgebaut gedacht werden – jeweils vier Zahlen, die ebenfalls die für das Quadrat charakteristische Summe 34 besitzen. Schließlich und sechstens ist auch die Summe der vier Zahlen (10, 11, 6, 7) des mittleren Quadrats 34.

Pendelbewegungen

Daß die Zeit, während der ein Pendel einmal hin- und herschwingt, zwar von seiner Länge, nicht aber von dem Gewicht der Pendelmasse abhängt, ist eine Einsicht, welche nach gängiger historischer Weisheit zuerst 1582 der große italienische Physiker Galileo Galilei (1564 bis 1642) besessen hat. Dem steht die Belehrung gegenüber, die der junge Joseph des nach ihm benannten Romans von dem weisen Großknecht Eliezer empfängt:

So wußte und lehrte Eliezer, die babylonische Doppelelle sei die Länge des Pendels, das sechzig Doppelschwingungen in der Doppelminute mache. Joseph, so geschwätzig er war, sagte es niemandem weiter [...].

Das ist nur sinnvoll, wenn vorausgesetzt werden darf, daß die so berechnete Länge – übrigens recht genau ein Meter – von der Pendelmasse nicht und von der Schwingungsweite bei kleiner Schwingung sehr wenig abhängt. Es gibt keine Hinweise darauf, daß die Babylonier bereits über dieses Wissen verfügten.

Rechnen mit und ohne die Null

Daß der junge Joseph seine Begnadung durch die Berechnung von 77 : 7 dem Handelsmann, der ihn gekauft hatte, unter Beweis zu stellen beginnen konnte, haben wir bereits erörtert. Doch die schnelle Nennung des Resultats hat den Handelsmann von dem Wert seines Erwerbs nur halb überzeugt – «Du hast [die 11] wohl aus Erfahrung gewußt», und er stellt ihm eine zweite Aufgabe:

> «Gesetzt [...], ich habe ein Stück Acker, das ist dreimal so groß wie das Feld meines Nachbarn Dagantakala, dieser aber kauft ein Joch Landes zu seinem hinzu, und nun ist meines nur noch doppelt so groß: Wieviel Joch haben beide Äcker?» «Zusammen?» fragte Joseph und rechnete... «Nein, jeder für sich.»[22]

Dies ist eine eingekleidete Aufgabe, wie sie unseren Abiturienten wohl zugemutet werden mag, und sie im Kopf zu lösen wäre nur wenigen möglich. Eingekleidet ist auch die richtige Antwort, die Joseph gibt. Sie mathematisch herzuleiten erfordert nur wenige Zeilen: Heiße X die Größe des Ackers des Handelsmanns, und besitze Dagantakala anfangs einen Acker der Größe D, so unterstellt der Text X = 3 D. Nach dem Handel ist Dagantakalas Acker mit (D + 1) Joch doppelt so groß wie X, der Größe des Ackers des Handelsmanns, 2(D + 1) = X. Die Aufgabe besteht nun darin, zuerst D zu berechnen, was D = 2 ergibt, und dann X mit dem Resultat X = 6, so daß am Ende der Acker des Handelsmanns mit X = 6 Joch gleich groß geblieben ist, der von Dagantakala aber von 2 auf 3 um 1 Joch zugenommen hat.

Die Kunst, eingekleidete Aufgaben wie diese algebraisch zu formulieren und alsdann zu lösen, stammt von Descartes ab und ist eine kulturelle Errungenschaft, die jener nachgeordnet ist, Rechenaufgaben wie Additionen, Subtraktionen, Multiplikationen und Divisionen durchzuführen. Daß wir alle diese Rechenoperationen durchführen können, verdanken wir dem Stellensystem der arabischen Zahlen mit der Null als Lückenbüßer, das in Indien erfunden wurde und von dem italienischen Mathematiker Leonardo Fibonacci (etwa 1170 bis etwa 1250) in Europa eingeführt wurde. Es sollte die bis dahin mit Hilfe von materiellen Rechensteinen und Zahlenbrettern durchgeführten Kalkulationen durch symbolische Operationen mit den Ziffern 0 bis 9 ersetzen.

Zunächst aber blieb das Rechnen nach dem neuen System, das sich nur langsam und gegen Widerstände durchsetzen konnte, ebenso wie bereits das Rechnen nach dem alten, Spezialisten vorbehalten. Zur llustration der Erleichterungen, die das neue System bot, wollen wir uns mit dem Zusammenzählen begnügen. Denn bereits das ist ohne das Stellensystem mit der Null schwierig genug. Es soll hier nicht um die philosophischen Probleme gehen, welche die Einführung der Null erschwert haben, sondern nur um ihren praktischen Nutzen als Lückenbüßer. Erinnern wir uns, daß die Ägypter die Eins durch einen senkrechten Strich I darstellten: Zahlen zwischen eins und neun durch die jeweilige Anzahl senkrechter Striche. Zehn senkrechte Striche haben sie zu einem Bügelzeichen ∩ zusammengefaßt, so daß sie, wie ebenfalls bereits erwähnt, die 77 als ∩∩∩∩∩∩∩IIIIIII schrieben, wobei es auf die Reihenfolge ersichtlich nicht ankommt, sie sich nur durch folgenlose Konventionen ergibt.

Ganz ähnlich die Römer, deren römische Zahlzeichen uns vertrauter sind als die der Ägypter und die im Abendland bis zur Einführung der arabischen Zahlen verwendet wurden. Auch sie erinnern an ihren Ursprung durchs Zählen: zunächst I, II, III für 1, 2, 3. Dann V für fünfmal I; daß die Römer IV für IIII schreiben, erschwert das bereits schwierige Rechnen in römischen Ziffern zusätzlich. Schwierig genug ist ja bereits die Aufgabe, CCCLXV zu DCLI zu addieren. Zur Erinnerung: L steht für fünfzig, C für einhundert und D für fünfhundert, so daß die Aufgabe in unserer Zahlensprache 365 + 651 lautet – eine Grundschulaufgabe mit dem Ergebnis 1016. «Versuchen Sie das gleiche mit den römischen Ziffern zu machen. Es ist ausgemacht schwierig; wir müssen sie in Dezimalzahlen umdenken oder -notieren, die Rechnung ausführen und dann das Ergebnis rücküberetragen», bewertet John Barrow in seinem Buch *Warum die Welt mathematisch ist* die Eignung der römischen Schreibweise von Zahlen fürs Addieren – vom Multiplizieren oder gar Dividieren ganz zu schweigen.[23]

Heute weiß jeder, der sich nur ein wenig über Zahlen hat belehren lassen, daß zur Kennzeichnung einer Zahl die Angabe ausreicht, welche Summe von wie vielen Zahlen zwischen 0 und 9 (beide eingeschlossen), von wie vielen Zehnerblöcken zwischen 0 und 9, von wie vielen Hunderterblöcken zwischen 0 und 9 und so weiter die jeweils fragliche Zahl ist. Denn genau so schreiben wir Zahlen – die Zahl 2003 als zweimal die eintausend, keinmal die einhundert, keinmal die zehn und dreimal die eins. Es ist dies eine Notation, die auf der Addition aufgebaut ist und deshalb die Addition leichtmacht. Die Römer mit dem Zeichen M für tausend schrieben MMIII für 2003; eine Darstellung, die sich hervorragend dafür eignet, in Stein gemeißelt zu werden, sich vielleicht auch fürs Zählen eignet, zum Rechnen aber nicht.

Daß es für die Einser, Zehner, Hunderter und so weiter im

System der arabischen Zahlen kein eigenes Symbol braucht, sondern daß ihre Anzahl durch die Stellung immer derselben Symbole gekennzeichnet werden kann, beruht auf einer Erkenntnis, die mit der Erfindung der Null zusammenhängt. Ohne explizites Symbol für den Zwischenraum zweier Ziffern kann 137 leicht mit 1307 verwechselt werden. Das wäre für einen Schuldner verheerend, denn die Null an der zweiten Stelle der 1307 von hinten signalisiert nicht nur, daß die Gesamtzahl keinen Zehner enthält, sondern auch, daß die Ziffern davor einen um den Faktor zehn größeren Wert besitzen, als sie ohne die Null hätten. Die Römer mit ihren immer neuen Symbolen für immer größere Zahlen – tatsächlich reichte ihr System nicht sehr weit – hätten noch nicht einbezogene Zahlen nur durch Wiederholungen niedermeißeln können, was weder sehr elegant noch rechenfreundlich gewesen wäre.

Die Null als Lückenbüßer ermöglicht symbolische Rechnungen ohne Herumgeschiebe von Rechensteinen nach einfachen vorgegebenen Regeln. Heute kann jedermann dank der gebräuchlichen arabischen Zahlen addieren und Additionen überprüfen. Zu memorieren ist, neben einfachen Regeln, nur die Tabelle der 55 Ergebnisse der Addition der Zahlen von 0 bis 9, die mit $0 + 0 = 0$ beginnt und mit $9 + 9 = 18$ endet, das *Kleine Eins-plus-Eins* sozusagen, wobei die «Kommutativität der Addition» mit z. B. $1 + 3 = 3 + 1$ in die Regeln einbezogen wurde. Zur Not sind Zwischensummen aus jeweils zwei Zeilen zu bilden. Für die Multiplikation mit ihrem *Kleinen Eins-mal-Eins* gilt das gleiche. Einfacher noch sind Rechnungen im Dualsystem, das in Computern verwendet wird und das der deutsche Mathematiker und Philosoph Gottfried Wilhelm Leibniz (1646 bis 1716) ersonnen hat. Dieses System kennt nur die Ziffern 0 und 1, die aber hier eine ganz andere Funktion haben als im Zehnersystem. Das zeigt bereits die Rechenregel $1 + 1 = 10$ dieses Systems, die zu den vertrauten $0 + 0 = 0$ und $0 + 1 = 1 + 0 = 1$ hinzukommt. Im Dualsystem tritt die vertraute 2 als Basis an die

Abb. 19 Titelbild einer Schrift von Leibniz über das Dualsystem.

Stelle der ebenfalls vertrauten 10 in dem Sinn, daß die Stellung einer Ziffer nicht eine Potenz der Zehn wie 1, 10, 100, 1000 und so weiter signalisiert, sondern genauso eine Potenz der Zwei wie 1, 2, 4, 8 und so weiter. Zahlen besitzen in diesem System eine längere Darstellung als im Zehnersystem, dafür muß in ihm nur die Tabelle mit den drei obigen Rechenregeln 0 + 0 = 0, 0 + 1 = 1 + 0 = 1 und 1 + 1 = 10 memoriert werden. Beispielsweise schreibt sich 137 im Dualsystem als 1001001 und die Addition 137 + 7 = 144 schreibt sich als 1001001 + 111 = 1010000, was *innerhalb* des *Dualsystems* nachzurechnen dem Leser Spaß machen kann.

Neutrinos

Am 13. Oktober 1948 beginnt Thomas Mann sein Tagebuch mit dem Eintrag «Klares Wetter» und fährt fort:

> Amüsierte mich beim Frühstück über das gefundene missing link zwischen Energie und Materie, die gewichtlosen neutrino's, von denen, durch Atomexplosion die Welt voll ist, u. in welche wohl alle Körper sich auflösen werden. Auch kosmische Strahlen bestehen daraus.

Was Thomas Mann sich zu den Neutrinos notiert hat, ist eine seltsame Mischung von Richtigem und Falschem, wohl übernommen aus einem Zeitungsartikel. Wir haben heute viel mehr und sicherere Informationen über die Neutrinos, als 1948 bekannt war. Welche Nachricht Manns Eintragung veranlaßt hat, wissen wir nicht. Daß es Neutrinos geben müsse, hat zuerst am 4. Dezember 1930 der Physiknobelpreisträger von 1945 Wolfgang Pauli (1900 bis 1958) auf einer Postkarte an den «Verein der Radioaktiven», der in Tübingen tagte, unterstellt.

Eine detaillierte Theorie radioaktiver Zerfälle unter Einschluß der Neutrinos, die heute aus dem «Standardmodell der Elementarteilchentheorie» abgeleitet werden kann, hat 1934 Enrico Fermi (1901 bis 1954, Physiknobelpreis 1938) aufgestellt. Es ist diese Theorie, aus der folgt, daß die Welt durch «Atomexplosionen» von Neutrinos voll ist. Als Teilchen nachgewiesen wurden die Neutrinos aber erst ab 1953 durch eine Serie von Experimenten an Kernreaktoren von Clyde Lorrain Cowan jr. (1919 bis 1974) und Frederick Reines (geb. 1918, Physiknobelpreis hierfür 1995). Der Urknall war und die Sonne ist eine ergiebige Quelle von Neutrinos; auch von Sternexplosionen erreichen uns Neutrinos. Ihre Wechselwirkung mit Materie ist so gering, daß von der Unzahl von ihnen, die uns andauernd durchdringen, unser Körper keine Notiz nimmt.

Aber nachgewiesen werden können sie – in Unmengen von Nachweissubstanz, die zur Abschirmung von anderer, reaktionsstärkerer Strahlung aus dem Kosmos tief unter der Erde beobachtet werden. Die Schwierigkeit, ihr Auftreten anders als durch das Fehlen von Energie, die sie unbemerkt davontragen, nachzuweisen, begründete ursprünglich auch die Skepsis gegenüber ihrer Existenz – eine Skepsis, die keinen Geringeren als den Urvater der Quantentheorie Niels Bohr (1885 bis 1962) dazu veranlaßte, statt ihrer eine Verletzung der Erhaltung der Gesamtenergie bei radioaktiven Prozessen zu unterstellen.

Das alles ist Geschichte, die wohl zu Thomas Manns seltsamer Unterstellung, die Welt werde sich in Neutrinos auflösen, beigetragen hat. Die heutige Physik kennt drei Neutrinoarten, von denen sie seit wenigen Jahren weiß, daß sie sich ineinander umwandeln können. Aus diesem Grund kann, wie nicht unmittelbar einsichtig, die ursprüngliche Hypothese, Neutrinos seien wie die Lichtteilchen, die Photonen, masselos und könnten sich folglich nur mit der Lichtgeschwindigkeit bewegen, nicht aufrechterhalten werden: Zumindest die Neutrinos eines ihrer drei Typen besitzen eine Masse, die klein, aber nicht null sein kann. Die zwar elementare, aber erstaunliche Erkenntnis der Speziellen Relativitätstheorie, daß Teilchen ohne Masse Energie besitzen und mit Lichtgeschwindigkeit transportieren, hat Thomas Mann vermutlich zu seiner Einschätzung der Neutrinos als *missing link* zwischen Energie und Materie veranlaßt.

Das Anthropische Prinzip

«Ja, Unfug, Unfug» ist der Ausruf, den Iwan Gontscharow, der Verfasser des Romans des philosophisch motivierten absoluten Faulpelzes Oblomov, getan haben soll, als er zwecks Betrachtung eines Aufruhrs der Wellen auf hoher See an Deck des Schiffes, mit dem er reiste, gerufen wurde: Er kam herauf, sagte ebendies und ging – so Thomas Mann in seiner *Meerfahrt mit Don Quijote* – gleich wieder hinunter. Als «unermeßlichen Unfug» bezeichnet Serenus Zeitblom im *Doktor Faustus* die «Horrendheiten der physikalischen Schöpfung [...], dieses [so Adrian] dir ärgerliche Ungeheuer von Weltveranstaltung», über die ihm jener wie aus eigener Anschauung berichtet hat. «Was soll man auf einen solchen Angriff auf den Menschenverstand sagen? Ich bekenne», räsoniert Zeitblom,

[...] so geartet zu sein, daß mir nichts als ein verzichtendes, aber auch etwas verächtliches Achselzucken übrigbleibt für das Unrealisierbar-Überimposante. [...] Die Daten der kosmischen Schöpfung sind ein nichts als betäubendes Bombardement unserer Intelligenz mit Zahlen, ausgestattet mit einem Kometenschweif von zwei Dutzend Nullen, die so tun, als ob sie mit Maß und Verstand noch irgend etwas zu tun hätten. Es ist in diesem Unwesen nichts, was meinesgleichen als Güte, Schönheit, Größe ansprechen könnte, und nie werde ich die Hosianna-Stimmung verstehen, in die gewisse Gemüter durch die sogenannten ‹Werke Gottes›, sofern sie Weltphysik sind, sich versetzen lassen. Ist überhaupt eine Veranstaltung als Gottes Werk anzusprechen, zu der man ebensogut ‹Wenn schon› wie ‹Hosianna› sagen kann? Mir scheint eher das erste als das zweite die rechte Antwort zu sein auf zwei Dutzend Nullen hinter einer Eins oder auch hinter einer Sieben, was schon gleich gar nichts mehr ausmacht, und keinerlei Grund kann ich sehen, anbetend vor der Quinquillion in den Staub zu sinken.[24]

Immerhin *kennt* Thomas Mann, dem Zeitblom auf den ersten Blick aus der Seele zu sprechen scheint, diese Zahlen, wobei es uns, wie beschrieben, nicht darauf ankommen soll, ob er den Stand der

Forschung zur Zeit des Schreibens oder seiner Gestalten richtig wiedergibt. Das «Wenn schon» Zeitbloms wird sich in den *Bekenntnissen des Hochstaplers Felix Krull* bei Professor Kuckuck und Krull selbst in ein «Hosianna» umgewandelt haben.

Nun sind auch für Physiker und Astronomen nackte, riesige Zahlen ein Ärgernis. Anders aber als Zeitblom halten sie es für eine zutiefst menschliche Aufgabe, numerische Tollheiten durch Verständnis in das Reich der Humaniora einzubeziehen, um schlußendlich mit ihrer Hilfe die Stellung des Menschen in der Welt begreifbar zu machen. Hiervon, und von den Zahlen selbst, sogleich. Im Einklang mit der Physik seiner Zeit, die sich darum aber nicht bekümmerte, sieht Thomas Mann selbst keine Beziehung zwischen der unmenschlichen Größe des Kosmos, dessen Alter und dem Leben, insbesondere dem menschlichen. Ihm bleibt nur ein stolzes «Trotzdem» statt eines «Ebendeshalb». In dem Radiovortrag «Lob der Vergänglichkeit»[25] des Jahres 1952 klingt das so:

> Die Astronomie, eine große Wissenschaft, hat uns gelehrt, die Erde als ein im Riesengetümmel des Kosmos höchst unbedeutendes, selbst noch in ihrer eigenen Milchstraße ganz peripher sich umtreibendes Winkelsternchen zu betrachten. Das ist wissenschaftlich unzweifelhaft richtig, und doch bezweifle ich, daß sich in dieser Richtigkeit die Wahrheit erschöpft. In tiefster Seele glaube ich […], daß der Erde im Allsein eine zentrale Bedeutung zukommt. In tiefster Seele hege ich die Vermutung, daß es bei jenem «Es werde», das aus dem Nichts den Kosmos hervorrief, und bei der Zeugung des Lebens aus dem anorganischen Sein auf den Menschen abgesehen war […].

Siehe dazu Abb. 20 auf S. 95 sowie Abb. 21 a) auf S. 98.

«Starkes Anthropisches Prinzip» ist der wissenschaftliche Name für die Überzeugung, die Thomas Mann hier ausspricht, daß es bei dem «Es werde» auf den Menschen abgesehen war. Indem wir diese

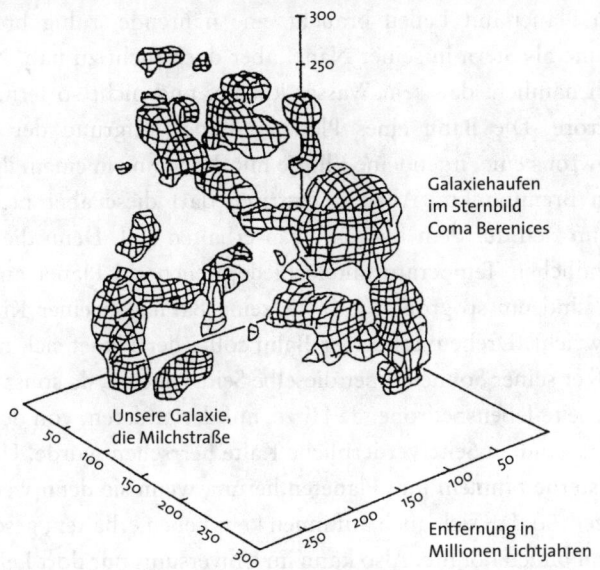

300
250

Galaxiehaufen
im Sternbild
Coma Berenices

0
50
100
150
200
250
300

Unsere Galaxie,
die Milchstraße

50
100
150
200
250

Entfernung in
Millionen Lichtjahren

Abb. 20 Ein Galaxienhaufen und die Position der Milchstraße relativ zu ihm. Mit ihren Abmessungen von weniger als 100 000 Lichtjahren (siehe Abb. 21 a) auf S. 98) bildet sie auf der Skala der Abbildung einen unsichtbaren Punkt.

Auffassung als gar zu anthropomorph beiseite schieben, müssen wir doch fragen, warum der Kosmos so beschaffen ist, daß er Leben ermöglicht. Wenn wir alle Welten, welche die Physik für möglich erachtet, vor unserem geistigen Auge vorbeiziehen lassen, kann nur auf einem winzigen Bruchteil von ihnen Leben, wie wir es kennen, auftreten. Ebendeshalb können wir bereits aus unserer Existenz und Entwicklung, indem wir uns als Meßapparaturen auffassen, auf Eigenschaften unserer Umwelt schließen: «Wir» können nur auf einem Planeten leben, der nicht so massiv ist, daß seine Schwerkraft auf seiner Oberfläche keine stabilen Strukturen – z.B. Knochen – erlaubt; andererseits durfte er aber nicht so massearm sein, daß er keine Atmosphäre festhalten könnte.

Ein Planet mit Leben braucht eine nährende, ruhig brennende Sonne als Stern in seiner Nähe, aber doch nicht zu nah. Nicht so nah nämlich, daß sein Wasser kochte, und nicht so fern, daß es gefröre. Die Bahn eines Planeten bildet aufgrund der Gesetze Newtons eine, irgendeine Ellipse mit der Sonne in einem ihrer beiden Brennpunkte. Allzu exzentrisch darf diese aber nicht sein, wenn sich auf dem Planet Leben erhalten soll. Denn die lebensfeindlichen Temperaturunterschiede, denen ein Planet ausgesetzt ist, sind um so größer, je mehr seine Bahn von einer Kreisbahn abweicht. Drehen auf seiner Bahn sollte der Planet sich nicht so, daß er seiner Sonne immer dieselbe Seite zukehrt, da sonst auf dieser Seite lebensbedrohende Hitze, auf der anderen, von der Sonne abgewandten Seite verderbliche Kälte herrschen würde. Um Doppelsterne taumeln ihre Planeten herum, wenn sie denn welche besitzen, so daß sich auch auf ihnen kein Leben erhalten, geschweige denn bilden könnte. Also kann im Universums nur dort Leben auftreten, wo die Abstände zwischen den Sternen viel, viel größer sind als die Sterne selbst. Nicht sehr glücklich wird diese Ableitung von Eigenschaften des Universums aus Voraussetzungen des Lebens im allgemeinen sowie aus seiner speziellen menschlichen Form als «Schwaches Anthropisches Prinzip» bezeichnet. Als Prinzip erschöpft sie sich in der Tautologie, daß Leben nur dort aufgetreten ist, wo es das kann.

Ins Gigantische erhoben, können diese Überlegungen auch die Frage beantworten, weshalb das Universum zu unserer Zeit so groß und so alt ist, wie es ist. Schauen wir uns dazu mit Adrian Leverkühn dessen Parameter an, und beginnen wir mit Zeitbloms Version und Bewertung von Adrians Beschreibung der «ganz nebensächlich-abseitige[n] und wegen der Geringfügigkeit des Objektes für den großen Blick fast unauffindbare[n] Situiertheit nicht nur der Erde, sondern unseres ganzen Planetensystems, also der Sonne mit ihren sieben Trabanten» und ihrer kosmischen Umgebung …

[...] innerhalb des Milchstraßenwirbels, dem es angehört, ‹unserer› Milchstraße, – von den Millionen anderer hier noch zu schweigen. Das Wort ‹unsere› verleiht der Ungeheuerlichkeit, auf die es sich bezieht, eine gewisse Intimität, es vergrößert auf eine fast komische Weise den Begriff des Heimatlichen ins sinnbenehmend Ausgedehnte, [...] um den galaktischen Raumbezirk, worin uns irgendwo seitab ein winziger Platz zugewiesen sei, stehe es so: Er sei ungefähr gestaltet wie eine flache Taschenuhr, das heißt rund und viel weniger dick als umfangreich, – eine nicht unermeßliche, aber freilich ungeheure Wirbelscheibe konzentrierter Mengen von Sternen, Sterngruppen, Sternhaufen, Doppelsternen, welche elliptische Bahnen umeinander beschrieben, von Nebelflecken, Leuchtnebeln, Ringnebeln, Nebelsternen und so fort. Diese Scheibe aber gleiche nur dem ebenen Rundplan, der entstehe, wenn man eine Orange in der Mitte durchschneide; denn rundum sei sie eingeschlossen von einem Dunstmantel anderer Sterne, den man wieder nicht als unermeßlich, aber als ungeheuer in hoher Potenz bezeichnen müsse, und in dessen Räumen, vorwiegend leeren Räumen, die gegebenen Objekte so verteilt seien, daß die ganze Struktur eine Kugel bilde. Tief im Innern dieser unsinnig geräumigen Hohlkugel also, der Scheibe verdichteten Weltengewimmels zugehörig, befinde sich, ganz nebensächlicher, schwer auffindbarer und kaum erwähnenswerter Weise, der Fixstern, um den nebst größeren und kleineren Genossen, die Erde und ihr Möndchen spielten. ‹Die Sonne›, die so wenig den bestimmten Artikel verdiente, ein auf seiner Oberfläche 6000 Grad heißer Gasball von mäßigen anderthalb Millionen Kilometern im Durchmesser, sei vom Mittelpunkt des galaktischen Innenplanes ebenso weit entfernt wie dieser dick sei, nämlich 30000 Lichtjahre. [...] [Adrian tat, als habe er es] mehr oder weniger durch [eigene] Anschauung, daß das physische Weltall – dies Wort in seiner umfassenden, auch das

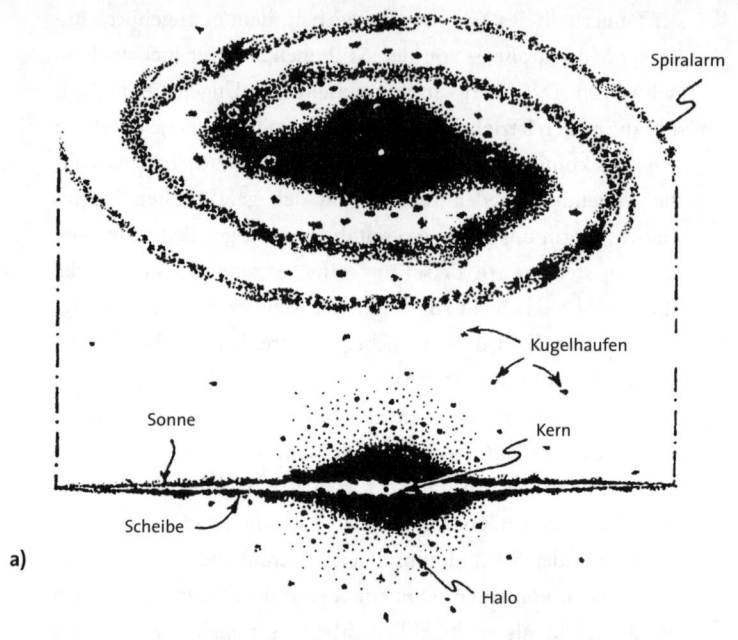

Abb. 21 a) Die Position der Sonne innerhalb der Milchstraße. Sie befindet sich keinesfalls «tief im Innern», sondern am Rand, in einem Spiralarm der Milchstraße. Den Zahlenangaben Manns zu den Abmessungen der Milchstraße stehen die wirklichen Abmessungen gegenüber: Die Milchstraße bildet eine flache, aus Sternen gebildete Scheibe mit dem Durchmesser (jeweils etwa) 80 000 und der Dicke 6000 Lichtjahre. Umgeben ist sie von einem sphärischen Hof von Sternen, ihrem Halo, der sich 100 000 Lichtjahre weit erstreckt. b) Die Abbildung der Andromeda-Galaxie mit Unterschrift ist dem Buch [29] von Lincoln Barnett *The Universe and Dr. Einstein* entnommen, das Thomas Mann z. Z. der späten Periode seiner Arbeit an den *Bekenntnissen des Hochstaplers Felix Krull* durchgearbeitet hat. Diese Galaxie sieht, so die Unterschrift, etwa so aus, wie unsere Milchstraße einem Beobachter dort erscheinen würde. Das Exemplar des Buches, dem die Abbildung entnommen wurde, ist das Thomas Manns und befindet sich in der Nachlaßbibliothek in Zürich; die Unterstreichungen stammen von ihm.

Lick Observatory, Crossley Reflector

The great Andromeda galaxy is a giant star system similar in shape and structure to our own Milky Way. Although it can be seen with the naked eye as a faint luminescence in the constellation Andromeda, it is 700,000 light years away. Yet it is the nearest of all the island universes that wheel in the depths of space. Its diameter is 60,000 light years. To an observer situated in this galaxy, our Milky Way would look very much like this. The smaller nebulosities near by are minor members of the super-galactic cluster that encompasses the Andromeda spiral, our Milky Way, and the Magellanic Clouds.

b)

Fernste mit einschließenden Bedeutung genommen – weder endlich noch unendlich zu nennen sei, weil beide Ausdrücke doch etwas irgendwie Statisches bezeichneten, während der wahre Sachverhalt durch und durch dynamischer Natur sei und der Kosmos sich, seit langem wenigstens, genauer gesagt, seit 1900 Millionen Jahren, im Zustande rasender *Ausdehnung*, das heiße: der Explosion befinde. Hieran lasse die Rotverschiebung des Lichtes keinen Zweifel, welches uns von zahlreichen Milchstraßensystemen erreiche, deren Entfernung von uns allenfalls bekannt sei, – die um so stärkere Veränderung der Farbe dieses Lichtes nach dem roten Ende des Spektrums hin, in je größerem Abstand von uns sich diese Nebelflecken befänden. Offenbar strebten sie von uns weg, und bei den am weitesten, um 150 Millionen Lichtjahre, abliegenden Komplexen komme die Geschwindigkeit, mit der sie das täten, derjenigen gleich, die die Alpha-Teilchen radioaktiver Substanzen entwickelten, und die 25 000 Kilometer in der Sekunde betrage, eine Schnellkraft, gegen die der Splitterflug einer krepierenden Granate ein Schneckentempo annehme.

Das haben wir nachgerechnet; es stimmt.

Wenn also alle Milchstraßensysteme in übertriebenstem Zeitmaß voneinander wegjagten, so reiche das Wort ‹Explosion› gerade eben noch, oder auch schon längst nicht mehr, hin, den Zustand des Weltmodells und seine Art von Ausgedehntheit zu bezeichnen. Diese mochte früher einmal statisch gewesen sein und einfach eine Milliarde Lichtjahre im Durchmesser betragen haben. Wie die Dinge jetzt lägen, könne zwar von Ausdehnung, aber nicht von irgendwelcher stehenden Ausgedehntheit, ‹endlich› oder ‹unendlich›, die Rede sein. [...] die Summe sämtlicher überhaupt vorhandenen Milchstraßenbildungen [liege] in der Größenordnung von hundert Milliarden [...] von denen nur eine geringe Million unseren heutigen Fernrohren erreichbar sei.[26]

Bei Adrians Zahlenangaben kommt es, jede für sich betrachtet, in Anbetracht der zwei Dutzend Nullen hinter einer Eins oder Sieben, «was schon gleich gar nichts mehr ausmacht», nicht auf deren genauen, nicht einmal auf deren etwaigen Wert, sondern nur auf gegenseitige Stimmigkeit an. Diese insgesamt erreicht zu haben, ist ein Erfolg der letzten fünf bis zehn Jahre – durch immer genauer werdende Beobachtungen und, in ihrer Folge, der Erkenntnis, daß das Universum *beschleunigt* expandiert. Hiervon anläßlich des Dialogs Kuckuck Krull auf S. 256. In Adrians Schilderung fließen zwei große Entdeckungen der Jahre 1923 bis 1931 ein, die beide der bereits erwähnte amerikanische Astronom Edwin Powell Hubble gemacht hat. Beginnend mit der Parallaxe von Sternen, konnte die Skala der Entfernungen auf die ganze Milchstraße ausgeweitet werden. Einige ihrer Sterne blinken, und zwar so, daß ihre Helligkeit von der Frequenz ihres Blinkens abgelesen werden kann. Solche Sterne namens Cepheide konnte Hubble ab 1925 auch in Nebelflecken nachweisen, deren Entfernung von der Erde bis dahin unbekannt war, so daß sowohl angenommen werden konnte, daß sie «unserer» Milchstraße angehörten, als auch, daß ihre Entfernung dafür zu groß sei. Der deutsche Philosoph Immanuel Kant (1724 bis 1804) hat als erster die Vermutung ausgesprochen, daß es sich bei den Nebelflecken der Astronomen um ferne Galaxien wie die unsere handele. Genau das hat Hubble durch Vergleich der scheinbaren Leuchtkraft der Cepheiden – der hier auf Erden gemessenen –, mit ihrer tatsächlichen, aus ihrem Flackern ermittelten, gefunden: Die Milchstraße macht nicht das ganze Universum aus; die Nebel befinden sich außerhalb ihrer.

Dies zwischen 1923 und 1929. Den Nachweis, daß die Galaxien und Galaxienhaufen sich von uns um so schneller entfernen, je weiter sie von uns entfernt sind, konnte Hubble ab 1929 führen. Von der Geschwindigkeit, mit der sich ein Objekt relativ zu uns bewegt, kündet der nach dem österreichischen Physiker und Mathematiker Christian Johann Doppler (1803 bis 1853) benannte

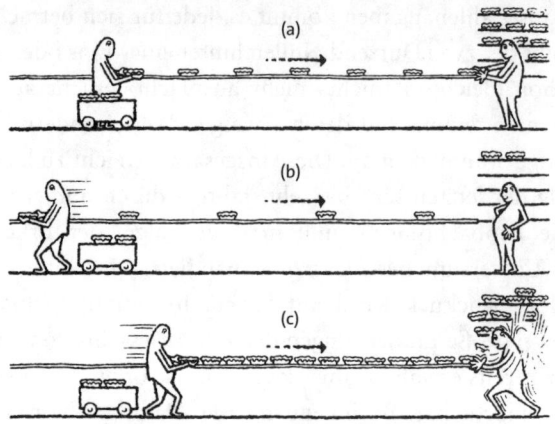

Abb. 22 Wie die Abstände der Kuchen auf dem Fließband hängen die der Wellenberge einer Schallwelle von der Geschwindigkeit ab, mit der sich ihre Quelle bewegt. Je kürzer der Abstand zwischen den Wellenbergen, desto höher der Ton für den Empfänger.

Doppler-Effekt. Der Doppler-Effekt ist auch der physikalische Grund für ein zunächst erstaunliches Alltagsphänomen. Fährt an einem Beobachter ein pfeifender Zug vorbei, sinkt die Höhe des Tons, den er registriert, in dem Augenblick ab, in dem ihn der Zug passiert. Die Höhe des Tons und die Zahl der Wellenberge, die an dem Beobachter pro Sekunde vorbeiziehen – die Frequenz des Tons – sind dieselbe Sache: Ein hoher Ton hat eine größere Frequenz als ein tiefer. Der Ton, den die Schallquelle auf dem Zug abgibt und den die mit ihr bewegten Reisenden hören, hat stets dieselbe Frequenz. Bewegt sich die Schallquelle auf den Beobachter zu, registriert er einen höheren Ton als die Reisenden; bewegt sich die Schallquelle von ihm fort, einen tieferen. Die Abb. 22 zeigt, warum das so ist. Zwischen der Geschwindigkeit des Zuges und der Änderung der ursprünglichen Tonhöhe durch die Bewegung besteht ein mathematischer Zusammenhang, der es dem Beobachter erlaubt, die Geschwindigkeit des Zuges aus dieser Änderung zu berechnen.

Wie die Töne kann auch das Licht als eine reisende Schwingung interpretiert werden. Den Tonhöhen entsprechen die Farben. Rotes Licht besitzt eine geringere Frequenz als blaues. Bewegt sich eine Lichtquelle also auf einen Beobachter zu, so ist das Licht, das er registriert, «blauverschoben»; entfernt sie sich von ihm, ist es rotverschoben. Nun gelten überall im Weltall dieselben Naturgesetze wie auf der Erde, so daß auch die Atome überall dieselben sind wie hier. Daß das einschließlich der Werte aller Naturkonstanten so sei, war bis ins 21. Jahrhundert hinein die feste Auffassung der Physik. In den ersten Jahren dieses Jahrhunderts ist diese durch Messungen des Werts einer der vermeintlichen Konstanten namens Feinstrukturkonstante, welche die Frequenz von Spektrallinien mitbestimmt, in der Frühzeit des Universums erschüttert worden; ein Resultat, das noch der Überprüfung durch unabhängige Messungen harrt. Was wir zu sagen haben, hängt wegen der Kleinheit des Effekts von ihm sowieso nicht ab. Das Licht – nicht nur das sichtbare Licht, sondern auch die anderen «elektromagnetischen Strahlen», die sich vom sichtbaren Licht nur durch ihre Frequenzen unterscheiden –, das Atome in ihren verschiedenen Zuständen sowohl aussenden als auch absorbieren, besitzt charakteristische, vereinzelte Frequenzen, die insgesamt ein Spektrum bilden, das von Element zu Element verschieden ist, so daß es als dessen Erkennungsmarke dienen kann. Oft überstrahlt eine einzige Spektrallinie alle anderen; z.B. die gelbe Linie des Natriums, welche die Leser möglicherweise von Natriumlampen kennen. Im Labor der Chemiker reicht ihr Auftreten aus, um Natrium als Urheber nachzuweisen. Nicht aber, wenn es darum gehen soll, ob ein von einer fernen Galaxie, die sich relativ zur Erde bewegt, stammendes Licht mit einer bestimmten Frequenz, Intensität und Linienbreite, auf die wir nicht eingehen wollen, von dem Element Natrium ausgesandt wurde. Dazu müssen *mehrere* Linien nachgewiesen werden. Erst wenn sich diese nach Umrechnen auf eine *einheitliche* Geschwindigkeit insgesamt als verschobene bekannte Linien erweisen, kann auf deren Urheberschaft geschlossen werden. Die Frequenz, mit der sie ausgesandt wurden, ist damit als diejenige erkannt, mit der beispielsweise Natrium auch auf der Erde seine Linien aussendet, und die in die Formel für die erfolgreiche Frequenzumrechnung eingehende Geschwindigkeit ist die Geschwindigkeit der aussendenden Galaxie relativ zur Erde.

Es ist also möglich, die Geschwindigkeiten von Galaxien hin zur Erde oder weg von ihr recht genau zu bestimmen. Vergleichsweise schwierig ist die Bestimmung ihrer Entfernungen. Dazu braucht es «Standardkerzen», also von der Erde aus sichtbare Lichtquellen innerhalb der Galaxien, deren absolute Helligkeiten bekannt sind. Edwin Hubble haben, wie beschrieben, die Flackersterne Cepheide als Standardkerzen gedient. Neukalibrierung ihrer absoluten Leuchtstärke sollte erweisen, daß Hubble alle Entfernungen um einen Faktor wie zehn unterschätzt hatte; daher auch die falschen Angaben bei Thomas Mann. Die Fluchtgeschwindigkeiten, berechnet aus Rotverschiebungen, streuen als Funktion der Entfernung von der Erde um eine gerade Linie herum, die einer Galaxie eine zu ihrer Entfernung von der Erde proportionale Geschwindigkeit zuweist. Hubbles Resultate reichen nicht sehr weit, und es ist erstaunlich, daß er aus ihnen auf die Expansion des Universums zu schließen gewagt hat. Hätte er, wie man es heute tut, den «Fit» durch eine beste Gerade einem Computer überlassen (können), wäre nicht einmal näherungsweise ein schlüssiges Ergebnis herausgekommen. Übrigens sind die Fluchtgeschwindigkeiten der weit entfernten Galaxien so groß, daß ihnen gegenüber die Geschwindigkeiten der Erde um die Sonne (30 Kilometer pro Sekunde) sowie die der Sonne in der Milchstraße (220 Kilometer pro Sekunde) vernachlässigbar klein sind.

Auf den ersten Blick widerspricht dem Kopernikanischen Prinzip, daß die Erde, das Sonnensystem und auch die Milchstraße keine ausgezeichnete Position im Universum einnehmen. Denn wenn sich alle Galaxien mit einer Geschwindigkeit von *uns* fort-

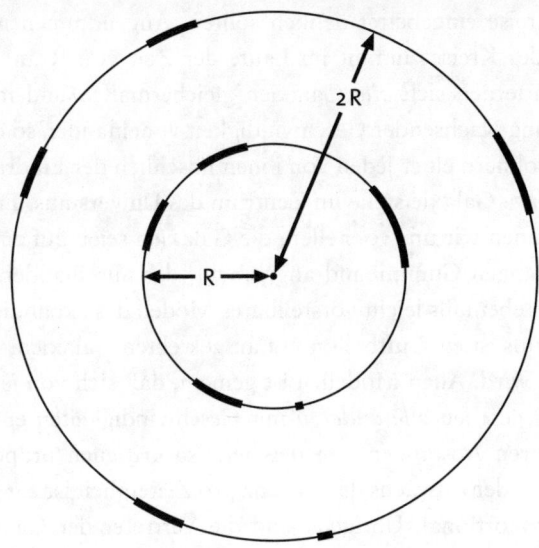

Abb. 23 Die Expansion des Weltalls, dargestellt durch die Vergrößerung des Radius eines Kreises, dessen eine Dimension für die drei Dimensionen des Raumes steht, von R auf 2R. Nach Auskunft des Modells eines endlichen Universums entstammt dieses dem Mittelpunkt der wachsenden Ringe; in ihm war vor endlicher Zeit das ganze Universum konzentriert. Ist der Raum flach wie, im Modell, eine Gerade, ist das Universum seit je unendlich ausgedehnt, will heißen, über die Gerade verteilt. Die dunkel gezeichneten Kreisbögen stehen für die Galaxien, die in das eindimensionale Universum eingebettet sind. Sie werden durch die Schwerkraft zusammengehalten, so daß sie an der Ausdehnung des Raums nicht teilnehmen.

bewegen, die zu ihrem Abstand von *uns* proportional anwächst, so befindet sich doch wohl die Milchstraße im Zentrum des Universums? Das muß nicht so sein, und so ist es auch nicht. Wie es tatsächlich ist, erläutert die Abb. 23 durch ein stark vereinfachtes Modell. In ihm vertritt die jeweils eine Dimension der Kreise mit den Radien R und 2R die drei Dimensionen des Raumes. Die hervorgehobenen Kreisbögen stehen für die Galaxien, die wir uns als in die Kreise eingebettet denken sollten. Angenommen nun, der Radius des Kreises nimmt im Laufe der Zeit von R auf 2 R zu. Dann entfernen sich *alle* Galaxien gleichermaßen und mit ihrer Entfernung wachsender Geschwindigkeit voneinander, so daß sich den Bewohnern einer jeden von ihnen fälschlich der Eindruck aufdrängt, *ihre* Galaxie stehe im Zentrum des Universums. Einfacher noch können wir uns vorstellen, die Galaxien seien auf einem unendlich langen Gummiband angebracht, das auseinandergezogen wird. Ein ebenfalls leicht vorstellbares Modell des expandierenden Universums ist ein Luftballon mit aufgeklebten Galaxien, der aufgeblasen wird. Allen Modellen ist gemein, daß sich von *jeder* Galaxie aus gesehen *alle anderen* mit Geschwindigkeiten entfernen, die zu ihren Abständen von der herausgegriffenen proportional sind. Denn der Zuwachs der Distanz pro Zeiteinheit ist zur Distanz selbst proportional. Übrigens sind die Vertreter der Galaxien in den beiden Kreisen mit verschiedenen Radien bewußt gleich groß gezeichnet: Da sie durch die gegenseitige Schwerkraft ihrer Sterne zusammengehalten werden, nimmt ihre Größe bei der Expansion des Universums nicht zu. Atome werden durch elektromagnetische Kräfte zusammengehalten, so daß auch ihre Abmessungen der allgemeinen Expansion nicht ausgesetzt sind.

Nun zum Alter der Welt. Angenommen, die Geschwindigkeit der Expansion hat sich im Laufe der Zeit nicht geändert. Dann ist der jeweilige Radius des Weltalls zur Zeit selbst proportional mit der Geschwindigkeit der Expansion als Proportionalitätsfaktor. Adrian Leverkühn will der Expansion einen Anfang setzen bei der Ausdehnung von einer Milliarde Lichtjahren. Wenn die Kosmologie einmal ein solches Modell favorisiert haben sollte, ist es doch seit langem durch das Modell des heißen Urknalls ersetzt worden. Der gegenwärtige Stand auch dieser Theorie soll im Zusammenhang mit dem Kuckuck-Krull-Dialog dargestellt werden. Setzt man der Expansion keinen willkürlichen Anfang, hat sie zu einer Zeit begonnen, die sich aus dem Gesagten als die Zeit ergibt, zu der das ganze, durch die Kreise mit den Radien R und 2 R beschriebene Weltall in einem Punkt konzentriert war – zur Zeit null des Urknalls. Die seither vergangene Zeit ist das Alter der Welt, und dieses ist einfach die Entfernung einer Galaxie geteilt durch ihre Fluchtgeschwindigkeit. Welche Galaxie für diese Berechnung herausgegriffen wird, spielt, wenn nur weit genug entfernt, für das Ergebnis keine Rolle, da die Fluchtgeschwindigkeit proportional zur Entfernung ist. Sieht man von der beschleunigten Expansion vorerst ab, erfolgt sie allein gegen den verzögernden Widerstand der Schwerkraft, so daß für die Frühzeit des Universums eine größere Geschwindigkeit in die Formel für das Alter des Universums eingetragen werden muß und dieses folglich zumindest nicht größer sein kann als das aus der Vorgabe konstanter Expansionsgeschwindigkeit berechnete.

Das Bild einer «Explosion», das Adrian für den Urknall benützt, ist zwiespältig. Richtig gibt es die Abhängigkeit der Fluchtgeschwindigkeiten der Galaxien von ihrer Entfernung wieder, denn diejenigen, die durch eine Explosion am schnellsten fortgeschleudert wurden, müssen später am weitesten entfernt sein. Das jedenfalls, solange die Geschwindigkeiten dieselben bleiben. Tatsächlich ist das nicht so. Aber dieser Effekt, auf den einzugehen sein wird, ist bis heute nicht so groß, daß er das qualitative Resultat einer Expansion mit gleichbleibender Geschwindigkeit abändern könnte. Der Urknall als Explosion erklärt auch, daß die Dichte der Galaxien mit ihrer Entfernung abnimmt.

Mit ihrer Entfernung wovon? Vom Ort der Explosion selbstverständlich, aber einen solchen kennt das Urknallmodell der Entstehung des Universums nicht. Der Urknall selbst hat Raum und Zeit erzeugt, und wenn wir uns vorstellen wollen, *wo* er stattgefunden hat, dann überall zugleich. Was das genau bedeutet, hängt davon ab, ob der Raum insgesamt gekrümmt oder flach ist. Wenn er flach ist wie der Raum unserer Anschauung, war er von

Anfang an unendlich groß. Es gehört zu den Problemen, welche die Anschauung mit dem Unendlichen hat, daß ein bereits unendlich großer Raum «größer» werden kann. Das ist in der Tat unvorstellbar, aber die Anschauung ist, wenn es um Unendliches geht, ein schlechter Lehrmeister. Man nehme nur die Frage, ob es mehr ganze Zahlen als gerade Zahlen gibt. Als Modell eines expandierenden eindimensionalen Raumes wollen wir wieder ein gerades Gummiband wählen. Dieses sei mit Markierungen ausgestattet, die in einem Augenblick einen Zentimeter voneinander entfernt sind. Nun wachse dieser Abstand in einer Minute auf zwei Zentimeter an – die unendlich vielen ganzen Zahlen werden hierbei sozusagen auf die ebenfalls unendlich vielen geraden abgebildet. Das ist eine Definition der Expansion, die von den Paradoxien des Unendlichen unabhängig ist, und mit ihr wollen wir uns begnügen. Wegen der nur endlichen Geschwindigkeit des Lichtes und, im Wechselspiel, der Expansion, bildet das heute sichtbare Universum nur einen kleinen Ausschnitt auch eines von allem Anfang an unendlichen Universums; die früheste Botschaft, die wir heute erhalten, die Kosmische Hintergrundstrahlung, ist etwa dreihunderttausend Jahre nach dem Urknall vor 13,7 Milliarden Jahren entstanden, also seit etwa dreizehn Milliarden Jahren unterwegs zu uns. Entstanden ist diese Strahlung in genausoviel Lichtjahren Entfernung, so daß dies auch die größte Entfernung ist, von der wir direkte Kunde haben. Künftig wird uns selbstverständlich auch in weiter entfernten Regionen entstandene Strahlung erreichen.

Daß das *heute beobachtbare* Universum – dasjenige, aus dem uns seit Anbeginn der Welt Information erreicht haben kann – zur Zeit des Urknalls winzig gewesen ist, hängt von der Krümmung des Raumes nicht ab. Wohl aber, wie es um den gewaltigen Rest steht, der unseren Blicken (noch) verborgen ist. Wenn der Raum flach oder so wie ein Sattel gekrümmt ist, war das Universum auch im Augenblick des Urknalls nicht in einem Punkt konzentriert; denn auch dann ist es überall zugleich entstanden. Wenn nun aber der

Raum endlich ist wie in einer Dimension ein Kreis und in zweien die Oberfläche einer Kugel, ist das Universum dadurch gewachsen, daß sein Radius – das R der Abb. 23 auf S. 105 – zugenommen hat. Als Konsequenz war in dem Fall das ganze Universum anfangs ein Punkt in den drei gekrümmten Dimensionen des Raums. In unserem Kreismodell hat der Urknall im Mittelpunkt der Kreise stattgefunden, und aus ihm ist das Universum entstanden. Es ist eindimensional, nichts als die jeweilige Kreislinie selbst; in die Ebene haben wir es nur zum Zweck der Veranschaulichung eingebettet. Sie existiert tatsächlich nicht.

Wir haben gesagt, daß Hubble die Entfernungen der Galaxien um einen großen Faktor unterschätzt hat. Folglich ist auch sein Ergebnis für das Alter des Universums um diesen großen Faktor zu klein. Adrians Angabe, daß der Kosmos sich «seit [...] 1900 Millionen Jahren im Zustande rasender Ausdehnung befinde», beruht auf einer dieser vorläufigen Abschätzungen der Entfernungen der Galaxien von «uns». Tatsächlich liegt nach dem endlich erreichten, konsistenten Modell der Entstehung und Entwicklung des Universums der Urknall 13 700 Millionen Jahre zurück, mit einer Unsicherheit von nur zwei Prozent. Dieser große Wert löst Rätsel auf, die lange Jahre die Kosmologen geplagt haben: daß Konstellationen im Universum älter zu sein schienen als das Universum selbst.

Daß das mehr als 4 Milliarden Jahre alte Sonnensystem nach Hubbles Abschätzung des Alters der Welt älter als diese sein müßte, bildete jahrzehntelang Anlaß zu Kontroversen; genauso das Alter der ältesten Sterne. Heute herrscht Übereinstimmung; wir kommen darauf zurück. Betont sei, daß es niemals und nirgends auf vereinzelte wahnsinnig große oder kleine Zahlen ankommen kann, sondern nur auf deren gegenseitiges Verhältnis. Der erste Physiker, der sich auf eine Erklärung der großen Zahlen des Universums einließ, war Paul Adrien Maurice Dirac (1902 bis 1984) aus England und Physiknobelpreisträger des Jahres 1933. Er wollte – und wir stimmen zu – keine übermäßig großen oder kleinen – das sind

Kehrwerte großer – Zahlen in den fundamentalen Naturgesetzen zulassen, so daß er versuchen mußte, derartige Zahlen durch einander zu erklären. Als Grundgröße hat er das Alter des Universums gewählt, so daß sich laut seiner Theorie alle anderen großen Zahlen im Laufe der Zeit ändern mußten. Die Physik weiß heute, daß dieser radikale Ansatz falsch ist. Warum aber ist an diesem Tag, an dem ich dies eintippe, das beobachtbare Universum für menschliche Maßstäbe zugleich unerhört groß und alt – die bereits erwähnten 13,7 Milliarden Jahre alt und eine vergleichbare Zahl von Lichtjahren groß?

Dies deshalb, weil mein Leben auf Substanzen beruht, zu deren Erzeugung aus dem Wasserstoff des Urknalls Generationen von Sternen – explodierenden Sternen – erforderlich waren. Abermals sei gesagt, daß zwar nicht die großen Zahlen für sich allein, wohl aber ihre wechselseitigen Bedingtheiten sinnvoll sind, ja in die Bedingungen menschlichen Lebens hineinreichen – etwas, das Zeitblom nicht in den Sinn gekommen ist. Humanismus bedeutet heute, die objektiven Bedingungen der menschlichen Existenz nicht nur nicht unbeachtet zu lassen, sondern sie auch erklärend zu benutzen. Warum und wieso wir hier sind, findet seine Erklärung mehr durch Verständnis der fundamentalen Daten des Kosmos und des Lebens, als durch Eigenbeschau, welche ebendiese Daten unberücksichtigt läßt.

Wenn wir davon ausgehen, daß die Zeit diejenige ist, zu der *wir* leben, verstehen wir, daß *jetzt* der Kosmos so groß und so alt ist, wie er ist. «Viel früher» konnten «wir» nicht auftreten, weil «damals» die Substanzen, auf denen unser Leben fußt, noch nicht durch Sterne erzeugt worden waren. «Wir» brauchen für unsere Existenz außerdem ein «großes» Universum aus geräumigen – nicht, wie Adrian formuliert, «unsinnig geräumigen» – Galaxien, die vereinzelte Planetensysteme wie das Sonnensystem ermöglichen. Milliarden Jahre nach der noch immer rätselhaften Entstehung des Lebens überhaupt sind für die Entwicklung intelligenten

Lebens erforderlich. Die dauerhaft stabilen Lebensumstände, die es hierzu braucht, könnte kein Sonnensystem bieten, das immer mal wieder durch den Vorbeizug eines Sterns in seinen Grundfesten erschüttert würde. Planeten, auf denen sich Leben auch nur erhalten kann, brauchen stabile Bahnen um ihren Stern.

Als erster hat der Astrophysiker Brandon Carter[27] 1974 auf Zahl und Art der Eigenschaften der Anfangsbedingungen des Universums sowie der Naturgesetze nachhaltig aufmerksam gemacht, ohne die sich Leben, wie wir es kennen, weder hätte entwickeln noch erhalten können. Gottesbeweise beruhten darauf, daß Lebewesen anscheinend für die Umwelt, in der sie sich befinden, vorgesehen sind. Wie fürs Sehen entworfen, zum Schauen bestellt scheint das Auge zu sein, so daß es doch wohl einen planenden Schöpfer gegeben haben muß, der es hierfür erschaffen hat? «Die beste aller möglichen Welten» hat Leibniz unsere Welt genannt, und damit Satiriker von Voltaire bis Wilhelm Busch auf den Plan gerufen. Doch die Anpassung des Lebens an die Lebensumstände auf der Erde, die gegenseitige Adaption der Lebewesen ist nur die unübersehbare Spitze einer Hierarchie von Bedingungen, die das Leben erst ermöglichen und die offenbar erfüllt sind. Wir wissen seit Darwin, daß die gegenwärtigen Lebewesen nicht einem ihnen vorausgehenden Plan ihren Erfolg verdanken, sondern daß sie sich durch Versuch und Irrtum entwickelt haben. Darin ist also keine auf die Zukunft gerichtete Planung eines Schöpfers angelegt. Auch daß es die Erde gibt, deren Eigenschaften unser Leben erst ermöglichen, kann nur dann auf eine planende Vorsehung zurückgeführt werden, wenn das ganze Universum einbezogen wird. Daß es einen Leben stiftenden Platz im Universum, wie es nun einmal ist, überhaupt gibt, ist sehr unwahrscheinlich. Aber das Universum besitzt viele Plätze, und deshalb ist die Wahrscheinlichkeit nicht vernachlässigbar klein, daß in ihm auch Lokationen mit generell zwar unwahrscheinlichen, Leben aber ermöglichenden Eigenschaften aufgetreten sind.

Diese Einsichten aber konnten das einmal erwachte Erstaunen darüber nicht einschläfern, daß das Universum insgesamt Bedingungen erfüllt, die sowohl zur Entstehung des Lebens als auch zu seinem Erhalt bis heute erfüllt sein müssen. Sie sind tatsächlich zahlreich. Wir wollen uns mit wenigen Beispielen begnügen. Wäre die Schwerkraft deutlich stärker, als sie tatsächlich ist, wäre das Universum kurz nach seiner Entstehung wieder zusammengestürzt, früher also, als Galaxien, Sterne, Planeten und Leben hätten entstehen können. Wäre die Schwerkraft hingegen deutlich schwächer, hätte sich das Universum so schnell ausgedehnt, daß abermals keine Galaxien und ihre Folgeprodukte hätten entstehen können. Hierher gehören auch die Gesamtenergie und der Anfangsschwung des expandierenden Universums, die zueinander und zur Stärke der Schwerkraft passen müssen, damit Leben entstehen und sich erhalten kann.

Nun zur Stärke der Kraft, die Atomkerne zusammenhält. Sie hat Martin Rees[28], Astrophysiker und in zahlreichen Artikeln und Büchern engagierter Vertreter des Anthropischen Prinzips, durch die Energie parametrisiert, die freigesetzt wird, wenn zwei Protonen und zwei Neutronen sich zu einem Kern des Elements Helium vereinigen. Diese 0,7 Prozent der Gesamtenergie der Ausgangsstoffe – ihre Gesamtmasse, nach $E = mc^2$ in Energie umgerechnet – sind genau, nämlich weniger als 0,8 Prozent und mehr als 0,6 Prozent, richtig dafür, daß sich im frühen Universum und in Sternen Atome bilden konnten, deren Chemie Leben ermöglicht. Ins Uferlose würden sich Theorien verlieren, die ihre Ansätze nicht aus Bestehendem übernähmen. Nicht die Form der Grundgleichungen der Physik wird anheimgestellt, sondern die Zahlenwerte der in ihnen auftretenden Größen werden es. Manche dieser Zahlenwerte mögen Zufallsprodukte sein, andere ehern in die Naturgesetze eingeprägt – Genaues wissen wir nicht. Die Prozesse, durch die Sterne die Energie freisetzen, die sie abstrahlen, erfordern die Mitwirkung der zu Recht so genannten Schwachen Kraft. Die

Stärke – besser: Schwäche – dieser Kraft bewirkt, daß Sterne wie die Sonne die ihnen zugängliche Energie nicht in kurzer Zeit verpulvern, sondern über jene Milliarden Jahre ruhig abstrahlen, die für die Ausbildung von intelligentem Leben erforderlich sind. Ob nun aber die relative Stärke der einzelnen Kräfte, die an der Bildung von Helium in der Sonne beteiligt sind – der Schwachen und der ebenfalls zu Recht so genannten Starken Kraft – zufallsbedingt oder ehern festgelegt ist, wissen wir nicht.

Wenn der Zufall bei der Festlegung der Zahlenwerte von Naturkonstanten eine Rolle gespielt hat, so im frühen Universum. Nach heutigem Verständnis waren anfangs, in den ersten Bruchteilen von Sekunden nach dem Urknall bei den dann herrschenden, extrem hohen Temperaturen, alle Kräfte der Natur gleich stark. Alsdann haben sich bei sinkenden Temperaturen die relativen Stärken der einzelnen Kräfte ausgebildet. Die Ergebnisse mögen zufallsbedingt sein; sie mögen aber auch durch bisher unbekannte, tiefer liegende Naturgesetze festgelegt worden sein. Wie auch immer – die Ergebnisse haben intelligentes Leben ermöglicht. Der Spielraum aber für Ergebnisse, die diese Möglichkeit eröffnen, ist extrem eng. Von den gemeinhin als Anthropisches Prinzip bezeichneten Interpretationen dieser Tatsache haben wir die schlichte Kenntnisnahme des Schwachen Anthropischen Prinzips bereits kennengelernt: Wie unsere Existenz benutzt werden kann, um Eigenschaften des Planeten nachzuweisen, auf dem wir leben, so auch Eigenschaften des Universums insgesamt. Wobei offenbleiben mag, ob es – in Analogie zu anderen Planeten – im Universum Plätze gibt, in denen Leben, wie wir es kennen, bereits aufgrund lebensfeindlicher Werte der Naturkonstanten unmöglich ist.

Das Starke Anthropische Prinzip geht weit über die trivialen Feststellungen des Schwachen hinaus, indem es der Tatsache, daß die Leben ermöglichenden Werte der Naturkonstanten zwar einem engen Bereich angehören, trotzdem aber in dem uns zugänglichen

Bereich des Universums realisiert sind, weitreichende Signifikanz unterstellt. Der Philosoph John Leslie in seinem Buch *Universes*[29] des Jahres 1989 umgrenzt das Spektrum der Interpretationen des Starken Anthropischen Prinzips in der Überschrift des ersten Abschnitts seines ersten Kapitels als *God or Multiverse* – Gott oder Multiversum; letzteres ein Begriffsungetüm, das die Unterstellung ausdrücken soll, daß es außer dem uns bisher allein zugänglichen Universum in einem umfassenderen Multiversum Teile – Universen! – gebe, in denen die Naturkonstanten und/oder Anfangsbedingungen anders sind als hier. Die Alternative *Gott* ist nichts weiter als die uns bereits bekannte, ins gigantische gesteigerte Version des Gottesbeweises beispielsweise der *Naturtheologie* eines William Paley (1743 bis 1805; Professor in Cambridge), dessen ungemein einflußreiches Buch *Natural Theology* von 1802 noch Pflichtlektüre von Charles Darwin gewesen ist. In den Worten von John D. Barrow und Frank J. Tipler in ihrem Monumentalwerk von 1986 zum Anthropischen Prinzip: «Das Universum, das existiert und das es als einziges geben kann, wurde mit Ziel konzipiert, daß es ‹Beobachter› hervorbringe und erhalte.»

Erwähnt sei auch die «Partizipatorische» Version des Starken Anthropischen Prinzips, die von dem amerikanischen theoretischen Physiker John Archibald Wheeler (geb. 1911) stammt und auf der Quantenmechanik in ihrer klassischen, von Niels Bohr begründeten Interpretation beruht. In den Worten von Barrow und Tipler: «Es braucht Beobachter, um einem Universum zur Realität zu verhelfen» – Beobachter, die rückwirkend auch den Urknall haben real werden lassen, den es vor deren Kenntnisnahme nur mit einer gewissen Wahrscheinlichkeit gegeben haben soll.

Vage verwandt mit dieser Form des Starken Anthropischen Prinzips ist die des Multiversums. Barrow und Tipler: «Die Existenz unseres Universums setzt die eines Ensembles von Universen voraus, die sich von unserem unterscheiden.»[30] In diese Formulierung geht eine Reihe von höchst spekulativen Ideen der gegenwärtigen Physik ein. Ihnen ist gemeinsam, daß sie den Urknall als ein Ereignis unter vielen anderswo auffassen, die ebenfalls Universen hervorgebracht haben und hervorbringen. Deren Naturkonstante sollen alle überhaupt logisch möglichen Werte besitzen, so daß es nicht verwundert, daß eine Kombination von Werten darunter ist, die Leben ermöglicht. Kein Wunder dann, daß wir nicht nur auf einer Erde, sondern sogar in einem Universum leben, das Leben ermöglicht. Wie es ja auch kein Wunder ist, daß wir das Kaufhaus mit einem Anzug verlassen, der uns paßt: Dies nicht deshalb, weil er uns speziell angemessen worden wäre, sondern weil dort alle Größen vorrätig sind.

Mit den anderen Universen haben wir keinen Kontakt, aber was (noch) nicht ist, kann noch werden, wenn uns Informationen aus ferneren Regionen als bisher möglich erreichen. Damit die Theorie des Auftretens von Universen mit verschiedenen Werten der Naturkonstanten und/oder Anfangsbedingungen, darunter unseres, widerlegbar sei und dadurch naturwissenschaftlich respektabel werde, führt Martin Rees[31] auch an, daß die für Bildung und Erhalt des Lebens notwendigen Bedingungen an die Naturkonstanten nicht übererfüllt sein dürfen. Sein wichtigstes Beispiel ist die Kosmologische Konstante, die klein sein muß, damit Leben möglich sei. Null muß sie dafür aber nicht sein, und nach heutigem Wissen ist sie das auch nicht. Wäre sie Null, wäre das auch unter der Bedingung, daß Leben möglich sei, viel zu unwahrscheinlich, um als Zufallsprodukt zu gelten.

Wegen ihrer Anschaulichkeit sei eine weitere Bedingung dafür angeführt, daß sich Leben bilden kann: die Zahl der räumlichen Dimensionen des Universums. Nach Auskunft unserer fortgeschrittensten und mathematisch anspruchsvollen Theorie aller Kräfte, der Superstringtheorie, besitzt das Universum nicht von vornherein, sondern erst durch einen Prozeß namens «Kompaktifizierung», der auch ein anderes Ergebnis hätte haben können und in

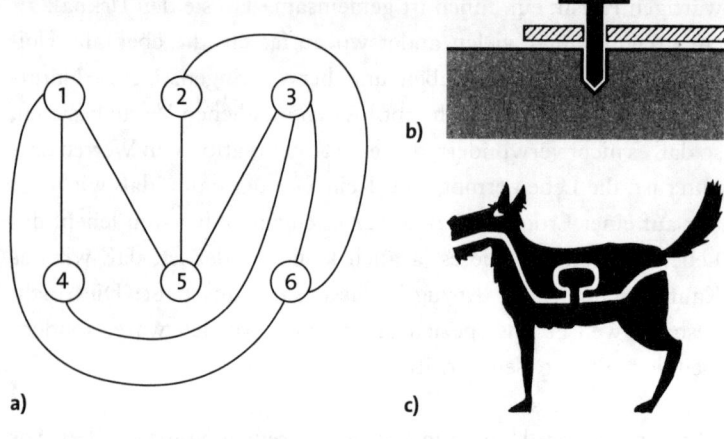

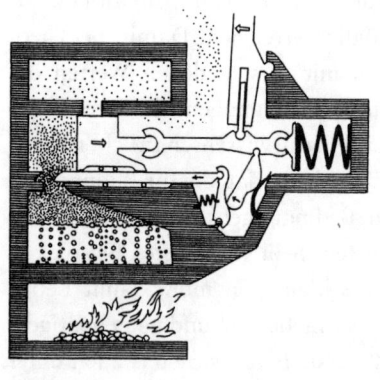

Abb. 24 Ohne Überschneidung ist es in der Ebene unmöglich, jeden der Punkte der Gruppe (1, 2, 3) mit jedem der Gruppe (4, 5, 6) zu verbinden a). In einer ebenen Welt b) zerteilt ein Nagel, was er befestigen soll. Aufwendig ist es, den Verdauungskanal eines zweidimensionalen Hundes so zu konstruieren c), daß dieser nicht in Oberhund und Unterhund zerfällt. Wie eine Dampfmaschine in zwei Dimensionen gebaut sein könnte, zeigt d).

anderen Teilen des Multiversums wohl auch hatte, neben einer zeitlichen drei räumliche Dimensionen. Die anderen, beispielsweise acht, sind aber nicht ganz verschwunden, sondern so aufgerollt und geschrumpft, daß es einer riesigen, möglicherweise unerreichbaren Auflösung bedarf, sie hervortreten zu lassen. Wie dem auch sei – jedenfalls gibt es zahlreiche Argumente dafür, daß Leben sich nur in drei Dimensionen entwickeln und erhalten konnte. Das wohl mächtigste beruht auf dem Abfall der Schwerkraft und der elektrischen Kraft mit der Entfernung. Darauf gehen wir nicht ein, weil die mit unserem Thema nur peripher verbundenen Details umfangreiche Vorarbeiten erfordern würden. Wir unterdrücken auch zusätzliche Argumente, die gegen *mehr als drei* Dimensionen eines Raumes sprechen, in dem sich Leben entfalten kann. Warum aber nicht in den zwei Dimensionen der Ebene? An erster Stelle stehen die Schwierigkeiten der Vernetzung. Der Leser kennt vielleicht die unerfüllbare Aufgabe eines topologischen Kinderspiels, jeden Punkt von dreien (1, 2, 3) mit jedem von drei anderen (4, 5, 6) in der Ebene durch Linien zu verbinden, die einander nicht schneiden. Offenbar unmöglich ist es in zwei Dimensionen auch, Dinge durch Nägel zusammenzuhalten. Damit ihr Verdauungstrakt Lebewesen nicht in zwei Hälften unterteile, muß er eine komplizierte Gestalt besitzen. Wie weit man trotz aller Schwierigkeiten damit kommen kann, eine funktionierende Lebenswelt in zwei Dimensionen zu ersinnen, zeigt nach dem klassischen Vorbild des Buches *Flatland* von Edwin A. Abbott [32] insbesondere A. K. Dewdney's *The Planiverse*, dem wir die Abb. 24 d) entnommen haben.

Gedanken zur Zeit

Am 3. März 1920, vier Jahre vor dem Erscheinen des *Zauberbergs*, notiert Thomas Mann in seinem Tagebuch, daß in der Einstein'schen Theorie «das Problem der Zeit wieder die Rolle spielt, deren heutige Urgenz ich bei der Conception des Zbg [...] anticipierte» und äußert dann «Genugthuung über meine seismographische Empfindlichkeit von damals». Bekümmert stellt er fest, daß «der Roman, wie auch der Hochst[apler Felix Krull], anno 14 hätte fertig sein müssen». Die gut zehn Jahre zwischen 1912, dem Jahr seines Besuches bei der vermeintlich tuberkulösen Katia im «Waldsanatorium Prof. Jessen», alias *Der Zauberberg*, in Davos und dem Erscheinen des Romans 1924, sind auch die Jahre, in denen die «Einstein'sche Theorie [...] der Zeit» – gemeint ist wohl die *Allgemeine* Relativitätstheorie – formuliert wurde (1916), Triumphe feierte (Nachweis der Ablenkung des Lichts in Übereinstimmung mit der Theorie durch das Schwerefeld der Sonne 1919) und Modelle des Universums ermöglichte, in denen die Zeit sowohl einen Anfang als auch ein Ende besitzt. Wie bereits beschrieben, wurde die Expansion des Universums als theoretische Möglichkeit um 1923 erwiesen, als Tatsache aber erst sechs Jahre später durch Beobachtungen Edwin Hubbles bestätigt.

Nun ist *Der Zauberberg* zweifellos ein Buch über die Zeit – über ihr Vergehen in doppeltem Sinn: Darüber, wie der gespürte Ablauf der Zeit sich bei den Insassen des Waldsanatoriums vermöge derer in ewig eintönigem Rhythmus anrollender Meereswogen in stehende Ewigkeit umwandelt. In einem Vortrag des Jahres 1939 zur Einführung von Studenten der Universität Princeton in den *Zauberberg* sagt Thomas Mann es so: Mit dem «Mysterium der Zeit» gibt das Buch sich ab, es

> ist ein Zeitroman in doppeltem Sinn: einmal historisch [...], dann aber, weil die reine Zeit selbst sein Gegenstand ist, den er nicht nur als die Erfahrung seines Helden, sondern auch in und durch sich selbst behandelt. Das Buch ist selbst das, wovon es erzählt; denn indem es die hermetische Verzauberung seines jungen Helden ins Zeitlose schildert, strebt es selbst durch seine künstlerischen Mittel die Aufhebung der Zeit an durch den Versuch, der musikalisch-ideellen Gesamtwelt, die es umfaßt, in jedem Augenblick volle Präsenz zu verleihen und ein magisches «nunc stans» herzustellen.[33]

Aber wie steht es in dem Roman um die physikalische Zeit? In Ansehung der bereits festgestellten Nonchalance Manns gegenüber

der Zeitlichkeit naturwissenschaftlicher Einsichten wäre der Zeitraum des Romans, der mit dem Ausbruch des Ersten Weltkriegs
1914 endet, für ihn kein Hindernis gewesen, seine Figuren über
Einsteins Zeit reflektieren zu lassen. Hören wir aber Hans Castorps
Selbstgespräch über die Zeit zu:

Was ist die Zeit? Ein Geheimnis – wesenlos und allmächtig.
Eine Bedingung der Erscheinungswelt, eine Bewegung, verkop-
pelt und vermengt dem Dasein der Körper im Raum und ihrer
Bewegung. Wäre aber keine Zeit, wenn keine Bewegung wäre?
Keine Bewegung, wenn keine Zeit? Frage nur! Ist die Zeit
eine Funktion des Raumes? Oder umgekehrt? Oder sind beide
identisch? Nur zu gefragt! Die Zeit ist tätig, sie hat verbale
Beschaffenheit, sie «zeitigt». Was zeitigt sie denn? Veränderung! Jetzt ist nicht damals, hier nicht dort, denn zwischen
beiden liegt Bewegung. Da aber die Bewegung, an der man die
Zeit mißt, kreisläufig, in sich beschlossen, so ist das eine Bewegung und Veränderung, die man fast ebensogut als Ruhe und
Stillstand bezeichnen könnte; denn das Damals wiederholt
sich beständig im Jetzt, das Dort im Hier. Da ferner eine end-
liche Zeit und ein begrenzter Raum auch mit der verzweifelt-
sten Anstrengung nicht vorgestellt werden können, so hat man
sich entschlossen, Zeit und Raum als ewig und unendlich zu
«denken» – in der Meinung offenbar, dies gelinge, wenn nicht
recht gut, so doch etwas besser. Bedeutet aber nicht die Statu-
ierung des Ewigen und Unendlichen die logisch-rechnerische
Vernichtung alles Begrenzten und Endlichen, seine verhältnis-
mäßige Reduzierung auf Null? Ist im Ewigen ein Nacheinander möglich, im Unendlichen ein Nebeneinander? Wie vertragen sich mit den Notannahmen des Ewigen und Unendlichen
Begriffe wie Entfernung, Bewegung, Veränderung, auch nur
das Vorhandensein begrenzter Körper im All? Das frage du nur
immerhin![34]

Als «Quengeleien» bezeichnet Thomas Mann diese Gedanken seiner Figur Hans Castorp, gleich nachdem er sie in dessen Namen geäußert hat. Es ist ja nicht die physikalische Zeit, die ihn interessiert, sondern die psychologische. Seltsam, wenn er beide nicht auseinanderhält. Der Trivialität, daß bei seiner Schiffsreise nach Westen die Uhr täglich zurückgestellt werden muß, widmet er in seinem Essay[35] *Meerfahrt mit Don Quijote* nahezu eine Seite, nur um fortzufahren, daß dies Schuljungengedanken seien. Und dann:

> Aber ist es nicht so, daß der kosmologischen Weltbetrachtung im Vergleich mit ihrem Gegensatz, der psychologischen, etwas Pueriles anhaftet? Wobei ich mich der blanken und kugelrunden Kinderaugen Albert Einsteins erinnere. Ich kann mir nicht helfen: die humane Erkenntnis, die Vertiefung ins Menschenleben hat reiferen, erwachseneren Charakter als die Milchstraßenspekulation – im tiefsten Respekte möchte ich's wahrhaben.

Thomas Manns Auffassungen von der Zeit im *Zauberberg* sind naturwissenschaftlich nicht auf der Höhe seiner Zeit. Er hat sie vermutlich von Philosophen wie Arthur Schopenhauer und Oswald Spengler bezogen.[36] Einstein hatte betont, daß die Zeit erst durch Vorschriften, sie anzuzeigen, zu einer physikalischen Größe werden könne. Hierher wohl Manns Berufung auf Bewegungen als unerläßliche Bedingung für das Auftreten von Zeit. Daß diese zyklisch sein müßten, um die Zeit anzuzeigen, ist ein verbreiteter Irrtum, der darauf beruht, daß seit unvordenklichen Zeiten die zyklischen Bewegungen der Gestirne zur Definition des Zeitablaufs hatten dienen müssen. Hans Castorps Frage, ob Raum und Zeit als ewig oder begrenzt vorgestellt werden könnten, war, als Thomas Mann am *Zauberberg* arbeitete, längst durch jene verdrängt worden, ob diese so gedacht werden können – mit dem Ergebnis: Ja, das können sie.

Dem, daß die Zeit als «vierte Dimension» neben den drei des Raums aufgefaßt werden kann, mißt Thomas Mann keine besondere Bedeutung zu. In der Tat ist *für sich allein* diese Möglichkeit nicht aufregender als jene, Dias in der Reihenfolge, in der sie aufgenommen wurden, im Diakasten aufzustellen. Doch daß Thomas Mann die vierte Dimension in dem bereits mehrfach erwähnten Essay *Okkulte Erlebnisse* als «Eigenschaft der Dinge» bezeichnet, ist mißverständlich. Nicht Dinge, sondern Ereignisse sind es, denen ihr Zeitpunkt als vierte Dimension zukommt – zusätzlich zu den dreien des Ortes: Ein Ereignis wie das Klicken eines Fotoapparats findet nicht nur an einem bestimmten Ort – sozusagen bei bestimmter Breite, Höhe und Tiefe – statt, sondern auch zu einer bestimmten Zeit. Nicht trivial an der Auffassung der Zeit als vierter Dimension ist allein, daß dasjenige, was für einen Beobachter als Strecke im Raum auftritt, einem anderen, relativ zu ihm bewegten teilweise als Dauer erscheint, und genauso umgekehrt. Diese wechselweise Umwandelbarkeit von Raum und Zeit ist nicht so umfassend wie die der drei Dimensionen des Raums; aber daß es überhaupt die Möglichkeit gibt, Raum und Zeit durch Bewegung ineinander zu transformieren, gehörte 1905 zu dem grundsätzlich Neuen von Einsteins *Spezieller* Relativitätstheorie. In seinem Vortrag «Raum und Zeit», gehalten «auf der 80. Versammlung Deutscher Naturforscher und Ärzte zu Cöln am 21. September 1908», hat der litauisch-deutsche Mathematiker und Physiker Herrmann Minkowski (1864 bis 1909), der durch seine Zusammenfassung von Raum und Zeit zu einem vierdimensionalen Raum-Zeit-Kontinuum der Speziellen Relativitätstheorie ihre mathematische Gestalt verliehen hatte, es so gesagt: «Von Stund an sollen Raum für sich und Zeit für sich völlig zu Schatten herabsinken und nur noch eine Art Union der beiden soll Selbständigkeit bewahren.»[37] Wie die scheinbare Länge eines Stabes von der Blickrichtung des Beobachters abhängt, so sowohl der zeitliche wie der räumliche Abstand zweier Ereignisse von dessen Geschwindigkeit. Es ist die Abhängigkeit der Länge von der Blickrichtung, welche die drei räumlichen Koordinaten Länge, Breite und Tiefe jede für sich «völlig zu Schatten herabsinken» läßt, so daß allein die Union der drei Selbständigkeit bewahrt. So steht es wegen der Abhängigkeit des zeitlichen und räumlichen Abstands zweier Ereignisse von der Geschwindigkeit des Beobachters auch um Raum und Zeit; allerdings in insgesamt vier statt in drei Dimensionen. Nichts hiervon bei Thomas Mann. Kein Wort zur spektakulären Abhängigkeit sogar der *Reihenfolge* von Ereignissen von der Geschwindigkeit des Beboachters. Nichts auch zum sogenannten Zwillingsparadox, das noch heute die Gemüter bewegt, obwohl an ihm nichts paradox ist.

Was es mit der Zeit physikalisch auf sich hat [38], haben wohl zuerst die beiden großen wissenschaftlichen Gegenspieler Isaac Newton (1642 bis 1727) und Gottfried Wilhelm Leibniz (1646 bis 1716) zu ergründen versucht. Newton, der in England wirkte und auf den die heutige Physik methodisch zurückgeht – er hat als erster zwischen den Naturgesetzen und den Anfangsbedingungen physikalischer Prozesse klar unterschieden –, hat in seinem Hauptwerk *Die mathematischen Prinzipien der Physik* [39] die Zeit und ihr Fortschreiten so charakterisiert: «Die absolute, wahre und mathematische Zeit, an sich und ihrer Natur nach ohne Beziehung zu irgend etwas Äußerem, fließt gleichmäßig dahin und wird auch als Dauer bezeichnet. Eine relative, scheinbare und allgemein übliche Zeit ist irgendein durch eine Bewegung feststellbares äußeres Maß (gleichgültig ob ein genaues oder ungleichmäßiges) für die Dauer, welches die gewöhnlichen Leute an Stelle der wahren Zeit benutzen, wie zum Beispiel eine Stunde, ein Tag, ein Monat und ein Jahr.» Uhren lesen – anders gesagt – die Zeit nur ab, definieren sie nicht.

Aus den Fragen, die Hans Castorp sich stellt, können wir sowohl diese Auffassung der Zeit herauslesen als auch jene, daß die Zeit keine selbständige Realität besitze, sondern «die Ordnung der Körper [sei] hinsichtlich ihrer aufeinander folgenden Lagen». So der deutsche Mathematiker und Philosoph Leibniz. [40] Er fährt fort: «Gäbe es keine erschaffenen Dinge, so würden Raum und Zeit nur in Gottes Gedanken existieren.» Noch einmal, in demselben

Zusammenhang: «daß der Raum, ebenso wie auch die Zeit, nur eine Ordnung der Dinge ist und keineswegs ein absolutes Seiendes». Die Zeit ist, so Leibniz, ein «Gedankending».

Erst Einstein sollte der Meßbarkeit der Zeit durch «gewöhnliche Leute» zu der zentralen Rolle verhelfen, die ihr gebührt: Ohne Bewegung bzw. Veränderung wäre die Zeit auch für Einstein nichts als ein metaphysischer Begriff ohne beobachtbares Korrelat; physikalisch gesehen gäbe es sie nicht. Radikaler noch der österreichische Philosoph und Physiker Ernst Mach (1838 bis 1916)[41]: Nach Auskunft seiner «Mechanik» ist «Zeit» ein «müßiger metaphysischer Begriff», der zu der Relation, in der verschiedene «Uhren» zueinander stehen können, nichts hinzufügt.

Anders als seine Metaphysik kennt auch Newtons Physik keine verfließende Zeit. Insbesondere zeichnen seine Naturgesetze nicht die eine «Richtung der Zeit» vor der anderen aus. Laut seiner Physik liegen die Ereignisse einfach da – bilden ein Geflecht wie Heu in einem Heuhaufen. Aber dieser Haufen ist vier-, nicht nur dreidimensional; wer den Ereignissen, den Kreuzungspunkten von Halmen, Zahlen zuordnen will, braucht vier Zahlen pro Kreuzungspunkt. Hermann Weyl[42] hat dies Daliegen der Ereignisse so ausgesprochen: «Die objektive Welt ist schlechthin, sie geschieht nicht.» Auch nach Auskunft von Einsteins Relativitätstheorien bilden die Ereignisse – unter ihnen das Ticken von Uhren – für alle Beobachter dieselbe Mannigfaltigkeit; nur die Raum- und Zeit-Etiketten, mit denen verschiedene Beobachter dieselben Ereignisse versehen, können verschieden sein. Ein «Vergehen» der Zeit kennt weder die Physik Newtons noch die Einsteins; was auch immer *über* ihre Physik gedacht werden mag. Das Vergehen der Zeit ist laut Einstein eine «hartnäckige Illusion». Oder ausführlicher: «Jeder Beobachter entdeckt in dem Maße, wie seine Eigenzeit abläuft, gleichsam neue Ausschnitte der Raum-Zeit, die ihm als die sukzessiven Aspekte der materiellen Welt erscheinen, obwohl in

Wirklichkeit die Gesamtheit der Vorgänge, die die Raum-Zeit konstituieren, dieser Erkenntnis vorangeht.»[43]

Wir wollen es hierbei belassen. Dauer ist der eine tiefe Aspekt der Zeit, Richtung der andere. Eine Antwort auf Hans Castorps Frage, ob «im Ewigen ein Nacheinander möglich sei», finden wir bei dem deutschen Liederdichter und Epigrammatiker Angelus Silesius (1624 bis 1677):

> Dort in der Ewigkeit
> geschiehet alls zugleich,
> Es ist kein Vor noch Nach
> wie hier im Zeitenreich.

«Zeit», so ein Grafitto 1976 in einer Herrentoilette in Austin, Texas, das der bereits erwähnte amerikanische theoretische Physiker John Archibald Wheeler (geb. 1911) anzuführen liebt, «ist das Mittel, durch das die Natur verhindert, daß alles zugleich geschieht.»[44]

Kupidität und die Quadratur des Kreises

Hofrat Behrens, der Chefarzt des *Zauberbergs* predigt die «klaräugige Göttin», die Mathematik:

> «Die Beschäftigung mit der Mathematik, sage ich, ist das beste Mittel gegen die Kupidität. Staatsanwalt Paravant, der stark angefochten war, hat sich draufgeworfen, er hat es jetzt mit der Quadratur des Kreises und spürt große Erleichterung.» [...] So stand es mit ihm. Er zirkelte und rechnete, wo er ging und stand, bedeckte Unmassen von Papier mit Figuren, Buchstaben, Zahlen, algebraischen Symbolen [...]. Sein Gespräch betraf ausschließlich und mit furchtbarer Eintönigkeit die

Verhältniszahl pi, diesen verzweifelten Bruch, den das niedrige Genie eines Kopfrechners namens Zacharias Dase eines Tages bis auf zweihundert Dezimalstellen berechnet hatte – und zwar rein luxuriöserweise, da auch mit zweitausend Stellen die Annäherungsmöglichkeiten an das Unerreichbar-Genaue so wenig erschöpft gewesen wären, daß man sie für unvermindert hätte erklären können. [...] Wie, man sollte die Kreislinie nicht rektifizieren, und also auch nicht jede Gerade zum Kreise biegen können? [...] Man sah ihn öfters [...] an seinem Tische sitzen, auf dessen entblößter Platte er ein Stück Bindfaden sorgfältig in Kreisform legte, um es plötzlich, mit überrumpelnder Gebärde zur Geraden zu strecken [...]. Der Hofrat veranschaulichte dem jungen Mann die Verzweiflung pi, indem er [...] eine haarscharfe Zeichnung vorwies, worin eine Kreislinie zwischen zwei Polygonen mit winzigzahllosen Seiten, einem eingeschriebenen und einem umbeschriebenen, bis zur letztmenschenmöglichen Annäherung eingefangen war. Der Rest aber, die Krümmung, [...] – das, sagte der Staatsanwalt [...], sei pi! Hans Castorp [...] sprach von den ausdehnungslosen Wendepunkten, aus denen der Kreis von seinem nicht vorhandenen Anfang bis zu seinem nicht vorhandenen Ende bestehe [...].[45]

> Obwohl Verhältniszahl von Umfang und Durchmesser eines Kreises, ist pi kein Bruch. Brüche sind Verhältnisse ganzer Zahlen. Das ist pi nicht.

> An Wendepunkten wechselt die Krümmung einer Kurve ihr Vorzeichen. Ein Kreis besitzt keinen Wendepunkt, da seine Krümmung überall dieselbe ist.

Die «Quadratur des Kreises», der sich Staatsanwalt Paravant wie zahllose Mathematikamateure vor und nach ihm verschrieben hat, besteht darin, in *endlich vielen Schritten und nur mit Zirkel und Lineal* aus einem Kreis ein Quadrat mit demselben Flächeninhalt zu konstruieren.[46] Dazu äquivalent ist das Problem, den Kreis geradezubiegen, soll heißen, wiederum in endlich vielen Schritten und nur mit Zirkel und Lineal bewaffnet eine Gerade zu konstruieren, die genauso lang wie der Kreis ist. Das Perfide an dieser

Formulierung ist, wie der Staatsanwalt weiß, daß ein Stück Bindfaden in Kreisform ohne weiteres gerade gebogen werden kann.

Nicht die Physik verhindert also die Rektifizierung des Kreises, sondern die Forderung, das Ziel in endlich vielen Schritten nur mit Zirkel und Lineal zu erreichen. Übrigens ist es möglich, die Fläche eines Kreises in endlich viele Stücke so zu zerschneiden, daß diese zusammengesetzt ohne Überlappung und ohne Lücke ein Quadrat, selbstverständlich mit der Fläche des Kreises, ergeben. Der Preis, der hierbei zu zahlen ist, ist der, daß diese Stücke bizarre fraktale Formen besitzen müssen und daher nicht in endlich vielen Schritten konstruiert werden können.

Die Methode, durch die der Staatsanwalt die Rektifizierung des Kreises angeht, ist uralt. Ersonnen hat sie der große griechische Naturforscher und Philosoph Archimedes (etwa 287 bis 212 vor Christus), und sie besteht darin, den Kreis in regelmäßige Vielecke mit mehr und mehr Ecken und Seiten einzukasteln. Die Kreiszahl pi ist definiert als das Verhältnis des Umfangs eines Kreises zu seinem Durchmesser – ein Verhältnis, das für alle Durchmesser dasselbe ist. Folglich sind Quadratur und Rektifizierung des Kreises zu dem Problem äquivalent, durch geometrische Methoden pi zu bestimmen. Bereits Archimedes hat durch seine Einschachtelungsmethode bewiesen, daß der numerische Wert von pi zwischen $3 + 10/71 = 3{,}14085 \ldots$ und $3 + 10/70 = 3 + 1/7 = 22/7 = 3{,}14286$ liegt. Tatsächlich ist der Wert von pi bis zur fünften Dezimale $3{,}14159$.

«Rational» heißt eine Zahl, die als Verhältnis zweier ganzer Zahlen geschrieben werden kann. Daß pi sich nicht so schreiben läßt, also «irrational» ist, hat 1766 der Mathematiker J.H. Lambert (1728 bis 1777) bewiesen. Das aber bedeutet noch nicht, daß die Konstruktion einer Strecke der Länge pi in endlich vielen Schritten mit Zirkel und Lineal aus einer Strecke der Länge 1 unmöglich ist. Auch die Wurzel aus 2 ist, wie bereits die Pythagoräer wußten, irrational, und doch kann eine Strecke mit ihr als Länge aus der

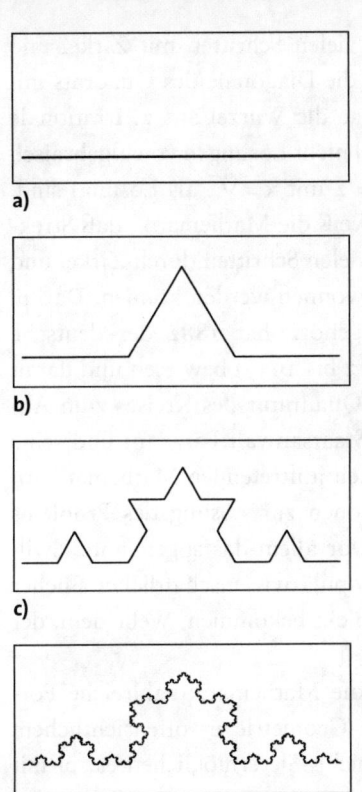

a)

b)

c)

d)

Abb. 25 Die Kochkurve ist das bekannteste Fraktal. Durch Vergrößern eines Ausschnitts kann die ganze Kurve gewonnen werden. Und ihre Konstruktionsvorschrift ist ebenfalls einfach: Man beginne mit einer beliebigen Strecke a) und unterteile sie in drei gleich lange Strecken. Auf der mittleren errichte man ein gleichseitiges Dreieck; dessen untere Seite hat ihren Dienst getan und wird ausradiert b). Als nächsten Konstruktionsschritt wende man dieselbe Prozedur auf die vier Strecken dieser Abbildung an; das Resultat ist c). Und so weiter. Aus Vergnügen an dem so entstehenden Gebilde wurde in d) die Konstruktion um drei Schritte weitergetrieben. Die Kochkurve selbst ist das monströse Gebilde, das durch unendlich viele Konstruktionsschritte entsteht. Es zu konstruieren, würde zwar unendlich lange dauern, aber in endlicher Zeit kann man ihm beliebig nahekommen.

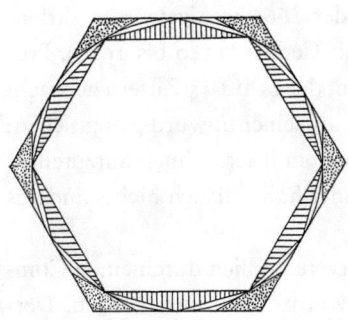

Abb. 26 Durch Einkastelung eines Kreises in gleichseitige Vielecke können die ersten Dezimalen der Kreiszahl pi geometrisch bestimmt werden. Computerrechnungen zur Bestimmung von Abermilliarden Dezimalen von pi benutzten Formeln, die dieser Methode angepaßt sind.

Einheitsstrecke leicht in endlich vielen Schritten mit Zirkel und Lineal konstruiert werden. Denn die Diagonale des Quadrats mit der Seitenlänge 1 besitzt als Länge die Wurzel aus 2. Irrationale Zahlen, die anders als eine Wurzel nicht Lösungen von algebraisch genannten Gleichungen (wie $x^2 = 2$ mit $x = \sqrt{2}$ als Lösung) sind, heißen transzendent. Von ihnen weiß die Mathematik, daß Strecken ihrer Länge *nicht* in endlich vielen Schritten durch Zirkel und Lineal aus der Einheitsstrecke gewonnen werden können. Daß pi zu den transzendenten Zahlen gehört, hat 1882 der deutsche Mathematiker F. Lindemann (1852 bis 1939) bewiesen und damit objektiv das uralte Problem der Quadratur des Kreises zum Abschluß gebracht. Nicht aber für Staatsanwalt Paravant und seine Mitstreiter, die in der Öffentlichkeit auftretenden Mathematikern immer wieder eigene Konstruktionen zur Lösung des Problems zuschicken. In der Physik ist es vor allem das sogenannte Zwillingsparadox, zu dem Autoren populärwissenschaftlicher Bücher Berge von Widerlegungen zugeschickt bekommen. Wehe dem, der antwortet!

Für den Wert von pi kennt die Mathematik zahlreiche Formeln, von denen einige mit der Geometrie in offensichtlichem Zusammenhang stehen, andere nicht. Sie ermöglichen es, pi mit jeder angestrebten Genauigkeit zu berechnen. Es tatsächlich zu tun kommt einer Besessenheit gleich, die nicht nur von dem «niedrigen Genie des Kopfrechners Zacharias Dase» Besitz ergriffen hatte, sondern auch von Isaac Newton, der 1666 wenigstens 15 Ziffern von pi berechnet hat – nach Ludolf Ceulen (1540 bis 1610), Professor der Kriegsbaukunst in Leiden, der es auf 35 Ziffern gebracht hatte. Newton hat diese Rechnerei als seiner unwürdig angesehen: «Ich bin beschämt», schreibt er in einem Brief, «Ihnen mitzuteilen, wie viele Ziffern von pi ich berechnet habe, als ich nichts anderes zu tun hatte.» [47]

Im Dezember 2002 sind, selbstverständlich durch einen Computer, mehr als eine 10^{12} Ziffern von pi berechnet worden. Derartige Rechnungen sind sehr aufwendig und werden hauptsächlich durchgeführt, um Computerchips zu testen. Ernsthafte mathematische Forschungen gehen der Frage nach, ob pi nach Auskunft der Tests von Zufallszahlen eine Zufallszahl – eine, wie gesagt wird, «normale» Zahl – ist. Und zwar das ganze pi, nicht nur eine Näherung. Eine Zahl heißt normal, wenn erstens jede einzelne Ziffer mit derselben relativen Häufigkeit auftritt: die 0, 1, 2 bis zur 9 je mit der Häufigkeit 10 Prozent. Zweitens muß dasselbe für alle Zahlenkombinationen gelten; die 23 und 45 müssen gleich häufig auftreten, die 007 und die 700 auch, und so weiter. Die Mathematik weiß, daß in einem wohlbestimmten Sinn nahezu alle Zahlen normal sind; ob aber pi zu ihnen dazugehört, weiß sie nicht. Die Frage, inwiefern berechenbare Zahlenfolgen wie die von pi zu Zufallszahlen äquivalent sind, haben wir auf S. 61 diskutiert. Fortschritte erhofft sich die Mathematik von einem Computerprogramm, das selbst einen großen Fortschritt darstellt: Es kann jede beliebige Ziffer von pi berechnen, ohne dazu irgendeine der vorausgehenden Ziffern verwenden zu müssen. Durch dieses Programm konnte die 10^{15}te Ziffer von pi berechnet werden – wozu auch immer das gut sein mag.

Kapitel 3

«Er war sich seiner bewußt, [...]
aber er wußte nicht, was es sei» –

Erforschungen des Lebens [1]

Es ist das fünfte Kapitel des *Zauberbergs* und darin der siebente (!) Abschnitt, in dem Thomas Mann seinen Helden Hans Castorp in das Abenteuer der Lektüre wissenschaftlicher Werke stürzt, die von den zeitgenössischen Erforschungen des Lebens handeln.[2] Der Dichter schildert zunächst, wie Castorp im Sanatorium das Interesse an den schiffsbautechnischen Dingen und dem mitgebrachten Werk über *Ocean steamships* verloren hat. Seinem neuen Interesse nachgebend, hat Castorp beim Buchhändler des Dorfs Werke «der Anatomie, Physiologie und Lebenskunde, abgefaßt in verschiedenen Sprachen» bestellt und liest in ihnen nun auf seiner Loggia, was es mit der «zum Leben geordneten Materie» auf sich hat und ob das «Trachten des Lebens nach Selbsterkenntnis» mit Hilfe der biologischen Wissenschaft nicht «vergeblich am Ende» bleibt, oder ob es wenigstens in einigen Punkten gelingen kann.

Das Rätsel des Ursprungs

Was war das Leben? Man wußte es nicht. Es war sich seiner bewußt, unzweifelhaft, sobald es Leben war, aber es wußte nicht, was es sei. Bewußtsein als Reizempfindlichkeit, unzweifelhaft, erwachte bis zu einem gewissen Grade schon auf den niedrigsten, ungebildetsten Stufen seines Vorkommens, es war unmöglich, das erste Auftreten bewußter Vorgänge an irgendeinen Punkt seiner allgemeinen oder individuellen Geschichte zu binden, Bewußtsein etwa durch das Vorhandensein eines Nervensystems zu bedingen. Die niedersten Tierformen hatten kein Nervensystem, geschweige daß sie ein Großhirn gehabt hätten, doch wagte es niemand, ihnen die Fähigkeit der Empfindung von Reizen abzusprechen. Auch konnte man das Leben betäuben, dieses selbst, nicht nur besondere Organe der Reizempfänglichkeit, die es etwa ausbildete, nicht nur die Nerven. Man konnte die Reizbarkeit jedes mit Leben begabten Stoffes im Pflanzen- wie im Tierreich vorübergehend aufheben, konnte Eier und Samenfäden mit Chloroform, Chloralhydrat oder Morphium narkotisieren. Bewußtsein seiner selbst war also schlechthin eine Funktion der zum Leben geordneten Materie, und bei höherer Verstärkung wandte die Funktion sich gegen ihren eigenen Träger, ward zum Trachten nach Ergründung und Erklärung des Phänomens, das sie zeitigte, einem hoffnungsvoll-hoffnungslosen Trachten des Lebens nach Selbsterkenntnis, einem Sich-in-sich-Wühlen der Natur, vergeblich am Ende, da Natur in Erkenntnis nicht aufgehen, Leben im Letzten sich nicht belauschen kann.

Das Bewußtsein ist ein später Aspekt des Lebens, später als die Reizempfindlichkeit, und interessiert Thomas Mann vor allem als Resultat der dritten hauptsächlichen Urzeugungen, der des menschlich-geistigen aus geistlosem Leben. Was, so fragt er immer wieder, ist bei den Urzeugungen, die er unterstellt, jeweils hinzugekommen? Denn daß sich Großartig-Künftiges aus bescheidenen Anfängen ohne äußere Zutat entwickelt haben könnte, will er nicht wahrhaben, wobei gerade dieser Gedanke in aller Schärfe durch den im Jahr 2003 so gefeierten Biologen Francis Crick vertreten wird. Crick, der vor fünfzig Jahren zusammen mit James Watson die Struktur des Erbmaterials, die DNA, entdeckte, meint heute, das Bewußtsein so erklären zu können wie früher die Vererbung, nämlich durch eine molekulare oder zelluläre Formation. Crick ruft uns zu, dass wir nur ein Haufen Neurone sind, merkt aber zusätzlich seine Hoffnung an, daß niemand auf die Idee kommt, diesen Gedanken als Theorie von Crick zu bezeichnen. Der Hauptgrund für Cricks Überzeugung und die vieler Kollegen besteht in der Entdeckung von Nervenzellen, die koordiniert und rhythmisch aktiv sein können («feuern»). Wir können auf diese offene Diskussion nur hinweisen, möchten dasselbe aber auch mit dem Wort «Reiz» tun, das Thomas Mann bevorzugt benutzt. In der Wissenschaft hat der «Reiz» lange Zeit dazu geführt, daß man Organismen als black box verstanden hat, in der eine Reiz-Reaktions-Umwandlung stattfindet. Wenigstens davon haben sich die meisten Neurobiologen befreit, und es ist auch zu vermuten, daß Cricks Bewußtsein nicht lange überlebt.

Nun zum Leben selbst; wie ist es aus dem entstanden, was bereits organisch, aber noch kein Leben war?

Was war das Leben? Niemand wußte es. Niemand kannte den natürlichen Punkt, an dem es entsprang und sich entzündete. Nichts war unvermittelt oder nur schlecht vermittelt im Bereiche des Lebens von jenem Punkte an; aber das Leben selbst erschien unvermittelt. Wenn sich etwas darüber aussagen ließ, so war es dies: es müsse von so hoch entwickelter Bauart sein, daß in der unbelebten Welt auch nicht entfernt seinesgleichen vorkomme. Zwischen der scheinfüßigen Amöbe und dem Wirbeltier war der Abstand geringfügig, unwesentlich, im Vergleiche mit dem zwischen der einfachsten Erscheinung des Lebens und jener Natur, die nicht einmal verdiente, tot genannt zu werden, weil sie unorganisch war. Denn der Tod war nur die logische Verneinung des Lebens; zwischen Leben und unbelebter Natur aber klaffte ein Abgrund, den die Forschung vergebens zu überbrücken strebte. Man mühte sich, ihn mit Theorien zu schließen, die er verschlang, ohne an Tiefe und Breite im geringsten dadurch einzubüßen. Man hatte sich, um ein Bindeglied zu finden, zu dem Widersinn der Annahme strukturloser Lebensmaterie, unorganisierter Organismen herbeigelassen, die in der Eiweißlösung von selbst zusammenschössen wie der Kristall in der Mutterlauge – während doch organische Differenziertheit zugleich Vorbedingung und Äußerung alles Lebens blieb, und während kein Lebewesen aufzuweisen war, das nicht einer Elternzeugung sein Dasein verdankt hätte. Das Ende des Jubels, mit dem man den Urschleim aus den äußersten Tiefen des Meeres gefischt hatte, war Beschämung gewesen. Es zeigte sich, daß man Gipsniederschläge für Protoplasma gehalten. Um aber nicht vor einem Wunder haltmachen zu müssen – denn das Leben, das aus denselben Stoffen sich aufbaute und in dieselben Stoffe zerfiel wie die unorganische Natur, wäre, unvermittelt, ein Wunder gewesen –, war man trotzdem genötigt, an Urzeugung, das hieß an die Entstehung des Organischen aus dem Unorganischen, zu glauben, die übrigens ebenfalls ein Wunder war. So fuhr man fort, Zwischenstufen und Übergänge zu ersinnen, das Dasein von Organismen anzunehmen, die niedriger standen als alle bekannten, ihrerseits aber noch ursprünglichere Lebensversuche der Natur zu Vorläufern hatten, Probien, die niemand je sehen würde, da sie sich unter aller mikroskopischen Größe hielten, und vor deren gedachter Entstehung die Synthese von Eiweißverbindungen sich vollzogen haben mußte. [...]

Dem jungen Hans Castorp, der über dem glitzernden Tal in seiner von Pelz und Wolle gesparten Körperwärme ruhte, zeigte sich in der vom Scheine des toten Gestirnes erhellten Frostnacht das Bild des Lebens. [...] Unter dem Antriebe eines Zentral-

Organs und im Rückenmark entspringender motorischer Nerven regten sich Bauch und Brustkorb, die Pleuroperitonealhöhle blähte sich und zog sich zusammen, der Atemhauch, erwärmt und befeuchtet von den Schleimhäuten des Atmungskanals, mit Ausscheidungsstoffen gesättigt, strömte zwischen den Lippen aus, nachdem er in den Luftzellen der Lunge seinen Sauerstoff an das Hämoglobin des Blutes zur inneren Atmung gebunden. Denn Hans Castorp verstand, daß [...] dieses Ich eine Lebenseinheit von hoher Ordnung war, bei weitem nicht mehr von der Art jener einfachsten Wesen, die mit ihrer ganzen Körperoberfläche atmeten, sich ernährten und sogar dachten, sondern aufgebaut aus Myriaden solcher Kleinorganisationen, die von einer einzigen her ihren Ursprung genommen, sich durch immer wiederkehrende Teilung vervielfältigt, sich zu verschiedenen Dienststellungen und Verbänden geordnet, gesondert, eigens ausgebildet und Formen hervorgetrieben hatten, die Bedingung und Wirkung ihres Wachstums waren.

Der Leib, der ihm vorschwebte, dies Einzelwesen und Lebens-Ich war also eine ungeheure Vielheit atmender und sich ernährender Individuen, welche, durch organische Einordnung und Sonderzweckgestaltung, des ichhaften Seins, der Freiheit und Lebensunmittelbarkeit in so hohem Grade verlustig gegangen, so sehr zu anatomischen Elementen geworden waren, daß die Verrichtung einiger sich einzig auf Reizempfindlichkeit gegen Licht, Schall, Berührung, Wärme beschränkte, andere es nur noch verstanden, ihre Form durch Zusammenziehung zu verändern oder Verdauungssekrete zu erzeugen, wieder andere zum Schutz, zur Stütze, zur Beförderung der Säfte oder zur Fortpflanzung einseitig ausgebildet und tüchtig waren. [...] Der Studierende grübelte über der Erscheinung der Zellkolonien, er vernahm von Halborganismen, Algen, deren einzelne Zellen, nur in einen Mantel von Gallerte eingehüllt, oft weit voneinander lagen, mehrzellige Bildungen immerhin, die aber, zur Rede gestellt, nicht zu sagen gewußt hätten, ob sie als Siedelung einzelliger Individuen oder als Einheitswesen gewürdigt werden wollten und in ihrer Selbstaussage zwischen dem Ich und dem Wir wunderlich geschwankt haben würden.

Hier wies die Natur einen Mittelstand auf zwischen der hochsozialen Vereinigung zahlloser Elementarindividuen zu Geweben und Organen einer übergeordneten Ichheit – und der freien Einzelexistenz dieser Einfachheiten: der vielzellige Organismus war nur eine Erscheinungsform des zyklischen Prozesses, in dem das Leben sich abspielte, und der ein Kreislauf von Zeugung zu Zeugung war. Der Befruchtungsakt, das geschlechtliche Verschmelzen zweier Zellenleiber, stand am Anfange des Aufbaues jedes pluralischen Individuums, wie er am Anfange jeder Generationenreihe einzeln lebender Elementargeschöpfe stand und zu sich selbst zurückführte. Denn dieser Akt war nachhaltig durch viele Geschlechter, die seiner nicht bedurften, um sich in immer wiederholter Teilung zu vermehren, bis ein Augenblick kam, wo die ungeschlechtlich entstandenen Nachkommen zur Erneuerung des Kopulationsgeschäftes sich wieder angehalten fanden, und der Kreis sich schloß. So war der vielfache Lebensstaat, entsprungen aus der Kernverschmelzung zweier elterlicher Zellen, das Zusammenleben vieler ungeschlechtlich entstandener Generationen von Zellindividuen; sein Wachstum war ihre Vermehrung, und der Zeugungskreis schloß

Die Biologie unterscheidet heute mit dem Begriff der Keimbahn die Zellen, die sich zu einer befruchteten Eizelle zusammenfinden können, von den Körperzellen, die sich in den Geweben finden und das Soma bilden. Zu den großen Rätseln der biologischen Wissenschaft gehört die Frage, wie es das Leben fertiggebracht hat, aus der ursprünglich ungeschlechtlichen (vegetativen) Vermehrung durch Zellteilung die geschlechtliche Vermehrung zu entwickeln. Der Vorteil der sexuellen Variante steckt in der Vielzahl der genetischen Kombinationen, die nun möglich werden und die Chancen des jeweils neu entstandenen Lebens erhöhen, in einer sich ständig wandelnden Umwelt überleben zu können. Übrigens haben die einzelligen Bakterien auch einen Mechanismus entwickelt, genetisches Material auszutauschen, wie man nach dem Zweiten Weltkrieg erkannt hat. So gesehen ist die Sexualität universeller, als es auf den ersten Blick scheint.

sich, wenn Geschlechtszellen, zum Sonderzwecke der Fortpflanzung ausgebildete Elemente, sich in ihm hergestellt hatten und den Weg zu einer das Leben neu antreibenden Vermischung fanden. [...]

Bei alldem blieben die Leistungen des Protoplasmas ganz unerklärlich, dem Leben schien es verwehrt, sich selbst zu begreifen. Die Mehrzahl der biochemischen Vorgänge war nicht nur unbekannt, sondern es lag in ihrer Natur, sich der Einsicht zu entziehen. Man wußte von dem Aufbau, der Zusammensetzung der Lebenseinheit, die man die «Zelle» nannte, fast nichts. Was half es, die Bestandteile des toten Muskels aufzuweisen? Der lebende ließ sich chemisch nicht untersuchen; schon jene Veränderungen, die die Totenstarre hervorrief, genügten, um alles Experimentieren nichtssagend zu machen. Niemand verstand den Stoffwechsel, niemand das Wesen der Nervenfunktion. [...] Was enthob beim Einschlafen die Großhirnrinde ihrer Tätigkeit? Was hinderte die Selbstverdauung des Magens, die sich bei Leichen in der Tat zuweilen ereignete? Man antwortete: das Leben; eine besondere Widerstandskraft des lebenden Protoplasmas – und tat, als bemerke man nicht, daß das eine mystische Erklärung war. Die Theorie einer so alltäglichen Erscheinung wie des Fiebers, war widerspruchsvoll. Der gesteigerte Stoffumsatz hatte erhöhte Wärmeproduktion zur Folge. Aber warum steigert sich nicht, wie sonst, kompensatorisch die Wärmeausgabe? Beruhte die Lähmung der Schweißsekretion auf Kontraktions-

Möglicherweise hat es einmal sich vegetativ vermehrende Einzeller gegeben, denen es gelungen ist, in Zeiten von Nahrungsmangel zu überleben, indem sie sich zusammengetan und einen Haufen gebildet haben, aus dem dann ein erster vielzelliger Organismus entstanden ist. Aber dazu fehlt bislang ein überzeugender Beweis – genau wie zu Thomas Manns Zeiten. Die Zahl der Theorien ist aber auf jeden Fall größer geworden.

Fieber wird heute als sinnvoller Abwehrmechanismus gegen Infektionskrankheiten verstanden, was auch bedeutet, daß fiebersenkende Medikamente die Infektion verlängern, also gerade das erreichen, was man nicht möchte. Zwar ist das Fieber unangenehm für den Patienten, aber die erhöhte Temperatur bringt die Abwehrmechanismen des Körpers in Aktion, und diesen Weg verfolgt

die Natur selbst bei Kaltblütern, wie inzwischen bekannt ist. Es gibt gefährliche Krankheiten, die zu Fieber führen (etwa Malaria oder neuerdings SARS), und solche, bei denen dies nicht passiert (Syphilis zum Beispiel). Der Nobelpreis für Medizin des Jahres 1927 ist an den Arzt Julius Wagner-Jauregg vergeben worden, nachdem er entdeckt hatte, daß Infektionen, die Fieber im Körper nach sich ziehen, auch den Widerstand gegen jene Krankheiten erhöhen, die sich ohne Erhöhung der Körpertemperatur bei uns einnisten können.

Bei der Unterstellung der Vererbung *erworbener* Eigenschaften folgt Mann seiner Quelle Oscar Hertwig [75], die in diesem Punkt überholt ist – es sei denn, man versteht sie in Abwandlung eines Spruches des Physiknobelpreisträgers von 1979 Steven Weinberg so, daß «die richtigen Ideen auf die falschen Objekte» angewendet wurden – hier auf den Phänotyp statt auf die Gene (DNA), die ihre erworbenen Eigenschaften tatsächlich vererben.

zuständen der Haut? Aber nur bei Fieberfrost waren solche nachweisbar, denn sonst war die Haut vielmehr heiß. Der «Wärmestich» kennzeichnete das Zentralnervensystem als Sitz der Ursachen für den erhöhten Umsatz wie für eine Hautbeschaffenheit, die man abnorm zu nennen sich begnügte, da man sie nicht zu bestimmen wußte.

Aber was bedeutete all dieses Unwissen im Vergleich mit der Ratlosigkeit, in der man vor Erscheinungen wie der des Gedächtnisses oder jenes weiteren und erstaunlicheren Gedächtnisses stand, das die Vererbung erworbener Eigenschaften hieß? Die Unmöglichkeit, auch nur die Ahnung einer mechanischen Erklärbarkeit solcher Leistungen der Zellsubstanz zu fassen, war vollkommen. […] Das waren Organisationsverhältnisse, die zu der Annahme zwangen, daß es sich mit der Zelle nicht anders verhielt als mit dem höheren Leib, den sie aufbaute; daß also auch sie schon ein übergeordneter Organismus war, der seinerseits und wiederum sich aus lebenden Teilungskörpern, individuellen Lebenseinheiten zusammensetzte. Man schritt also vom angeblich Kleinsten zum abermals Kleineren vor, man löste notgedrungen das Elementare in Unterelemente auf. Kein Zweifel, wie das Tierreich aus verschiedenen Spezies von Tieren, wie der tierisch-menschliche Organismus aus einem ganzen Tierreich von Zellspezies, so bestand derjenige der Zelle aus einem neuen und vielfältigen

Tierreich elementarer Lebenseinheiten, deren Größe tief unter der Grenze des mikroskopisch Sichtbaren lag, die selbsttätig wuchsen, selbsttätig, nach dem Gesetz, daß jede nur ihresgleichen hervorbringen konnte, sich vermehrten und nach dem Grundsatz der Arbeitsteilung gemeinsam der nächsthöheren Lebensordnung dienten.[3]

Eine Menge Stoff, die der Dichter seinem Leser in Davos und seinen Lesern anderswo zumutet, und es ist nachvollziehbar, daß das zuletzt von Hans Castorp gelesene Buch schließlich auf seinem Magen liegt, hier kräftig drückt und sein Atmen erschwert. Das Hauptwerk, welches wir an dieser empfindlichen Stelle des jungen Helden vermuten, ist bekannt: Thomas Mann hat zur Zeit des *Zauberbergs* vor allem einen gewichtigen Band genau gelesen, und zwar die *Allgemeine Biologie* des Anatomen und Biologen Oscar Hertwig (1849 bis 1922)[4], dem als einem der ersten Entwicklungsbiologen aufgefallen war, was heute in jedem Schulbuch steht, daß nämlich die Vererbungsvorgänge wesentlich im Kern einer Zelle stattfinden und von dort gesteuert werden. Sein «schweres Buch» wird Thomas Mann am 14. Juli 1920 zugestellt, wie sich seinem Tagebuch entnehmen läßt, wo es am 8. August weiter heißt: «Lese die Allgem. Biologie von Hertwig.» Wenn man unterstellt, daß Thomas Mann das ganze Buch mit seinen rund 1000 Seiten durchgearbeitet hat, kann man nur den dazugehörigen Lesefleiß bewundern, denn am 15. August schreibt er: «Heute Morgen die Biologie fertig excerpiert.» Damit kann er die Arbeit des Schreibens aufnehmen: «Es gilt nun die biologische Phantasie in der Frostnacht», wie es am 4. September heißt, bevor er am 30. September 1920 einträgt: «beendete gestern das biologische Kapitel». Er braucht also weniger als einen Monat für die oben zitierten umfangreichen «Forschungen», wobei diese kurze Zeitspanne sicher auch damit zu tun hat, daß sich Thomas Mann nicht beeindruckt zeigt von dem, was die Wissenschaft bietet. Im Gegenteil, ihm fällt «immer wieder die Ratlosigkeit der Wissenschaft über den eigentlichen Lebensprozeß ins Auge: Man weiß nicht einmal, warum der Magen sich nicht selbst verdaut», wie es am 1. August im Tagebuch heißt.[5] Dieses Thema findet Eingang in den Roman, und der Dichter macht bei dieser Gelegenheit seinem Unmut über hilflose («mystische») Erklärungen Luft. Auch viele andere «Redewendungen» der Biologie kommen ihm – laut Tagebuch – «bei dem Rätsel des Lebens armselig» vor.

Diese privat notierte Unzufriedenheit ist dem Roman durchgängig anzumerken, etwa wenn Thomas Mann den Wechsel vom Jubel zur Beschämung beschreibt, die er beim sich wissenschaftlich gebenden Erkunden irgendeines Urschleims beobachtet, oder wenn er die Theorien über den Ursprung des Lebens von einem Abgrund verschlingen läßt.

Damit ist das eigentliche Thema der «Forschungen» genannt, die Frage, wie das Leben erschienen ist. Darum soll es auf den folgenden Seiten gehen. Was wußte man vom Anfang des Lebens, als Thomas Mann am *Zauberberg* schrieb? Der große Fortschritt des 19. Jahrhunderts bei diesem Thema ging auf den Franzosen Louis Pasteur zurück, dessen Name durch die von ihm erfundene «Pasteurisierung» in die Alltagssprache eingegangen ist. Pasteur hatte erkannt, daß etwa in der Milch nicht spontan Leben neu entsteht, sondern daß es in ihr von Mikroorganismen wimmelt, die für das Auge unsichtbar sind. Wenn man diese «Keime», wie es früher hieß, abtötet, hält sich die Milch länger. Pasteur war ebenso begabt als Chemiker wie als Biologe, eine wichtige Voraussetzung, um die Theorie der spontanen Erzeugung von Leben ins Wanken zu bringen, die in den Jahrhunderten zuvor weit verbreitet gewesen war.

Wie gut war ihm dies gelungen? Wie die Geschichtsbücher berichten, konnte Pasteur die meisten Zeitgenossen für sich gewinnen. Dennoch versuchten bis weit in das 20. Jahrhundert einige Wissenschaftler trotz gegenteiliger öffentlicher Bekenntnisse weiter nachzuweisen, daß Leben allein aus seinen Bestandteilen hervorgehen könne. Einzelne Biochemiker, Vertreter jener neu begründeten Disziplin, die die beiden Talente Pasteurs verband, waren der Ansicht, die Lösung sei nur eine Frage der geeigneten experimentellen Vorgaben und Konditionen. Selbst eines der kreativsten Mitglieder dieser wissenschaftlichen Zunft, der mit dem Nobelpreis für Chemie ausgezeichnete Otto Warburg, bewahrte jahrelang auf seinem Regal in der Berliner Universität eine geheimnisvolle verschlossene Flasche auf, die jedem Besucher auffiel. Wenn einer von ihnen den Mut hatte, nach ihrer besonderen Funktion zu fragen, erklärte Warburg leicht verschämt, er versuche hierin, neues Leben aufkommen zu lassen und dessen Ursprung zu verstehen. Tatsächlich waren er und viele seiner Kollegen ganz allgemein der Ansicht, daß nur derjenige ein guter Biochemiker werden könne, der Beiträge zu dieser Frage liefere und wenigstens die Grundbausteine benenne, die für das Erscheinen des Lebens gebraucht würden.

Dabei hatte Louis Pasteur[6] längst entdeckt, warum Bemühungen dieser Art vergeblich bleiben mußten. Pasteur hatte nämlich die Formen des Lebens gefunden, die wir heute «Mikroorganismen» nennen und um die sich längst das Forschungsgebiet der Mikrobiologie kümmert. Wir können inzwischen sicher sein, daß das zumeist pelzige oder pilzige Leben, das sich plötzlich in abgeschalteten Kühlschränken oder auf ungereinigten Tellern ausbreitet, nur scheinbar dort spontan entstanden ist, und sein Erscheinen eigentlich nur verrät, wie weit verbreitet und hartnäckig die Keime sind, aus denen das Organische entspringt. Vor allem dort, wo es warm und feucht ist und ausreichend Nährstoffe zu finden sind – etwa in leeren, ungereinigten Milchtüten oder Joghurtbechern –, zeigt sich ein vielfältiger und unbeugsamer Lebenswille in Form von weitverbreiteten Kontaminationen. Mit diesem Fachwort beschreiben die Biologen die Tatsache, daß sich nahezu überall Bakterien, Sporen und andere Zellen finden lassen, die sich unter günstigen äußeren Bedingungen und mit genügend Zeit so lange teilen und ausbreiten, bis sie als formlose Masse oder als formbildende Organismen sichtbar zutage treten. Tötet man die Keime ab – zum Beispiel durch starkes Erhitzen, durch Alkohol oder durch jenes Verfahren, das nach seinem Erfinder Pasteurisierung heißt und der Milch eine längere Lebensdauer gibt, wie es in unserer Sprache seltsamerweise heißt –, und verhindert man durch geeignete Schutzmechanismen das Eindringen neuer Mikroben, dann wartet man vergeblich auf das Aufblühen neuen Lebens.

Doch so klar die Auskunft der Wissenschaft und so eindeutig der Konsens der Forscher bei diesem Tatbestand auch ist, es bleibt die Frage, wie einst in der fernen Vergangenheit der Erde passiert ist, was heute nicht mehr so ohne weiteres geschieht, nämlich der spontane Übergang von lebloser Materie in lebendige Form. Irgendwann muß sich eine Ansammlung von Strukturen, die noch nicht gelebt hat, in ein Gebilde verwandelt haben, das dann leben konnte, das sich also vermehren, Stoffwechsel betreiben und auf seine Umwelt reagieren konnte. Wann hat sich dieser Schritt vollzogen, der vielleicht das Paradebeispiel für den Vorgang sein könnte, den die Biologen Emergenz nennen? Von Emergenz wird gesprochen, wenn sich Teile so zusammenfinden, daß dabei etwas völlig Neues entsteht, das es vorher nicht gab. Wenn sich zum Beispiel sehr viele H_2O-Moleküle zusammenfinden, taucht etwas Neues auf, nämlich eine Substanz namens Wasser, die viele Eigenschaften hat – etwa die flüssige Konsistenz –, die den einzelnen Molekülen nicht anzusehen waren und sind. Emergenz ist kein ungewöhnliches Phänomen in der Natur. Wenn wir nach dem Ursprung des Lebens fragen, wenden wir uns keinem unerklärbaren Wunder zu, obwohl niemand leugnen wird, daß das Auftauchen des Lebens besonders sinnfällig ist und daher die Aufmerksamkeit der Menschen reizt.

Kehren wir zu der konkreten Frage zurück, wie die Emergenz des Lebens gelingen konnte und was dazu geschehen mußte. Welche Voraussetzungen waren nötig, um den Schritt vom Nicht-Leben zum Leben zu vollziehen, um dem Anorganischen seine

Vorsilbe zu nehmen und die nächste Schicht beim Aufbau der realen Welt zu schaffen? Wie vollzog sich jener Prozeß, der mit den Atomen begann und über die Moleküle zu den größeren Gebilden führte, die das Grundgerüst des Lebens bilden? Und lassen sich diese Bedingungen nachstellen beziehungsweise reproduzieren?

Es waren natürlich genau diese Fragen, die sich Biochemiker und andere Wissenschaftler zu den Zeiten Otto Warburgs stellten. Sie taten dies in denselben Jahren, in denen sich Thomas Mann für das Thema interessierte, wobei er – wie zitiert – zu dem Schluß kommt, daß die Wissenschaft wenig weiß:

> Was war das Leben? Niemand wußte es. Niemand kannte den natürlichen Punkt, an dem es entsprang und sich entzündete [...]. Zwischen Leben und unbelebter Natur aber klaffte ein Abgrund, den die Forschung vergebens zu überbrücken strebte. Man mühte sich, ihn mit Theorien zu schließen, die er verschlang, ohne an Tiefe und Breite im geringsten einzubüßen.

Diese skeptischen Worte, mit denen Thomas Mann seiner Unzufriedenheit über die erreichten Einsichten der Biologen in den zwanziger Jahren des vergangenen Jahrhunderts literarisch Ausdruck verlieh, könnten sich vielleicht als zeitlos gültig herausstellen. Man müht sich nämlich bis heute vergeblich, die Kluft zwischen Leben und Nicht-Leben mit Theorien zu schließen, und nach wie vor werden alle Vorschläge von einem Graben verschlungen, der eher tiefer wird, statt sich zu schließen. Thomas Manns Ansicht wird von mindestens einem prominenten Molekularbiologen des 20. Jahrhunderts geteilt. Es ist Max Delbrück, der rund fünfzig Jahre nach Erscheinen des *Zauberbergs* seine Abschiedsvorlesungen unter dem Titel «Wahrheit und Wirklichkeit» hielt.[7] In seinen Vorträgen ging Delbrück auch auf die inzwischen zahlreichen Versuche ein, dem Ursprung des Lebens wissenschaftlich auf die Schliche zu kommen. Dabei fällt er ein ziemlich ernüchterndes Urteil:

Tatsächlich hat sich [...] im Lichte der neuen Erkenntnisse über die Komplexität selbst einfachster Organismen herausgestellt, daß die konzeptionelle Lücke, die zwischen der lebenden und der toten Materie klafft, nicht enger geworden ist, sie hat sich vielmehr beträchtlich erweitert. [...] In den letzten Jahren wurde eine Vielzahl von Theorien publiziert, [und sie alle erscheinen zwar] plausibel und sehr intelligent, doch erzählen sie uns meiner Ansicht nach sehr wenig über den Ursprung des Lebens. So kommt es, daß ich mir vorgenommen habe, die Literatur zur präbiotischen Evolution nicht mehr zu lesen, bis jemand ein Rezept findet, das folgendes besagt: «Tu dies und jenes hier hinein, und in drei Monaten krabbelt da etwas herum.» Wenn es jemandem gelingt, Leben in einer Zeit zu erschaffen, die kürzer ist als die, die von der Natur ursprünglich gebraucht wurde, dann fange ich wieder an, mich mit der einschlägigen Literatur zu beschäftigen.

Keine Rakete aus dem Weltraum

Es ist offenkundig, daß die Frage nach dem Ursprung des Lebens zu Delbrücks Lebzeiten noch keine eindeutige Antwort kannte, sie ist auch heute noch nicht viel weiter, und möglicherweise wird es niemals eine Antwort geben. Dennoch lohnt es sich, die wissenschaftlichen Bemühungen um dieses Rätsel nachzuvollziehen. «In magnis rebus voluisse satis est», wie es in einem lateinischen Sprichwort heißt: «In großen Dingen gewollt zu haben, ist genug.» Im übrigen lernt man mehr über die Frage, was das Leben ist, wenn man versucht, seine Herkunft zu klären.

Doch bevor es ernsthaft um diese Frage und um eine Ergründung ihrer Unbeantwortbarkeit geht, noch eine Vorbemerkung: Hin und wieder ist selbst in unseren Tagen – und sogar von Nobelpreisträgern – der Vorschlag zu hören, das Leben sei gar nicht auf der Erde, sondern irgendwo anders im Weltraum entstanden und anschließend zu uns geflogen oder von dort eingeflogen worden. «Rocket directed panspermia» lautet das meist englisch zitierte Zauberwort. Solche Ideen sollen hier nicht einmal im Ansatz bedacht werden. Sie mögen ihren Sinn haben, wenn mit «Leben» etwas anderes gemeint ist als das, was sich auf der Erde ausgebreitet hat, etwas anderes als das Leben, das mit Molekülen auskommt, die vor allem aus dem Element Kohlenstoff aufgebaut sind. Theoretisch kann es andere Lebensformen geben, die mehr auf Silizium basieren (wie die Computer-Chips). Aber beweisen läßt sich davon bisher noch nichts. Das uns bekannte Leben, das auf der Grundlage von Kohlenstoff (und seinen Verbindungen mit Wasserstoff, Sauerstoff und Stickstoff) floriert, hat nach allem, was wir wissen, keine Chance, die hohe Intensität der kosmischen Strahlung im interstellaren Raum unbeschadet zu überstehen. Es gibt kein Leben auf einem anderen Planeten unseres Sonnensystems – trotz aller Werbekampagnen der amerikanischen Weltraumbehörde NASA und ihrer europäischen Konkurrenz ESA, die ihre Ausflüge zum Mars rechtfertigen und finanzieren müssen –, und wir haben keinerlei Kenntnisse über Leben außerhalb unserer Galaxie. Es wäre ein besonderes Ereignis in der Geschichte der Menschen, wenn wir Leben außerhalb der Erde entdecken würden, und es wäre besonders spannend, wenn es sich dabei um intelligentes Leben handelt, wie die Befürworter des SETI-Programms («Search for Extraterrestial Intelligence») erhoffen. Doch obwohl es Milliarden Sterne im Kosmos gibt, die wie die Sonne zu sein scheinen, ist es eher unwahrscheinlich, daß sich irgendwo im Weltall genau die Bedingungen wiederfinden, die auf der Erde herrschen.

Für unsere Zwecke und Überlegungen kann in aller Redlichkeit nur gelten, daß der Übergang vom Nicht-Leben zum Leben auf der Erde stattgefunden haben muß. Wie dieser Übergang sich vollzogen hat, bleibt allerdings eine fundamentale Frage der Biologie, und es könnte sogar *die* fundamentale Frage dieser Wissenschaft sein. Eine Rakete von außen hilft dabei auf keinen Fall. Denn selbst wenn es zutreffen würde, daß Leben irgendwo weit draußen entstanden ist, bleibt zu erklären, wie es dann an diesem unbekannten Ort passiert ist. Alles Bemühen würde dadurch noch schwerer und letztlich unwissenschaftlich. Niemand kann erklären, was er nicht kennt, erst recht nicht, wenn ihm zusätzlich sämtliche Bedingungen unbekannt bleiben, unter denen das Unbekannte entsteht.

Leben auf der Erde

Einer der wichtigsten Befunde für unseren Zweck ist die überraschende, aber inzwischen weitgehend und allgemein akzeptierte Tatsache, daß es nach der Entstehung der Erde nicht lange gedauert hat, bis sich auf der Erde Leben gezeigt hat. Die mit dem Ausdruck «Leben» bezeichnete Qualität der Wirklichkeit hatte es offenbar sehr eilig mit ihrem Auftritt. Das Leben wollte erscheinen und sich zeigen, wie man vielleicht auch sagen darf. Kaum hatten die kosmischen Energien und Explosionen vor rund vier Millionen Jahren den Planeten geschaffen, auf dem wir einmal jährlich einen kostenlosen Rundflug um die Sonne genießen können, da bildeten sich Strukturen auf der Erde, denen man die Lebensfähigkeit – oder besser: eine Überlebensfähigkeit – zutraut. Mit dem «kaum» sind zwar einige hundert Millionen Jahre gemeint, aber aus heutiger Sicht läßt sich trotzdem sagen, daß das Leben nicht lange gezögert hat, um auf dem «blauen Planeten» Fuß zu fassen.

Was uns diese beruhigende Farbe und damit unsere angenehme Erscheinung gibt, kennen wir als Erdatmosphäre. Diese dünne Schicht ist vor allem wegen des Sauerstoffs, der darin enthalten ist, lebensnotwendig. Er wird für die Atmung benötigt, wobei die alltägliche Bedeutung des Wortes – also das mehr oder weniger tiefe Luftholen – mit seiner wissenschaftlichen Verwendung nicht unbedingt identisch ist. Für einen Physiologen zum Beispiel können auch Zellen atmen, obwohl sie keinen Mund (dafür aber Öffnungen) haben. Gemeint ist, daß sie jenes Element aufnehmen, das englisch «oxygen» heißt. Der Sauerstoff gestattet aufgrund seiner physikalisch-chemischen Eigenschaften den Zellen, die Energie zu produzieren, die sie für andere Lebensvorgänge benötigen.

Sauerstoff ist ein sehr reaktionsbereites Element, das sich gerne und geradezu gierig mit anderen Substanzen verbindet und sie auf diese Weise «oxidiert», wie Chemiker sagen. Wenn der Sauerstoff dies tut, nimmt er seinen Reaktionspartnern Elektronen ab. Dabei kann viel Energie frei werden, und zwar so viel, daß Wärme und manchmal sogar ein Feuer entsteht. Beim Verbrennen wird zum Beispiel das Element Schwefel in die Verbindung Schwefeldioxid verwandelt (was im übrigen zeigt, daß sich der gesunde Menschenverstand täuscht, wenn er denkt, daß beim Brennen nur etwas entweicht; das Gegenteil ist der Fall, etwas kommt hinzu, nämlich der Sauerstoff, ohne den der Prozeß nicht gelingen kann).

So lebenswichtig der Sauerstoff für uns und andere derzeit präsente («rezente») Lebensformen ist, die eben genannte Qualität macht Sauerstoff aus der Sicht des Chemikers eher zu einem Störfaktor für die ersten zarten Regungen des Lebens. Und so sind einige schon vor Jahrzehnten auf den Gedanken gekommen, daß auf einer frühen («präbiotischen») Erde gar kein freier Sauerstoff vorhanden gewesen sein könnte. Es ließe sich mühelos vorstellen, daß er sich schon längst mit den Mineralien der Erde verbunden hatte – in Form von sogenannten Oxiden – oder im Wasser (H_2O) gefesselt war.

Diese damals völlig neuartigen Überlegungen wurden in den dreißiger Jahren des 20. Jahrhunderts vorgetragen, und zwar durch den russischen Biochemiker Alexander I. Oparin, der das erste Buch über den «Ursprung des Lebens» geschrieben hat, das heutigen wissenschaftlichen Ansprüchen genügt.[8] Oparin empfahl seinen Kollegen, nur dann Experimente zu diesem Thema zu machen, wenn sie die Bedingungen simulieren könnten, die auf einer unbelebten Erde geherrscht hätten, und er schlug vor, es mit einer sogenannten reduzierenden Atmosphäre zu versuchen. Der Sauerstoff, den wir heute atmen, so sind die meisten Wissenschaftler inzwischen überzeugt, ist erst aufgetaucht, nachdem das Leben schon da war. Man nimmt an, daß das Leben ihn mit Hilfe der ersten sich vermehrenden Lebensformen selbst produziert hat.

Mit dem Begriff der Reduktion bezeichnen die Lehrbücher das Gegenteil einer Oxidation, wobei als kleine Nebenbemerkung anzufügen ist, daß dieser chemische Prozeß nicht viel mit dem gleichnamigen philosophisch-methodischen Gedanken zu tun hat. Reduzieren bedeutet wörtlich zurückführen, und mit diesem Fachwort wurde zunächst die Entfernung (Rückführung) des Sauerstoffs aus oxidierten Verbindungen verstanden. Später trat der nehmenden eine gebende Bedeutung an die Seite, nämlich die Übertragung von Wasserstoff, die sogenannte Hydrierung. Sie hat nicht solche einschneidenden Konsequenzen wie eine Oxidation, und insgesamt kann man sich vorstellen, daß in einer reduzierenden Atmosphäre alles gemächlicher abläuft als im Beisein von vagabundierendem Sauerstoff. Oparins Vorschlag machte also vom chemischen Standpunkt aus sehr viel Sinn. Er wurde zudem von Kosmologen bestätigt, die mit Radioteleskopen ermittelten, daß der Kosmos viele reduzierende «Wolken» beherbergt, also Bereiche, die zum Beispiel voller Wasserstoff und Kohlenmonoxid sind, aber keinen Sauerstoff aufweisen.

Das Miller-Experiment

Es dauerte trotz der genannten Evidenz sehr lange, bis sich jemand ein Herz faßte und im Laborversuch das «simulierte», was man abschätzig die «Ursuppe» nennt. Erst im Jahre 1953 – schon wieder dieses schicksalsträchtige Jahr, in dem die Struktur des Erbmaterials DNA als Doppelhelix vorgeschlagen wurde – konstruierte der

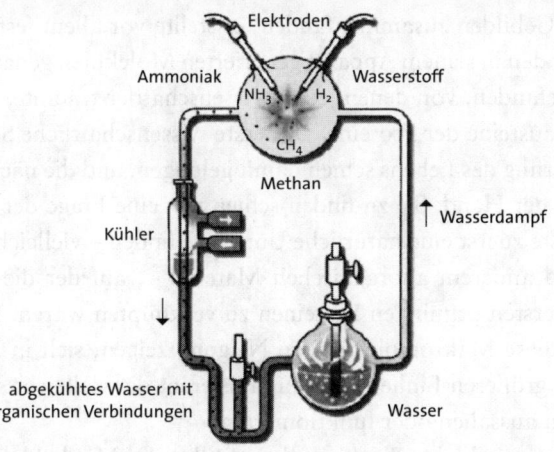

Abb. 27 Das legendäre Miller-Experiment: Wasser wird erhitzt und der Dampf mit anderen anorganischen Verbindungen elektrischen Entladungen ausgesetzt. Nach einer Woche findet man einige Bausteine, die in Proteinen vorkommen (Glycin, Alanin, Asparaginsäure).

damals noch als Student tätige Stanley Miller eine Apparatur, mit der er in einem Experiment erkunden wollte, ob Leben spontan entstehen kann und welche Bauteile des Lebens dies möglicherweise zustande bringen. Miller kreierte eine reduzierende Atmosphäre, die unter anderem aus Wasserstoff, Ammoniak und Methan bestand. Er ließ diese Substanzen über einem kleinen Teich aus Wasser schweben und führte dem Ganzen Energie in Form von Blitzen zu, die beim Entladen geeigneter Apparaturen ausgelöst wurden. Miller war überzeugt, damit eine echte Simulation der präbiotischen Chemie auf der frühen Erde zu bewerkstelligen, und er konnte hoffen, in seinem Glaskolben dem scheinbar göttlichen Wirken mit wissenschaftlichen Augen zuzusehen.[9]

Tatsächlich waren die Ergebnisse der Analyse sensationell (selbst wenn sie im Schatten der Doppelhelix verkündet werden mußten) und richtungweisend. Miller fand nämlich nicht nur, daß sich nach einer geeigneten Zeit die kleinen Moleküle zu komplizierteren Gebilden zusammenfanden, er stellte vor allem fest, daß sich unter den in seinem Apparat generierten Molekülen genau diejenigen befanden, von denen jeder Wissenschaftler träumte, nämlich die Bausteine der Proteine. Der erste wissenschaftliche Schritt zum Ursprung des Lebens schien damit gelungen, und die nächsten lagen auf der Hand. Sie zu finden schien nur eine Frage der Zeit. Man mußte zuerst eine natürliche Unterlage finden – vielleicht aus Lehm und anderem anorganischen Material –, auf der die Bausteine zu ersten primitiven Proteinen zu verknüpfen waren. Dann könnten diese Makromoleküle die Neigung zeigen, sich in Form von noch größeren Einheiten zu organisieren, die vielleicht schon wie Zellen aussahen oder funktionierten.

Der warme kleine Teich, in dem Miller die Möglichkeit der spontanen Entstehung wenigstens einer zentralen Molekülsorte nachgewiesen und der lange Jahre hindurch die Gedanken und Gemüter beschäftigt hat – er wird bis heute in den Lehrbüchern vorgestellt. Es war nicht nur ein wunderbares Experiment, das technisches Geschick mit romantischen Träumen verband, es öffnete tatsächlich eine Tür, durch die das Leben aus dem Gefängnis der Materie hätte heraustreten können, und es läßt ahnen, was geschehen sein könnte, wenn, ja wenn die frühe Atmosphäre der Erde tatsächlich so reduzierend gewesen wäre, wie Miller sie im Labor nachstellte. Doch die Wirklichkeit war anders, dies jedenfalls legen die jüngsten geologischen und geophysikalischen Befunde nahe. Die erste Schicht, die sich um die Erde legte, muß neutral gewesen sein, wie die Chemiker sagen, und sie meinen damit, daß sie voller träger Substanzen – wie etwa dem Edelgas Neon – steckte, die nichts erschüttern und kaum etwas verwandeln konnte. Was am Anfang über den Wassern schwebte, muß so beschaffen gewesen sein, daß sich beim besten Willen keine das Leben vorbereitende Struktur darin erkennen ließ. Mit anderen Worten: Über die Quelle des Lebens auf der Erde sagt Millers Experiment leider nicht so viel aus, wie seine Interpreten hofften und manche bis heute meinen. Sein warmer Tümpel gibt im Lichte der modernen Wissenschaft wahrscheinlich kaum etwas her, und er wirkt von Jahr zu Jahr belangloser. Zwar bleibt nach wie vor klar, daß es vom chemischen Standpunkt aus viel leichter ist, mit Proteinen anzufangen – es gibt trotz zahlreicher Versuche und umfangreicher Anstrengungen jedoch nach wie vor kein Miller-Experiment, in dem sich die Bausteine von RNA oder DNA generieren lassen –, aber mehr wissen wir nicht. So schön Millers Experiment auch war – es zeigt uns immerhin, was alles hätte passieren können, wenn sich reduzierende Substanzen am Himmel der frühen Erde gezeigt hätten –, das Bild, das es vermittelt, wird nicht von den neuen wissenschaftlichen Erkenntnissen gestützt. Diese legen den Forschern nämlich nahe, den Blick von der Oberfläche der Erde wegzulenken und den Ursprung des Lebens – nein, nicht im Weltraum, sondern in der anderen Richtung, im Ozean zu suchen.

Seit einigen Jahren sind unerwartet vielfältige Lebensformen bekannt, die ihren Ort tief unter Wasser gefunden haben, und zwar dort, wo der Meeresboden Öffnungen aufweist. Solche Abgründe sind in großer Zahl gefunden worden, als man die Erdplatten vermessen wollte, auf denen sich die Kontinente erheben und mit denen sie verschoben werden. Heute weiß man, daß aus den vielen Löchern und Spalten heißes Wasser aus der Tiefe der Erde heraufkatapultiert wird. Die wallende Wärme ist gesättigt mit Schwefelwasserstoffen und metallischen Schwefelverbindungen. Dabei kommt genau das reduzierende Milieu zustande, das Oparin und Miller in anderer Zusammensetzung auf der Erdoberfläche vermutet hatten, und möglicherweise kommt der von ihnen anvisierte Prozeß hier in Gang. Die moderne Wissenschaft hätte demnach einen langen Umweg gemacht, um – auf höherem technischem Niveau – bei derselben Einsicht zu landen, mit der ihre abendländische Geschichte begonnen hat: Schon 600 Jahre vor Christi Geburt war Thales von Milet der Ansicht, das Leben komme aus dem Meer.

Das unheimlich wirkende Bild der heißen Quelle im dunklen Gewässer mit dem aufsprudelnden Schwefel weckt unweigerlich den Gedanken an die Hölle, die hinter dem Ozeanschlund lauert, und man könnte augenzwinkernd die Hypothese wagen, das Leben sei eine Gabe des Teufels an den Herrn, der sich ohne dieses Treiben langweilte. Ungeachtet dessen gilt es, mit diesem Ursprung des Lebens aus der Tiefe zu leben. Die wissenschaftliche Evidenz weist zur Zeit eindeutig darauf hin, daß die Ahnung der «Alten» richtig war. Die Wissenschaft denkt vor allem in diese Richtung, seit sie immer mehr Bakterien entdeckt hat, die heiße Umgebungen bevorzugen und es dort nicht nur aushalten, sondern unter diesen Bedingungen besonders gut gedeihen.

Natürlich wissen wir nach wie vor noch nicht viel über den Ursprung des Lebens. Doch wenn die Theorie der Tiefe zutrifft, fällt es nicht mehr so leicht, den anderen Planeten unseres Sonnensystems die Fähigkeit, Leben hervorzubringen, abzusprechen. Überraschungen sind nicht ausgeschlossen, und auch an dieser Stelle bleiben viele Fragen offen.

Manfred Eigens Hyperzyklus

Unabhängig von warmen Teichen oder heißen Strömungen unter Wasser – als Millers Experiment gelang und Oparins Idee einer reduzierenden Atmosphäre noch akzeptiert wurde, stellten sich die Wissenschaftler auf jeden Fall vor, daß von den beiden maßgeblichen Molekülsorten die Proteine den ersten Auftritt hatten und vor den Genen erschienen sind. Die Bezeichnung der Biokatalysatoren drückte genau diesen Anspruch aus, denn das Wort Protein ist vom griechischen «πρωτεωυ» abgeleitet, was «ich nehme die erste Stelle ein» bedeutet.

Erst die Proteine, dann die Gene, so lautete die Grundregel, die erst ins Wanken geriet und zuletzt umgekehrt wurde, als die

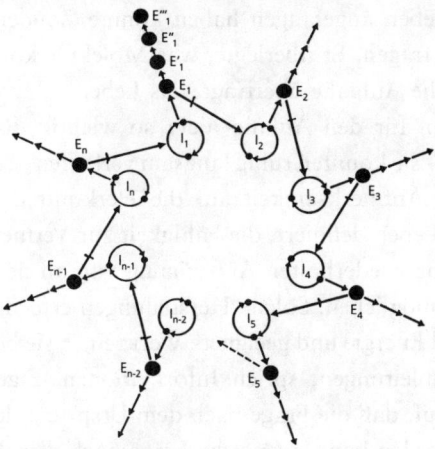

Abb. 28 Der von Manfred Eigen entworfene Hyperzyklus versucht aus vielen kleinen Replikationsaktivitäten den großen Kreislauf zu initiieren, der zum Leben gehört. Die Details hat Eigen in seinem wunderbar illustrierten Buch *Stufen zum Leben* [110] dargestellt.

Doppelhelix ins Zentrum der forschenden Aufmerksamkeit rückte. Wie sich bald zeigte, sind Moleküle aus DNA und RNA einfacher und stabiler gebaut als die manchmal primadonnenhaften Proteine. Es war vor allem der Göttinger Biophysiker Manfred Eigen (geboren 1937, Chemienobelpreis 1967), der die *Stufen zum Leben* von den Genen, genauer von DNA- und RNA-Molekülen aus erklimmen wollte. Er hat viele seiner Ideen in einem Buch mit diesem Titel zusammengefaßt, in dessen Zentrum eine Konzeption steht, die grandios und eigenwillig zugleich ist. Das zentrale Modell in Eigens Bild vom entstehenden Leben heißt «Hyperzyklus». Dieser Begriff bringt zum Ausdruck, daß es um einen (großen) Kreislauf geht, der dadurch zustande kommt, daß mehrere andere (kleinere) Kreise ineinandergreifen.

Eigens wesentliche Entscheidung bestand darin, zunächst nicht mit allen Mitteln nach den konkreten Strukturen zu suchen, mit denen das Leben angefangen haben könnte, sondern nach ihrer Funktion zu fragen. Er überlegte, was Moleküle können mußten, denen man die Aufgabe überträgt, das Leben zu erzeugen. Dabei schien es ihm für den Anfang nicht so wichtig, Reaktionen zu katalysieren – sie konnten ruhig langsam verlaufen –, er lenkte statt dessen seine Aufmerksamkeit auf die Herkunft der Gene. Wie immer man Leben definiert, die Fähigkeit zur Vermehrung gehört dazu, also zur wiederholten Anfertigung von all den Strukturen, die Leben ermöglichen. Solche Herstellungen erfordern selbstverständlich viel Energie und geeignete Werkzeuge, sie benötigen aber vor allem Anleitungen, sprich Informationen. Eigen stellte die Hypothese auf, daß die Frage nach dem Ursprung des Lebens beantwortet werden kann, wenn die Frage nach dem Ursprung der biologischen (genetischen) Information geklärt ist. Und er machte sich an ebendiese Arbeit (denn: «Wehe denen, die nur reden und nicht forschen», wie Eigen Brechts Galilei gerne zitiert).

Es stellt sich die Frage, was unter Information zu verstehen ist. Bei Eigen selbst heißt es hierzu, eine «Informationsmenge ist die Zahl binärer Ja-Nein-Entscheidungen, die man im Mittel braucht, um eine bestimmte Symbolfolge zweifelsfrei zu identifizieren»[10]. Wir wollen an dieser Stelle nicht die Raffinessen der mathematisch formulierten Informationstheorie kennenlernen, sondern den maßgeblichen Grundgedanken nachvollziehen, den Eigen entwickelte. Es sei angemerkt, daß die einfachste Bestimmung von Information zu gelingen scheint, wenn man sagt: Information ist das, was jemand versteht (woraus im übrigen folgt, daß Information das ist, was Information erzeugt).

Das fundamentale und von Manfred Eigen erkannte Problem bestand darin, daß sich zwei Informationsmengen unterscheiden ließen, die verbunden werden mußten. Da war auf der einen Seite die Information, die spontan entstehen kann – durch zufällige

Verbindungen zwischen genetischen Bausteinen –, und da war auf der anderen Seite die Information, die einem System die Fähigkeit gibt, sich selbst zu reproduzieren. Mit Hilfe thermodynamischer, genetischer, mathematischer und kombinatorischer Überlegungen konnte Eigen quantitativ bestimmen, was intuitiv jedem einleuchtet, daß nämlich die maximale Menge an Information, die sich selbst zusammenstellt, und die minimale Menge, die zur Replikation benötigt wird, nicht identisch sind, sondern – im Gegenteil – durch eine leider ziemlich beträchtliche Lücke voneinander getrennt bleiben, die es zu schließen galt.

Damit war nach langer interdisziplinären Klärung viel Phantasie gefragt, und Eigen bot sie auf. Er überbrückte den von ihm vermessenen und von Thomas Mann beschworenen Spalt mit dem schon erwähnten wirbelnden Hyperzyklus. Dies war ein großartiger Vorschlag mit allen Qualitäten, die ein wissenschaftliches Vorgehen bieten kann. Tatsächlich lassen sich Aspekte und Vorhersagen des Hyperzyklus in Experimenten testen, und dies wurde auch gemacht. Und dabei geschah das Unvermeidliche: Es zeigten sich leider ein paar Tatsachen, die dem schönen Hyperzyklus nach und nach ein wenig Lack abkratzten.

Ausführlich dargestellt hat diesen Sachverhalt der legendäre britische Physiker Freeman Dyson[11], der ein leider nur wenig bekanntes Buch über *Die zwei Ursprünge des Lebens* geschrieben hat. Mit diesem Titel weist er auf folgende Möglichkeiten hin: Die in den letzten Jahrzehnten mit Hilfe der Molekurlarbiologie erkannte Tatsache, daß zum Leben zwei fundamental unterschiedlich funktionierende Molekülsorten gehören, könnte auch bedeuten, daß zwei Dinge passieren mußten, bevor das eine Leben entstand, das wir kennen. Die beiden Molekülsorten sind die Gene, die Information tragen, und die Genprodukte, die wir als Proteine vorgestellt haben. Dyson weist darauf hin, daß Eigens Ansatz nur den Ursprung jener Eigenschaft des Lebens klären will, den wir Replikation nennen. Die damit gemeinte Verdoppelung der Gene, genauer der dazu nötige molekulare Apparat muß von Anfang an nahezu perfekt funktionieren, um überhaupt etwas zustande zu bringen. Wenn er zu viele Fehler macht, kommt das Leben nie aus seinen Startlöchern. Eigen selbst hat eine Bedingung dafür angegeben, welche Fehlerrate bei der anfänglichen Replikation maximal zulässig ist. Leider wird sie mit den bekannten Molekülen im Experiment nachweislich nicht erfüllt, und insgesamt bleibt im Rahmen der Hyperzyklus-Theorie unklar, wie sich in der Anfangsphase des Lebens (Verdoppeln) die Fehlerrate so niedrig halten läßt, wie es nötig ist.

Trotz dieser und anderer Schwierigkeiten lohnen Eigens Modell und seine Theorie auf jeden Fall eine Diskussion, weil sie mit den Schwierigkeiten vertraut macht, die ein Wissenschaftler hat, der ein uraltes Problem aus den schwärmerischen Höhen der philosophischen Spekulationen in die sachlichen Ebenen des wissenschaftlichen Argumentierens und Experimentieren holen will. An den Anfang stellte Eigen dabei nicht die DNA mit ihrer komplizierten Schraubenform, sondern eine Reihe von RNA-Molekülen, die getrennte Gruppen (Populationen) bilden und sich in diesem Rahmen quasi selbst vermehren können (wenn sie dabei auch viele Fehler machen). Denen gesellten sich Proteine hinzu, die alle auf Vermehrung angelegten Tätigkeiten der RNA-Maschinerie beschleunigten und erweiterten. In einem dritten Schritt wurde alles umhüllt, um die Zellen entstehen zu lassen, die wir heute kennen.

Das Modell von Eigen erfreut sich – trotz der Einwände und Schwierigkeiten – immer noch großer Beliebtheit unter den Molekularbiologen, weil Eigen mit RNA-Molekülen beginnt und in der Zwischenzeit bekannt ist, daß einige dieser Gebilde etwas können, was sonst nur von Proteinen erwartet wurde: Sie können katalytisch wirken. Diese RNA-Moleküle, die auch Enzyme sind – RNzyme oder Ribozyme, wie sie bald genannt wurden –, schienen den Biochemikern die Lösung der Frage nach dem Ursprung des Lebens zu bringen. Vor ihren Augen entstand das Bild einer «RNA-

Welt», welche die Bühne für die ersten Schritte des Lebenstanzes abgab und den Ort, von dem aus sich – über den Hyperzyklus – das ganze Leben durchschreiten und erobern ließ.

Viele Menschen, die ihr Weltbild aus Informationstheorie und Molekularbiologie zusammensetzen, die mit Computern und gedanklich auch mit Genen spielen, sind wahrscheinlich davon überzeugt, daß nach diesen Vorgaben nur noch Details zu klären sind, um den Ursprung des Lebens zu verstehen. Man denkt, daß sich irgendwie ausreichend RNA-Moleküle bilden, diese sich gegenseitig aktivieren und nach einigen kleinen Kreisbewegungen den Hyperzyklus in Gang setzen, der den ursprünglichen Trägern der Information dann hilft, das rettende Ufer des Lebens zu erreichen, bevor sie spurlos verschwinden.

Doch so naheliegend vieles aus dieser Erzählung scheint, so sehr muß bezweifelt werden, daß die Betonung und Berechnung der genetischen Information uns zu guter Letzt nützliche Informationen über den Beginn des Lebens zukommen läßt. Zu viele Zweifel bestehen an dem Eigen'schen Programm und seinen Teilen. Das fängt bei den RNA-Molekülen an, für die es keine Bausteine gibt, und das setzt sich fort mit den Ribozymen, deren katalytische Fähigkeiten zwar vorhanden sind, die aber erstens wahrhaft winzig bleiben und die zweitens nur mit sich selbst beschäftigt sind. Ribozyme ändern Ribozyme, die wiederum Ribozyme ändern, und mehr passiert vorläufig nicht.

Umfassender wird die Kritik, wenn der Hyperzyklus selbst ins Visier der Kritik gerät und man sich fragt, wie die RNA mit dem Auftrag fertig wird, den sie in diesem kreisenden Rahmen hat. Leider nicht gut, und es können schlimme Dinge eintreten, von denen einige genannt sein sollen: Wenn sich die RNA-Moleküle reproduzieren, müssen natürlich Varianten – «Fehler» – zugelassen werden. Das gilt allgemein, wenn sich etwas entwickelt, sonst könnte es bekanntlich keinerlei Fortschritt geben. Aber die Fehler dürfen keinesfalls überhand nehmen, sonst gibt es nichts mehr, was eigentlich vermehrt und damit erhalten werden soll. Leider passiert genau dies mit der RNA, wenn sie alleine gelassen wird. Alle Versuche, die Fehlerhäufigkeit einzuschränken, sind fehlgeschlagen, und dabei ist man sowohl experimentell als auch theoretisch (mit Computersimulationen) vorgegangen.

Ein fast gegenteiliges Problem taucht auf, wenn es einer Form der RNA gelingt, sich sehr genau – also fast fehlerfrei – und zugleich sehr schnell zu replizieren. Dann überrennt sie alles, was sonst noch vorhanden ist, so daß schließlich nur sie zurückbleibt und kein Zyklus aufgebaut wird. Dies gelingt auch nicht, wenn aufgrund statistischer Schwankungen eine RNA-Gruppe plötzlich ihr letztes Mitglied verliert, was ebenfalls leicht passieren kann.

Zwei Ursprünge des Lebens

Man kann es drehen und wenden, wie man will: So schwungvoll der Hyperzyklus präsentiert wird und so sinnvoll der Ansatz erscheint – er klemmt von Anfang an. Es ist zum einen sehr unwahrscheinlich, daß irgendwo RNA-Moleküle spontan entstehen. Zum zweiten gibt es zu viele Möglichkeiten, den koordinierten Umschwung fiktiver RNA-Populationen im Keim zu ersticken. Dieser Ansatz läßt ungeklärt, woher die geeigneten Proteine kommen. Und man ist völlig chancenlos, wenn man versuchen will, die komplizierte Verbindung zwischen Proteinen und Genen – also den Code – zu rekonstruieren. Hier stellt sich eine ganz neue Frage, nämlich warum Leben so kompliziert sein muß, aber sie hat bisher wenig Wissenschaftler in Versuchung gebracht. Die letzten Hinweise machen bei aller Sympathie für die bisherigen Ansätze, ob sie nun mit Proteinen beginnen oder mit RNA-Molekülen, eines deutlich: Irgend etwas Entscheidendes scheint immer zu fehlen. Irgendwo steckt ganz tief der Wurm in allen bisherigen Modellen. Irgendein grundsätzlicher Fehler wird gemacht.

Wenn nun ein Physiker solch eine scheinbar ausweglose Situation sieht, versucht er zwar den Mißstand zu beheben, aber er versucht, dies so einfach und behutsam wie möglich zu tun. Und genau dies hat der oben erwähnte Freeman Dyson in seinem Buch über *Die zwei Ursprünge des Lebens* getan. Für Dyson hat das Leben mit den Proteinen begonnen, so, wie es Millers Experiment nahelegt, und es macht nichts, wenn dies unter Wasser passiert. Es ist weiter möglich, dabei geschlossene Gebilde entstehen zu lassen, in denen dann nicht nur die Proteine, sondern auch die Grundbausteine des genetischen Materials zu finden sind.

Der Reiz bei Dysons Ansatz besteht nun in dem zweiten Ursprung des Lebens, der durch das Einschmuggeln von RNA-Bausteinen in die zellartigen Kompartimente gegeben ist, die hier zu den Molekülen werden können, die wir aus dem Leben kennen. Durch diesen Vorschlag kommt ein biologischer Gedanke in das bislang leblose Gemisch. Dyson funktioniert nämlich die genetischen Moleküle zu Parasiten um, die bald zur Symbiose gezwungen werden. Jetzt ist das Leben auf seinem Weg, aber nur, weil mit diesem zweiten Anfang Prinzipien aufgetaucht und wirksam geworden sind, die über die molekulare Ebene hinausgehen. Der Physiker blickt auf das Leben nicht nur von unten aus Richtung der Moleküle, er betrachtet es auch von oben aus Richtung des Lebens selbst. Nur in dieser doppelten Schau läßt sich – wenn überhaupt – erkennen, wie das Leben in die Welt gekommen ist. [12]

Wie kommt das Neue in die Welt?

Wir werden das von Dyson benutzte Prinzip wiederfinden, wenn es um die biologische Evolution geht, die ins Rollen kommt, nachdem das Leben da ist und höher hinauswill. Die grundlegende Qualität dieses Vorgangs besteht offenbar darin, daß es ihm gelingt, hin und wieder etwas Neues in die Welt zu setzen. Daher lautet die grundlegende Frage: Kann die Wissenschaft, kann man mit wissenschaftlichen Mitteln verstehen, was dabei abläuft und wie dies möglich wird? In gewisser Weise ist die Frage nach dem Ursprung des Lebens nur die Frage nach einer neuen Eigenschaft, die entsteht. Die Kluft, die immer beschworen wird, besteht im Grunde nur darin, daß Neues wahrnehmbar und ansichtig wird, wobei das Leben durch die Vielzahl der von ihm hervorgebrachten Gestalten eben besonders auffällig ist. Thomas Mann hat diesen umfassenden Zusammenhang auch angesprochen und die Frage nach Übergängen ganz allgemein im *Zauberberg* so formuliert:

[...] die Idee der Urzeugung, das hieß: der Entstehung des Lebens aus dem Nichtlebenden war ja nicht von der Hand zu weisen, und jene Kluft, die man in der äußeren Natur vergebens zu schließen suchte, die nämlich zwischen Leben und Leblosigkeit, mußte sich im organischen Inneren der Natur auf irgendeine Weise ausfüllen oder überbrücken. Irgendwann mußte die Teilung zu «Einheiten» führen, die, zwar zusammengesetzt, aber noch nicht organisiert, zwischen Leben und Nichtleben vermittelten, Molekülgruppen, den Übergang bildend zwischen Lebensordnung und bloßer Chemie. Allein beim chemischen Molekül angekommen, fand man sich bereits in der Nähe eines Abgrunds, der weit mysteriöser gähnte als der zwischen organischer und unorganischer Natur: nahe dem Abgrund zwischen dem Materiellen und dem Nichtmateriellen. Denn das Molekül setzte sich ja aus Atomen zusammen, und das Atom war bei weitem nicht mehr groß genug, um auch nur als außerordentlich klein bezeichnet werden zu können. Es war dermaßen klein, eine derart winzige, frühe und übergängliche Ballung des Unstofflichen, des noch nicht Stofflichen, aber schon Stoffähnlichen, der Energie, daß es kaum schon oder kaum noch als materiell, vielmehr als Mittel und Grenzpunkt zwischen dem Materiellen und dem Immateriellen gedacht werden mußte.

Das Problem einer anderen Urzeugung [...] warf sich auf: der Urzeugung des Stoffes aus dem Unstofflichen. In der Tat verlangte die Kluft zwischen Materie und Nichtmaterie ebenso dringlich, ja noch dringlicher nach Ausfüllung als die zwischen organischer und unorganischer Natur.

Das Neue entsteht in einer Bewegung, und Leben entspringt nicht aus dem einen Punkt, wie Thomas Mann bemerkt hat. Leben ist Bewegung und entsteht durch Bewegung. Weil wir das wissen, suchen wir nach dem Symbol des Fließens. Mit anderen Worten: wir suchen im Wasser. Es macht dann keinen Unterschied, ob es sich dabei um himmlische Teiche oder höllische Tiefen handelt.

Logik und Realität

Leichten Sinnes ist Thomas Mann bei den zwar zusammengesetzten, aber noch nicht organisierten Molekülgruppen als Einheiten zwischen Leben und Nichtleben nicht angekommen. Bevor wir darauf eingehen, müssen wir eingestehen, daß wir Manns Einschätzung des Atoms als «Mittel und Grenzpunkt zwischen dem Materiellen und dem Immateriellen» mit einem gewissen Kopfschütteln gelesen haben. Die Jahrzehnte später verfaßte Tagebucheintragung vom 13.10.1948 über das Neutrino als *missing link* nimmt das Thema wieder auf, allerdings wesentlich abgeklärter und genauer als im *Zauberberg*, der nicht frei ist von dem Einfluß der *Okkulten Erlebnisse* bei den Séancen des Freiherrn Schrenck-Notzing. Was Thomas Mann im *Zauberberg* weiterhin über das Atom zu sagen weiß, läßt er zwar seinen «im Zentrum etwas beschwipsten» Adepten Hans Castorp äußern, der «im Gebiet des Unerlaubten ja nicht mehr all und jeder Erfahrung entbehrte»; aber nicht nur für ihn, sondern wohl auch für den Autor war das folgende, wenngleich aus unserer Sicht abermals falsch,

«eine nicht nur nicht ungereimte, sondern sogar bis zur Aufdring-
lichkeit sich nahelegende, höchst einleuchtende Spekulation von
logischem [unsere Hervorhebung] Wahrheitsgepräge»:

Das Atom war ein energiegeladenes kosmisches System, worin
Weltkörper rotierend um ein sonnenhaftes Zentrum rasten
und durch dessen Ätherraum mit Lichtjahrgeschwindigkeit
Kometen fuhren, welche die Kraft des
Zentralkörpers in ihre exzentrischen Bahnen zwang. Das war so wenig nur ein Vergleich, wie es nur ein solcher war, wenn
man den Leib der vielzelligen Wesen einen «Zellenstaat» nannte. Die Stadt, der
Staat, die nach dem Prinzip der Arbeitsteilung geordnete soziale Gemeinschaft
war dem organischen Leben nicht nur zu vergleichen, sie
wiederholte es. So wiederholte sich im Innersten der Natur, in
weitester Spiegelung, die makrokosmische Sternenwelt, deren
Schwärme, Haufen, Gruppen, Figuren, bleich vom Monde, zu
Häupten des vermummten Adepten über dem frostglitzernden
Tale schwebten. War es unerlaubt, zu denken, daß gewisse Planeten des atomischen Sonnensystems – dieser Heere und Milchstraßen von Sonnensystemen, die die Materie aufbauten –, daß
also einer oder der andere dieser innerweltlichen Weltkörper
sich in einem Zustande befand, der demjenigen entsprach, der
die Erde zu einer Wohnstätte des *Lebens* machte? [...] Die
«Kleinheit» der innerweltlichen Sternkörper wäre ein sehr un-
sachgemäßer Einwand gewesen, denn der Maßstab von Groß
und Klein war spätestens damals abhanden gekommen, als der
kosmische Charakter der «kleinsten» Stoffteile sich offenbart
hatte, und die Begriffe des Außen und Innen hatten nachgerade
gleichfalls in ihrer Standfestigkeit gelitten. Die Welt des Atoms
war ein Außen, wie höchstwahrscheinlich der Erdenstern, den

Eine «Lichtjahrgeschwindigkeit»
kennt die Physik nicht. Weil das
Lichtjahr eine Entfernung ist –
diejenige, die das Licht in einem
Jahr zurücklegt –, ist die «Lichtjahrgeschwindigkeit» genauso
sinnlos, wie es eine «Meter-
geschwindigkeit» wäre.

wir bewohnten, organisch betrachtet, ein tiefes Innen war. Hatte nicht die träumerische Kühnheit eines Forschers von «Milchstraßentieren» gesprochen – kosmischen Ungeheuern, deren Fleisch, Bein und Gehirn sich aus Sonnensystemen aufbaute? War dem aber so [...], dann fing in dem Augenblick, da man geglaubt hatte, zu Rande gekommen zu sein, das Ganze von vorn an! Dann lag vielleicht im Innersten und Aberinnersten seiner Natur er selbst, der junge Hans Castorp, noch einmal, noch hundertmal, warm eingehüllt, in einer Balkonloge mit Aussicht in die mondhelle Hochgebirgsfrostnacht und studierte mit erstarrten Fingern und heißem Gesicht aus humanistisch-medizinischer Anteilnahme das Körperleben?

Wir kommen auf die Molekülgruppen im Innern der Zelle zurück. Durch eine geradezu Hegelsche Schlußweise, der zuzustimmen er wohl geneigt war, hat Thomas Mann seinen Hans Castorp «in seiner Angeregtheit» die «logische Unmöglichkeit» der Molekülgruppen unmittelbar vor deren erster Erwähnung beweisen lassen. Es geht um die «Genen, die Bioblasten, die Biophoren» – wir sagen heute im Plural Gene – und um die Frage ...

[...] wie es bei abermals verbesserter Beleuchtung um ihre Elementarnatur bestellt sein mochte. Da sie Leben trugen, mußten sie organisiert sein, denn Leben beruhte auf Organisation; wenn sie aber organisiert waren, so konnten sie nicht elementar sein, denn ein Organismus ist nicht elementar, er ist vielfach. Sie waren Lebenseinheiten unterhalb der Lebenseinheit der Zelle, die sie organisch aufbauten. Wenn dem aber so war, so mußten sie, obgleich über alle Begriffe klein, selber «aufgebaut», und zwar organisch, als Lebensordnung «aufgebaut» sein; denn der Begriff der Lebenseinheit war identisch mit dem des Aufbaues aus kleineren, untergeordneten, das hieß: zu höherem Leben geordneten Lebenseinheiten. Solange die Teilung organische Einheiten ergab, die die Eigenschaften des Lebens, nämlich die Fähigkeiten der Assimilation, des Wachstums und der Vermehrung besaßen, waren ihr keine Grenzen gesetzt. Solange von Lebenseinheiten die Rede war, konnte nur fälschlich von Elementareinheiten die Rede sein, denn der Begriff der Einheit umschloß ad infinitum den Mitbegriff der untergeordnet-aufbauenden Einheit, und elementares Leben, also etwas, was schon Leben, aber noch elementar war, gab es nicht.

Aber obschon ohne logische Existenz, mußte zuletzt dergleichen irgendwie wirklich sein[13] –

... und von hier kommt Thomas Mann zu den Molekülen und schließlich Atomen, deren wie auch immer geartete Wirklichkeit er nur meint retten zu können, indem er ihnen die «logische Existenz» abspricht.

In seinem bereits erwähnten Buch *Stufen zum Leben* und einer Universitätsrede[14] hat Manfred Eigen den «Molekülgruppen» Manns die Rolle der Synthese einer Hegelschen These (Gene müssen organisiert sein, da sie Leben tragen, denn Leben beruht auf Organisation) und deren Antithese (wenn die Gene organisiert sind, können sie nicht elementar sein) zugewiesen – was naturwissenschaftlich gesehen, wie Eigen weiter ausführt, zweifelsfrei richtig ist. Aber hiermit geht Eigen über Manns Dilemma hinaus – jenes nämlich, das sich in dem (von Eigen unterdrückten) Satz von der mangelnden logischen Existenz von «dergleichen» widerspiegelt.

Uns aber soll es gerade hierauf ankommen. Gewiß, die Hegel'sche Logik verdient den Ehrennamen «Logik» als den einer unbedingt gültigen Schlußweise nicht. Verdichtet zeigt sich dies in Hegels Ausspruch «um so schlimmer für die Tatsachen», den er getan hat oder haben soll, als ihm vorgehalten wurde, es gebe mehr Planeten als die sieben (schon wieder sieben!), deren genaue Anzahl er glaubte, logisch ableiten zu können. Hegel, und zahlreichen Philosophen vor und nach ihm, ging es offenbar mehr um die Konsistenz ihres «logischen» Imperiums als um die Tatsachen der Natur. Zu dem Bild, das wir uns von Thomas Mann machen mußten, paßt, daß er einstimmt. Indem er nämlich das Walten der Natur von der Logik ausnimmt – genauer: von seinem Verständnis der Logik.

Worauf nicht schon das Wort «logisch» angewendet wurde! Nicht um die mathematische Logik und deren Anwendbarkeit auf die Welt, wie sie ist, soll es uns gehen – so problematisch diese auch sein mag –, sondern um Formen der Logik, die besser als Formen des Verständnisses charakterisiert werden. Unser Alltagsverständnis beruht auf den tief in uns verankerten Erfahrungen, welche die Grundlage unseres Denkens und Handelns bilden und unsere Entwicklung als Art erst ermöglicht haben. Dementsprechend versuchen wir, auch die Abläufe auf ganz anderen Ebenen durch die Begriffe und Zusammenhänge des Alltagslebens zu beschreiben und zu verstehen.[15] Daß dies oft auch gelingt, ist eine der Überraschungen, welche die Natur für uns bereithält. Wenn man eine bestimmte Beschreibungsebene nicht verläßt, kann man die darin geltenden Gesetze durch Begriffe erklären, die mit unserem Alltagsverständnis vereinbar sind. Ein Beispiel bildet die Medizin. Sie spricht mit Erfolg von Organen, Geschwülsten, Stoffwechselstörungen und Krankheiten, die sich gegenseitig beeinflussen und bedingen, ohne darauf einzugehen, daß all dies genau genommen nur Namen für Substanzen und chemische Prozesse sind. Die Chemie kann in einem wohldefinierten Sinn mögliche von unmöglichen Molekülen allein aufgrund von «Wertigkeiten» unterscheiden, die einzelnen Atomen zukommen – ohne, darum geht es jetzt, den physikalischen Ursprung der Wertigkeiten, also die Quantenmechanik, in Betracht zu ziehen.

Letztlich jedoch beruht unsere Welt auf der Quantenmechanik. Und dies deutet sich in erfolgreichen Alltagskonzepten nicht einmal an. Die Quantenmechanik kann zwar nicht unser Thema sein, aber auf ihre Einbettung in Alltagskonzepte wie «Ort» und «Geschwindigkeit», welche die Quantenmechanik nicht kennt, werden wir eingehen. Die Väter der Quantenmechanik, allen voran Niels Bohr wollten die Quantenmechanik auf klassische Begriffe zurückführen und haben versagt, wie es der Ausspruch Bohrs deutlich macht: «Wer angesichts der Quantenmechanik nicht ins Brüten verfällt, hat sie nicht verstanden.»[16] Heute stellt sich der Physik das umgekehrte Problem, nämlich die klassischen Begriffe durch die Quantenmechanik zu verstehen. Denn die Quantenmechanik versteht die Physik.

Aber zurück zur Logik und ihrem dunklen, von Thomas Mann angesprochenem Verhältnis zu tieferliegenden Realitäten. Von seinem trivialen logischen Fehler, daß die Konsequenzen der Hegel'schen Alternative deren logisches Bestehen voraussetzen, sehen wir ab. Sie soll uns ja nur als Beispiel dienen. Allgemeiner geht es um «Denknotwendigkeiten». Sie werden oft unterstellt, wenn es darum gehen soll, Schlüsse zu begründen. Nun gibt es, wie bereits gesagt, tatsächlich angeborene Intuitionen zu logischen und/oder physikalischen Fragen. Daraus, daß eine Intuition angeboren ist, folgt aber nicht, daß sie immer recht hat. Zur Begründung einer angeborenen Intuition läßt sich bestenfalls anführen, daß ihr gemäß zu denken und zu handeln in unserer Entwicklungsgeschichte einen evolutionären Vorteil geboten hat. Denknotwendigkeiten als angeborene Intuitionen fassen zusammen, was für die Evolution förderlich und hilfreich war. Sie sind pragmatisch erfolgsorientiert und lösen Probleme, vor die sich die Menschheit in ihrer Evolution gestellt sah; «tieferliegende», im Alltag nicht unmittelbar wirksame Wahrheiten berücksichtigen sie nicht. Ob die Problemlösungen der Evolution darauf beruhen, daß das eine Ereignis Ursache des anderen ist – der Sonnenaufgang die Ursache der Helligkeit –, oder beide wie die Abfolge von Tag und Nacht eine gemeinsame

Ursache besitzen, ist für sie bedeutungslos. Denn für die Evolution zählt nicht, *warum* gewisse Einsichten erfolgreich sind, wenn sie es nur sind. Bedeutungslos ist auch, ob ein richtiger Schluß auf dem Denken oder der Anschauung beruht. Denken und Anschauung gehen in den Denknotwendigkeiten eine enge Verbindung ein. Bis heute beruhen diese auf den in der Entwicklungsgeschichte genetisch verankerten Einsichten und damit auf deren sachlichen Voraussetzungen. Es sollte also nicht überraschen, wenn Denknotwendigkeiten jenseits dieser Voraussetzungen keine gültigen Konsequenzen besitzen.

Das Reich der Denknotwendigkeiten ist das Alltagsleben, in dem der Mensch das Maß aller Dinge ist. Wir haben uns so entwickelt, daß wir das sind, und haben keinen Grund zu erwarten, daß auf unseren Denknotwendigkeiten beruhende Schlüsse außerhalb der Alltagswelt, insbesondere in den Welten des ganz Großen und des ganz Kleinen, Gültigkeit besitzen. Im Gegenteil. Ein Vorfahr, dem auf einem Ast sitzend die allgemeine quantenmechanische Unsicherheit durch den Kopf gegangen wäre und der deshalb künftig Äste gemieden hätte, wäre im Nachteil gewesen gegenüber allen, die weiterhin gedankenlos Äste als Sitzgelegenheiten gebrauchten – er wäre wohl kein Vorfahr geworden. Es gibt, wie festzustellen wir bereits Gelegenheit hatten, Ebenen der Beschreibung, auf denen Gesetze gelten, die zwar auf den Gesetzen tieferer Ebenen beruhen, die aber dessenungeachtet autonom sind in dem Sinn, daß sie keiner Begründung ihrer Gesetze und Deutung ihrer Begriffe und Objekte durch die der tieferen Ebene bedürfen, um erfolgreich angewendet zu werden. Alles, was wir auf unserer Benutzeroberfläche der Natur und ihrer Gesetze wahrnehmen, bedarf zwar schlußendlich der Quantenmechanik, um verstanden zu werden. So konnten wir aber bisher nur idealisierte Systeme, insbesondere eigene Artefakte verstehen. Selbst die Eigenschaften der Moleküle nahezu aller Stoffe, aus denen wir bestehen und die uns umgeben, verstehen wir bisher nur im Prinzip so, wie sie sind, also durch die Quantenmechanik. Trotzdem behaupten wir uns prächtig und entwerfen Medikamente, die wirken – die es aber, Hegelsch-logisch gesehen, nicht geben kann.

Die Welt kann also ganz anders sein, als die sogenannten Denknotwendigkeiten unterstellen, und sie ist es vor allem in den der unmittelbaren Wahrnehmung entrückten Bereichen. Aber all dies entbehrt der «logischen» Existenz, wenn es in unsere Denkgewohnheiten nicht hineinpaßt. Hingegen kann deren Vorhandensein sich unleugbar aufdrängen. Das ist eine wichtige Lektion, die Thomas Mann lernen mußte und die er ehrlich genug war, in seine Deliberationen über das Leben aufzunehmen.

Der irrationale Einzelfall [17]

Ein Problem, das die Wissenschaft mit dem Ursprung des Lebens hat, steckt darin, daß sie sich entscheiden muß, ob es sich um einen zufälligen Einzelfall handelt, der nicht wiederholt werden kann, oder um ein naturgesetzliches und damit notwendiges Geschehen, das reproduzierbar ist. Delbrücks Bitte um ein Rezept der Art «Tu dies und jenes hier hinein, und in drei Monaten krabbelt da etwas herum» kann nur funktionieren, wenn dabei ein Naturgesetz waltet, das erkannt worden ist. Und Naturwissenschaft ist doch offenbar nur in solchen Fällen zuständig. Delbrück verlangt von den Erforschern der anorganischen Stufen zum Leben, sie reproduzierbar zu machen, und zwar schneller, als sie im Original abgelaufen sind. Millers Experiment, Eigens Theorie, Dysons Ansatz – sie alle denken an einen wiederholbaren Vorgang mit einer zwar kleinen, aber durch einen Zahlenwert anzugebenden Wahrscheinlichkeit.

Doch könnte die Entstehung des Lebens nicht ein einmaliger Vorgang gewesen sein? Die Wissenschaft würde dann etwas versuchen, was niemand wollen kann, nämlich das singuläre Ereignis des Ursprungs zu einem statistischen Vorgang degradieren, der rational erfaßbar und berechenbar wird und dem damit jedes Geheimnis fehlt. Wenn Leben einmalig entstanden ist, dann ist es irrational, und sein Ursprung kann *per definitionem* nicht mit rationalen Mittel erfaßt werden. Möglicherweise läßt sich so verstehen, warum die Kluft alle Theorien verschlingt. Dann bliebe uns einzig die Aufgabe, der Frage nach dem Ursprung des Lebens eine poetische Form zu geben, wie wir sie im *Zauberberg* finden. Es braucht nicht eigens betont zu werden, daß solch eine Ansicht wenige Freunde unter den Forschern hat. Nach wie vor versuchen sie, die genauen chemischen Details zu ergründen, die dem Leben auf die Sprünge geholfen haben. Tatsächlich lassen sich Fortschritte auch bei diesen Fragen nachweisen. Vor allem Arbeiten von Günter Wächtershäuser konnten das Interesse der Wissenschaft gewinnen: Er versucht auf verschiedenen Wegen zu zeigen, daß Leben mit chemischer Notwendigkeit begonnen hat – und zwar in einer Situation, in der Kohlenmonoxid, Schwefelwasserstoff, Ammoniak und Schwermetalle in Form von Sulfiden (Schwefelverbindungen) zur Verfügung standen –, um anschließend selbst die Grundlagen für den genetischen Zufall zu schaffen, der heute zu ihm gehört.[18] Wächtershäuser kann zeigen, wie sich nach und nach chemische Strukturen unter der Beteiligung von Schwefel und Eisen bilden können – und es ist nicht ganz ausgeschlossen, daß er eines Tages findet, was Otto Warburg gesucht hat. In Wächtershäusers Verständnis hat die Zündflamme für das Leben nicht nur zu dem Zeitpunkt gebrannt, als es in seiner heutigen Form entstanden ist. Für ihn brennt die Zündflamme des Lebens bis heute, und zwar überall im Universum, wo sich die passenden Bedingungen für den ersten chemischen Schritt finden.

Ein Streitpunkt

Es lohnt sich noch, auf einige Einzelbeobachtungen von Thomas Mann einzugehen. An einer Stelle wird das Gezänk zwischen den Ovisten und Animaculisten erwähnt, die sich über die Frage streiten, ob es das Ei oder der Samen ist, in dem «ein vorgebildetes Lebewesen» sitzt. Leider bleibt Thomas Mann bei der Gegenüberstellung der Positionen, ohne sie beide durch seine Ironie zu Fall zu bringen.

Das Thema, um das es geht, ist uralt. Es geht um die Frage, wie es Organismen gelingt, sich selbst hervorzubringen. Um sie zu beantworten, wurde in den frühen Tagen der Wissenschaft an dieser Stelle ein Homunkulus angenommen, ein kleines, vorgefertigtes Menschlein, das in einer Samen- oder Eizelle hockt und auf seinen Auftritt wartet. Doch solch eine Idee kann aus einem ganz einfachen Grund nicht funktionieren, wie Thomas Mann sicher gewußt hat. Sie kann nämlich nicht die Frage beantworten, woher dieses Menschlein selbst kommt. Vertreter der alten Homunkulus-Idee haben natürlich zuerst versucht, damit zu antworten, daß in dem ersten Menschlein ein noch kleineres Menschlein enthalten sein muß. Sie haben dann aber bald gemerkt, daß ihr Argument an dieser Stelle nicht haltmachen kann. Es macht leider nie halt und läuft sich statt dessen in seiner unendlichen Wiederholung tot («infiniter Regreß»), was unbefriedigend und wissenschaftlich unbrauchbar zugleich ist.

Die neue Lösung, die heute angeboten wird, ist leider nicht viel einfallsreicher. Die Zunft der Biologen redet von einem genetischen Programm, das im Erbmaterial der jeweiligen Zellen sitzt, ohne daß man merkt – wie Thomas Mann es ausgedrückt hätte –, daß hier eine ähnliche logische Falle zuschnappen wird. Denn wenn eine Eizelle ein Programm abspulen und Instruktionen geben soll, dann muß es in dieser Konzeption jemanden oder etwas geben, der oder das diese eintreffenden Anweisungen interpretiert und umsetzt. Dieses Etwas wiederum muß so unabhängig von den programmatischen Instruktionen sein wie ein Mechaniker von den Bauplänen des Autos, das er zusammensetzt. Damit stellt sich wie beim Homunkulus dieselbe offenkundige Frage, die ohne Antwort bleibt: Woher kommt der Mechaniker des Lebens? Natürlich kann man als Lösung vorschlagen, er sei von Anfang an da gewesen. Doch damit würden wir nur das uralte vitalistische Kaninchen aus dem Zylinder ziehen und das Leben durch etwas Geheimnisvolles erklären, das selbst unerklärt bleibt. Im Kontext der heutigen Wissenschaft muß der Mechaniker auch entstanden sein, und in dem Fall können wir nur auf die Gene zurückgreifen. Sie müssen ihn gemacht haben, und damit muten wir ihnen etwas Unmögliches zu, nämlich etwas gemacht zu haben, bevor es sie selbst gegeben hat. Wir verwickeln uns in ein zirkuläres Argument, da (in der Computersprache) eine Software nicht auf einer Hardware laufen kann, für die sie noch keine Bauanleitung geliefert hat und die erst mit ihrer Hilfe hergestellt werden muß.

Es macht keinen Sinn, das Leben als Computer zu betrachten und dessen Zweiteilung in Hardware und Software in die Biologie zu übertragen, etwa dadurch, daß man die Gene als Software und die Proteine als Hardware bezeichnet. Schließlich ist das Programm eines jeden Computers doch unabhängig von dessen Hardware. Man kann ein Gerät bekanntlich ohne Software kaufen. Und es ist darüber hinaus auf keinen Fall von einem der Programme hergestellt worden, die später auf ihm laufen.

In der Zelle

Zu den spannenden Behauptungen Thomas Manns im *Zauberberg* gehört, daß es in der Natur der biochemischen Vorgänge liege, «sich der Einsicht zu entziehen». Dies sei deshalb so, weil erstens biochemische Prozesse nur durch biochemische Prozesse untersucht werden könnten (heutige Methoden gehen weit darüber hinaus) und zweitens, weil die Einsicht in biochemische Prozesse eine Einsicht sein müsse, welche diese Prozesse nicht nur als «irgendwie wirklich», sondern darüber hinaus als «logisch existent» anerkennt – eine Anerkennung, zu der Thomas Mann nicht bereit war. Sehen wir von Psychologischem ab, drängt sich eine Analogie zu der Unschärferelation der Quantenmechanik auf: Oberflächlich betrachtet, ist die Unschärferelation der Quantenmechanik nichts weiter als eine Feststellung über Apparate – berühmt wurde in diesem Zusammenhang «Heisenbergs Mikroskop». Man erkannte, daß es keinen Apparat geben kann, der Ort und Geschwindigkeit eines Teilchens zugleich genauer ermitteln kann, als die Unschärferelation es erlaubt.

Viele Kommentatoren bleiben auf dieser Ebene stehen und bemerken nicht, daß die Unschärferelation, so ausgesprochen, die Quantenmechanik mit Alltagsbegriffen vermischt. Die begrifflichen Ungetüme wie Komplementarität, Unschärfe, Teilchen-Welle-Dualismus und so weiter der «Kopenhagener Interpretation der Quantenmechanik» beruhen letztlich auf der Unmöglichkeit, der Realität der Quantenmechanik durch Begriffe gerecht zu werden, die der Alltagswelt entnommen sind. Das Primat der Alltagsbegriffe kann aber objektiv nicht begründet werden. Dessen verbreitete Annahme beruht ja allein auf deren Erfolg bei unserer Entwicklung und unserer Behauptung als Art unter den Umständen ebendieser Entwicklung. Eine darüber hinausgehende Gültigkeit gibt es nicht. Richard P. Feynman, Physiknobelpreisträger von 1965, hat von der oberflächlichen, durch Apparate bedingten Form der Unschärferelation gesagt, sie «beschütze» die Quantenmechanik davor, widerlegt zu werden. Dadurch nämlich, daß sie es verbietet – beweisbar verbietet! –, Eigenschaften von Systemen genauer zu ermitteln, als es die «eigentliche» Unschärferelation der Quantenmechanik erlaubt.[19]

Die «eigentliche» Unschärferelation des Lebens, wenn es sie denn gibt, kennen wir nicht. Sicher ist aber, daß Alltagsbegriffe nicht ausreichen, um Chemie und Physik des Lebens zu erfassen – in vollständiger Analogie zur Quantenmechanik. Das Bestreben, in der Alltagssprache von Phänomenen zu sprechen, die durch sie nicht beschrieben werden können, macht es erforderlich, die Anwendung von Alltagsargumenten durch Verbote einzuschränken. Indem man etwa Komplementarität und Unschärfe annimmt, wird verhindert, daß wir auf Widersprüche stoßen, die sich bei uneingeschränkter Verwendung von Alltagslogik ergeben würden. Es klingt paradox – aber die einschränkenden Verbote von Komplementarität und Unschärfe erweitern den Anwendungsbereich der Alltagssprache. Sie ermöglichen es, Sachverhalte umgangssprachlich zu formulieren, die der Umgangssprache ohne sie nicht zugänglich wären, indem sie sozusagen die Schwierigkeiten verhüllen, die wir haben, unser Wissen zu verstehen.

Eingeschränkte Möglichkeiten der Beobachtung müssen der Alltagslogik zur Begründung des Ausschlusses von Argumenten genügen. Folglich tritt die Funktion des «Schutzes» durch Komplementarität und so weiter in der Umgangssprache an die Stelle ihrer – bekannten oder unbekannten – eigentlichen Bedeutung. Diese Bedeutung läßt die Umgangssprache offen, unabhängig davon, ob sie wie in der Quantenmechanik bekannt, oder ob sie, wie in der Physik und Chemie des Lebens, (noch) unbekannt ist.

Einen besonders eindrücklichen Versuch, die Unschärferelation der Quantenmechanik auf nichts als den Einfluß der Beobachtung auf das Beobachtete zurückzuführen, verdanken wir Bertolt Brecht (1898 bis 1956). In seinen *Flüchtlingsgesprächen* läßt er 1961 den Physiker Ziffel sehr klar eine Interpretation der Unschärferelation vertreten, die unterstellt, es gebe ein normales Leben in der mikroskopischen Welt:

Ich muß hier an eine Erfahrung der modernen Physik denken, den Heisenbergschen Unsicherheitsfaktor. Dabei handelt es sich um Folgendes: die Forschungen auf dem Gebiet der Atomwelt werden dadurch behindert, daß wir sehr starke Vergrößerungslinsen benötigen, um die Vorgänge unter den kleinsten Teilchen der Materie sehen zu können. Das Licht in den Mikroskopen muß so stark sein, daß es Erhitzungen und Zerstörungen in der Atomwelt, wahre Revolutionen anrichtet. Eben das, was wir beobachten wollen, setzen wir so in Brand, indem wir es beobachten. So beobachten wir nicht das normale Leben der mikroskopischen Welt, sondern ein durch unsere Beobachtung verstörtes Leben.[20]

Brecht denkt hier wohl an ein Verhalten, das dem in der makroskopischen Welt beobachteten gleicht. Das ist falsch. Bezeichnet man das Verhalten von Teilchen in der Makrowelt als normal, gibt es in der Mikrowelt kein normales Verhalten. Man kann es nicht nur nicht beobachten, sondern bereits die Unterstellung, daß dem beobachteten Verhalten solch ein Verhalten wie in der Makrowelt zugrunde liege, verursacht Widersprüche zu experimentell bestätigten Vorhersagen der Quantenmechanik.

Dagegen ist den umgangssprachlichen Formulierungen der Unschärfe sowohl der Quantenmechanik als auch der Biochemie gemeinsam, daß die Beobachtung ihrer elementaren Objekte diese in der Tat ganz im Sinne Brechts beeinflußt. In der Quantenmechanik ist es sogar so, daß das gemeinte quantenmechanische Objekt, dem umgangssprachliche Eigenschaften wie Ort und Geschwindigkeit nicht zukommen, sondern das durch eine abstrakte «Wellenfunktion» beschrieben wird, durch den Apparat, mit dem es in Wechselwirkung tritt, der es sich sozusagen einverleibt, nur die von diesem vorgesehenen Eigenschaften annehmen kann – bei Apparaten zur Messung des Ortes ist es ein Ort, bei einem zur Messung der Geschwindigkeit eine Geschwindigkeit und so weiter.

Die Allgemeingültigkeit der Quantenmechanik verlangt darüber hinaus eine Beantwortung der Frage, warum makroskopische Objekte – Staubkörnchen etwa, die im Sonnenlicht vor uns tanzen – stets sowohl eine bestimmte Geschwindigkeit als auch einen bestimmten Ort zu besitzen scheinen. Diese Frage hat insbesondere Albert Einstein umgetrieben. Daß die Körper «groß» sind, verbietet für sich genommen ja keinesfalls eine Unschärfe von deren Ort und Impuls.

Warum aber treten sie nicht auf? Die Antwort, welche wohl die meisten Physiker geben, die sich heute mit derartigen Fragen befassen, führt uns direkt zur Biochemie zurück. Staubkörner als Objekte der Quantenmechanik sind ja nur scheinbar für sich allein; sie wechselwirken stets mit ihrer Umwelt, der allgegenwärtigen Wärmestrahlung und dem Sonnenlicht. Diese Wechselwirkung führt an den Objekten dauernd Messungen von Ort und Geschwindigkeit durch und legt sie so genau fest, wie es deren Unschärfen erlauben – bei makroskopischen Objekten sind die Abweichungen unbeobachtbar klein. Analoges gilt für die Moleküle in einer Zelle. Anders als die Atome der Quantenmechanik, bei denen bereits die minimalen Unschärfen die Anwendung von Begriffen wie Ort und Geschwindigkeit unmöglich machen, wimmeln in der Umgebung eines Moleküls in der Zelle stets andere Moleküle, die mit ihm in Wechselwirkung treten, unabhängig davon, ob sie von einem Biologen geschickt wurden oder nicht.

Jedenfalls können biochemische Vorgänge nur durch biochemische Prozesse untersucht werden, wobei man auch darauf hinweisen kann, daß Biochemie von der Methode her Chemie ist, vom Ziel aber das Leben erfassen will, und zwar mit ihren Methoden, die ja gerade ohne Leben sind. Natürlich läßt sich mittlerweile «die Mehrzahl der biochemischen Vorgänge» sehr gut erklären – etwa der Stoffwechsel und der Mechanismus beim Transport durch Zellmembranen –, aber wer will, kann auch die ungeheure Dynamik der modernen Biologie durch den Hinweis begründen, daß sich im Zellgeschehen noch viele geheimnisvolle Dinge und offene Fragen zeigen, gerade so, wie der Dichter des *Zauberbergs* es ausdrückt.

Im Anschluß an die eben diskutierten Bemerkungen hält Thomas Mann seine Überzeugung fest, daß man «fast nichts» von dem Aufbau der Zelle weiß. So zutreffend diese Feststellung für die Zeit um 1920 gewesen sein mag, so sehr würde sich ein moderner Biologe dagegen wehren, der auf neue Lehrbücher über die *Molekularbiologie der Zelle* mit über 1000 Seiten Umfang verweisen kann. Die Fortschritte der Zellbiologie sind in der Tat erstaunlich, wenn auch ab und zu kritische Stimmen bemängeln, daß man zwar immer mehr Teile einer Zelle finden und benennen kann, aber bei diesen Beschreibungen stehenbleibt und nicht in der Lage ist, sie in ein theoretisches Gerüst zu betten.

Wir wollen diesen Punkt auf sich beruhen lassen und vielmehr auf die Erwähnung der Gene eingehen, die sich ebenfalls bei Thomas Mann findet, wobei er noch eine andere Pluralform verwendet und uns die «Genen» vorstellt. Das ist verständlich, denn der heute so geläufige Begriff war damals noch jung – das Wort Gen hatte sein wissenschaftliches Debüt 1909, was bedeutet, daß sich der Dichter noch eigene Gedanken über die Bedeutung der Gene machen konnte. Und dabei kommt etwas Erstaunliches zutage. Thomas Mann nimmt den heute veralteten Ausdruck der «Biophoren» für die Gene wörtlich und meint daher, daß die Gene Leben tragen. Damit gelingt ihm eine neue Einsicht, nämlich die, daß die Gene «Lebenseinheiten unterhalb der Zelle [waren] und diese organisch aufbauten».

Die Wissenschaft selbst hat diesen Gedanken erst später ausdrücklich formuliert. Er findet sich in einem Text, den Max Delbrück zusammen mit zwei Kollegen 1935 publizierte, die unter dem Titel *Über die Natur der Genstruktur und der Genmutation* erschienen ist. Dort findet sich der Satz:

«Ein Gen ist ein Atomverband, der als Einheit unterhalb der Ebene der Zelle existiert.» [21]

In dieser Formulierung stecken offenbar zwei Erkenntnisse. Zum einen bestehen Gene aus Atomen, was man mit einem geläufigen Wort auch so ausdrücken kann, daß Gene Moleküle sind (wobei damit noch nichts über deren Größe gesagt ist). Zum zweiten stellen Gene eine eigene Einheit des Lebens dar, die zwar in seinen Zellen zu finden ist – wo auch sonst? –, die aber nicht von diesen Strukturen bestimmt werden, sondern sich als eigenständig erweisen, so, wie es Thomas Mann bereits beim Verfassen des *Zauberbergs* vermutet hat.

Delbrücks Gedanke wurde von Erwin Schrödinger, dem Nobelpreisträger für Physik des Jahres 1933, in seinem legendären Buch *Was ist Leben?* [22] aufgenommen und als «Delbrücks Modell» des Gens allen Wissenschaftlern ans Herz gelegt, die versuchen wollten, das Rätsel des Lebens zu lösen. Schrödingers Buch ist in den Jahren des Zweiten Weltkriegs entstanden und hat einen ungewöhnlichen Einfluß auf die Entwicklung der Molekularbiologie ausgeübt, die in den fünfziger und sechziger Jahren des 20. Jahrhunderts entstanden ist. Die Molekularbiologie ist möglich geworden, weil die Gene genau das sind, was Thomas Mann ihnen im *Zauberberg* zutraut, nämlich als Lebenseinheit organisch aufgebaut zu sein. Die Gene sind organische Einheiten, die mit den Eigenschaften des Lebens selbst ausgestattet sind, und nichts macht diesen Gedanken besser deutlich als die Struktur der Erbmaterials aus DNA. Diese Doppelhelix zeigt unmittelbar, was das Leben kann, nämlich aus eins zwei machen. Die Doppelhelix ist 1953 entdeckt worden – früh für die Wissenschaft, aber wahrscheinlich zu spät, um dem Dichter einen Kommentar zu ihrer Form zu entlocken.

KAPITEL 4

«Das Leben ist eine Episode, und zwar,
im Maßstabe der Äonen, eine sehr flüchtige» –

Was Professor Kuckuck noch nicht wußte

Das Waggon-Gespräch des
Marquis de Venosta, alias Felix Krull

Der Rheingau hat ihn hervorgebracht, den Sohn eines fallierten Champagnerproduzenten und Hochstapler Felix Krull. Ausgestattet mit der Gabe, andere beiderlei Geschlechts für sich einzunehmen, hat er sich aufgemacht, als Partner der Reichen und Schönen das Leben zu genießen. Auf dem Weg von Frankfurt nach Paris hat sich, fast ohne sein Zutun, ein Kästchen mit Preziosen in seinem Koffer eingefunden, deren Veräußerung in einem zwielichtigen Geschäft es ihm ermöglicht hat, dort zu verkehren, wo er den Reichen und Schönen nahe ist. Dies wiederum hat ihn in die beneidenswerte Lage versetzt, als Vertreter und Double eines echten Marquis – des Marquis de Venosta aus der Luxemburger Linie – eine Weltreise anzutreten, die ihn zuerst nach Lissabon führen soll. Wir treffen ihn beim Dinner im Speisewagen des Zuges, der ihn dorthin bringen wird, im Gespräch mit einem Tischgenossen, der ihn nach dem Ziel seiner Reise befragt:

«Übrigens wird nichts uns hindern, unsere Nachtruhe beliebig zu verlängern. Wir werden nicht vor Mittag in Lisboa sein. Oder liegt Ihr Ziel näher?»

«Nein, ich fahre bis Lissabon. Eine weite Reise.»

«Wohl die weiteste, die Sie bisher unternahmen?»

«Aber eine verschwindende Strecke», sagte ich, ohne seine Frage direkt zu beantworten, «im Vergleich mit all denen, die noch vor mir liegen.»

«Sieh da!» versetzte er und stutzte scherzhaft beeindruckt mit Kopf und Brauen. «Sie sind darauf und daran, eine ernstliche Inspektion dieses Sternes und seiner gegenwärtigen Bewohnerschaft vorzunehmen.»

Im Gegensatz zur Wortwahl «Stern» für die Erde, die Thomas Mann wiederholt verwendet, unterscheidet die Astronomie spätestens seit Kopernikus zwischen Sternen wie die Sonne, Planeten wie die Erde und anderen Himmelskörpern, etwa den «Nebeln».

Weitläufigst erklärt sein Tischgenosse dem Memoirenschreiber Felix Krull alsdann die Bewandtnis, die es mit Lissabon und seinen Bewohnern hat. Der Drang von Personen jeglichen Standes, sich Felix Krull zuzuwenden, den zu nutzen seine Natur ist, trifft auch bei seinem Tischgenossen zutage. Mit einer *Seelilie* vergleicht er ihn; ein Vergleich, den schmeichelhaft zu finden, Felix Krull nicht umhinkann:

«Wissen Sie aber, woran Sie mich erinnern?»

«Ich bitte, es mir zu sagen», antwortete ich lächelnd.

«An eine Seelilie.»

«Das klingt nicht wenig schmeichelhaft.»

«Nur weil es Ihnen wie der Name einer Blume klingt. Die Seelilie ist aber keine Blume, sondern eine festsitzende Tierform der Tiefsee, zum Kreis der Stachelhäuter gehörig und davon wohl die altertümlichste Gruppe. Wir haben eine Menge Fossilien davon. Solche an ihren Ort gebundenen Tiere neigen zu blumenhafter Form, will sagen zu einer stern- und blütenartigen Rundsymmetrie. Der Haarstern von heute, Nachkomme der frühen Seelilie, sitzt nur noch in seiner Jugend an einem Stiele im Grunde fest. Dann macht er sich frei, emanzipiert sich und abenteuert schwimmend und kletternd an den Küsten herum. Verzeihen Sie die Gedankenverbindung, aber so, eine moderne Seelilie, haben Sie sich vom Stengel gelöst und gehen auf Inspektionsfahrt. Man ist versucht, den Neuling der Beweglichkeit ein wenig zu beraten... Übrigens: Kuckuck.»

Einen Augenblick dachte ich, es sei nicht ganz richtig mit ihm, verstand aber dann, daß er, obwohl so viel älter als ich, sich mir vorgestellt hatte. [...] «Professor Kuckuck» vervollständigte er seine Vorstellung. «Paläontolog und Direktor des Naturhistorischen Museums in Lissabon, eines noch nicht genügend bekannten Instituts, dessen Gründer ich bin.»[1]

Das Gespräch im Speisewagen des Zuges von Paris nach Lissabon zwischen Professor Kuckuck und dem vermeintlichen Marquis de Venosta ist nach den Dialogen der *Lotte in Weimar* und dem Teufelsgespräch des *Doktor Faustus* das letzte der «großen Gespräche» Thomas Manns. Es handelt vom Kosmos und vom Leben, zwei Themen, die Thomas Mann oft schon beschäftigt haben und die er hier in großem Stil zusammenführt. Hatten seine früheren Betrachtungen zur Physik Anlaß zu Kopfschütteln gegeben, so finden wir in diesem Gespräch nichts, was als verquast bezeichnet werden müßte. Denn endlich hat er in dem bereits mehrfach erwähnten Buch von Lincoln Barnett *The Universe and Dr. Einstein* eine Vorlage gefunden, die sachlich im wesentlichen korrekt und zugleich verständlich ist – verständlicher jedenfalls als die ernst zu nehmenden populärwissenschaftlichen Bücher von Albert Einstein, James Hopwood Jeans (1877 bis 1946; englischer Physiker und Astronom, «Jeans hat mich früher stark gefesselt», schreibt

Thomas Mann am 19. Januar 1952 an A. M. Frey)[2] und Sir Arthur Stanley Eddington, die das Interesse Manns gefunden hatten. Anders auch als das lyrisch-klangvolle, aber inhaltsarme Buch *Geheimnisse des Weltalls* von Maurice Maeterlinck (1862 bis 1949; belgischer Schriftsteller und Literaturnobelpreisträger von 1911) sowie das mystisch-verquaste *Erde und Kosmos* von Otto J. Hartmann, die Thomas Mann «mit dem Bleistift gelesen» hat, beschäftigt sich das Buch von Barnett ernsthaft mit der Physik des Kosmos und macht es Thomas Mann schwer bis unmöglich, seinem Hang nachzugeben, Physik durch Metaphysik zu ersetzen. Mit einer Ausnahme allerdings: Wenn Thomas Mann, wie in dem Text des Gesprächs weiter unten, von «Mystikern der Verhältnismäßigkeit» spricht, kann er sich außer auf seinen Kirchenvater Nietzsche auch auf Barnett berufen.

Zunächst Nietzsche in einem Aphorismus aus der Zeit der *Fröhlichen Wissenschaft*; wir folgen Hans Wysling in seinem Buch *Narzissmus und illusionäre Existenzform*:

> Wir sind irgendwie in der Mitte – nach der Größe der Welt zu und nach der Kleinheit der unendlichen Welt zu. Oder ist das Atom uns näher als das äußerste Ende der Welt? – Ist für uns die Welt nicht nur ein Zusammenfassen von Relationen unter einem Maaße? Sobald dies willkürliche Maaß fehlt, *zerfließt* unsere Welt!

Parallel hierzu hat sich Thomas Mann in seinem englischen Original des Buchs von Barnett Zeilen angestrichen, die in dessen deutscher Übersetzung so lauten:

> Es ist vielleicht charakteristisch, daß, lediglich vom Standpunkt der Größenordnung aus, der Mensch genau in der Mitte zwischen Makrokosmos und Mikrokosmos steht. Das würde etwa besagen, daß ein roter Überriese, der größte uns bekannte Him-

melskörper, den Menschen an Größe genau so übertrifft, wie dieses seinerseits das Elektron, das winzigste Objekt der physikalischen Welt. Deshalb sind – das überrascht nicht weiter – die Urgeheimnisse der Natur in denjenigen Bereichen zu suchen, die am weitesten von dem in seine Sinneswelt gebannten Menschen entfernt liegen, und daher begnügt sich die Naturwissenschaft, die in die extremen Größenordnungen mit Hilfe der altgewohnten Metaphern nicht einzudringen vermag, damit, die allenfalls feststellbaren mathematischen Regelmäßigkeiten zu notieren.[3]

Wie wahr, wenn da nicht dieser doppelseitige Hang zum Mystizismus und zur Resignation vorherrschte. Sachlich gibt es eine Obergrenze für die Masse eines stabilen Sterns – und mit ihr auch eine für dessen Größe. Es ist die nach Subrahmanyan Chandrasekhar, dem indisch-amerikanischen Physiker und Physiknobelpreisträger des Jahres 1983 benannte Chandrasekhar-Grenze. Eine Untergrenze für eine etwaige Abmessung des Elektrons kennen wir bisher hingegen nicht, so daß die Zahlenspielerei mit der mittigen Größe des Menschen heute als das aufgefaßt werden muß, was sie ist: eine Spielerei.

Trotzdem ist es interessant, dem Ursprung der Bemerkung nachzugehen und sie durch heutige Begriffe neu zu interpretieren, genauer: ad absurdum zu führen. Wobei ein typischer Fehler sowohl von Thomas Mann als auch von dem Übersetzer des Barnettschen Buches ins Deutsche zu besichtigen ist. In der Übersetzung heißt es, ein «Heisenbergsches» Mikroskop würde bei «einer Vergrößerung von hundert Billionen das Elektron sichtbar machen», und das stimmt mit dem Exzerpt Thomas Manns, der das englische Original benutzt hat, nahezu wörtlich überein:

Um ein Objekt von der «Größe» des Elektrons sichtbar zu machen, brauchte es ein Mikroskop, das es um hundert Billionen im Diameter vergrößerte.[4]

Rechnen wir es nach: Der «Radius» des Elektrons, den Barnett wie damals üblich angenommen hat, ist mit Sicherheit der «Klassische Elektronenradius» von etwa 3×10^{-15} Meter – ausgeschrieben sind das 0,000000000000003 Meter mit 14 Nullen zwischen dem Komma und der Ziffer 3. Dieser Radius ergibt sich, wenn man die Masse des Elektrons als nach Einsteins $E = mc^2$ in Masse umgerechnete elektrische Energie auffaßt. Wir ersparen uns die Erläuterung, was «elektrische Energie» sei; das Modell ist, wie wir heute wissen, sowieso falsch, und uns kommt es nur auf den Zahlenwert, also nicht auf seinen Ursprung an. Ein Meter ist tausend Millimeter lang, und die Grenze der Sichtbarkeit dürfte bei so etwas wie 0,1 Millimeter – sagen wir zur Vereinfachung der Rechnung bei 0,3 Millimeter – liegen. Also muß das Mikroskop um den Faktor 100 000 000 000 vergrößern können, auf daß das Elektron sichtbar werde – das sind 100 Milliarden, nicht 100 Billionen. Jedenfalls im Deutschen, das eine Milliarde als 1000 Millionen definiert, und eine Billion als 1000 Milliarden. Die Amerikaner machen es anders: Ihre billion ist dasjenige, was bei uns eine Milliarde ist – so daß Lincoln Barnett durchaus recht hatte, wenn er im englischen Original den Faktor als «100 billions» bezeichnete. Verpatzt hat es sowohl Thomas Mann als auch der Übersetzer des Buches.

Nun aber zu dem Versuch einer Neuinterpretation der Mittelstellung des Menschen im Kosmos, der kläglich scheitern wird. Thomas Mann läßt nach unserer Rechnung mit Barnett den Menschen – der, abermals zur Vereinfachung, drei Meter groß sei, um den Faktor 10^{15} (eine 1 gefolgt von 15 Nullen) größer sein als das «klassische» Elektron. Durch die Vergrößerung des Menschen um denselben Faktor kommen wir bei 3 000 000 000 000 Kilometer an. Das ist etwa das Einhundertfache der Abmessungen der größten heute bekannten roten Überriesen, die bis zu 2400mal so groß wie die Sonne sind. Auf den ersten Blick sieht das nach einem Versagen bereits der von Barnett behaupteten Mittelstellung des Menschen aus, aber das zu behaupten würde die durch derartige Abschätzungen anstrebbare Genauigkeit übertreiben. Denn tatsächlich ist der Mensch nicht drei, sondern nur etwa zwei Meter groß, und selbst wenn wir dem Faktor einhundert entsprechend unterstellten, er messe nur 3 Zentimeter, wäre das im Vergleich zu den angenommenen größten und kleinsten Abmessungen praktisch dasselbe gewesen, und wir hätten den Faktor einhundert gewonnen. Mit Barnett und Mann können wir also sagen, daß unter deren Voraussetzung der Mensch eine Mittelstellung im Universum einnimmt. Falsch wäre es aber, daraus den Schluß zu ziehen, der Mensch und nicht die Maus sei das Maß aller Dinge.

Nun zu zwei Abschätzungen, die von heutigen Daten ausgehen. Die wahre Größe des Elektrons kennen wir nicht; nach allem, was wir wissen, könnte das Elektron auch ein ausdehnungsloses Punktteilchen sein. Jedenfalls ist es nach Auskunft neuerer Experimente um mindestens den Faktor 1000 kleiner als der klassische Elektronenradius.

Leicht gefallen ist Thomas Mann das Gesprächs-Kapitel nicht; möglicherweise schwerer als irgend etwas sonst aus seiner Feder. Am 5. Dezember 1951 hat er laut Tagebuch «umkomponiert an dem Kapitel, an dem Starrsinn mich festzuhalten zwingt». Hoffnungsvoll dann am 12. Dezember «Das Kapitel Felix – Kuckuck also gestern abgeschlossen»; mit dem Zusatz allerdings, daß er durch die Reaktion von Katia und Erika, für die er es durchgelesen hat, «oberflächlich getröstet» sei. Am 20. Dezember dann, nach erneuter Lektüre von Barnetts Buch, «Beständige innere Versuche, das letztgeschriebene Kapitel technisch und auch gedanklich umzugestalten». Am Weihnachtsabend 1951 notiert er «Makrokosmische Exzerpte» – wohl aus Barnett, von dem wir vieles in den Notizblättern aus jener Zeit wiederfinden. Am 27. Dezember 1951 hat er sich endlich entschlossen, sich «mit dem Material zu dem neu zu schreibenden Kapitel» neu zu beschäftigen und macht sich «noch Notizen für die Umgestaltung». Im Tagebuch schreibt er bis «Montag den letzten» noch dreimal von der «Umgestaltung» – ein Prozeß, den Inge Jens in ihrem Kommentar zu den Tagebucheintragungen jener Tage rekonstruiert hat.

Auf den biologischen Teil des Gesprächs eingestimmt hat sich Thomas Mann erstens durch Lektüre des bereits erwähnten Buchs *Allgemeine Biologie* von M. Hartmann, in dem er fleißig angestrichen und aus dem er, wie seine Notizblätter zeigen, auch fleißig exzerpiert hat; es finden sich wörtliche und nahezu wörtliche Übernahmen, genauso wie aus Barnetts Buch. Auch hier fällt besonders wohltuend die Abkehr Manns vom Mystizismus auf. Ein Beispiel muß genügen: Hatte er noch Hans Castorp im *Zauberberg* das Atom als ein «energiegeladenes kosmisches System, worin Weltkörper rotierend um ein sonnenhaftes Zentrum rasten» beschreiben lassen, exzerpiert er 1951 Barnett über Elektronen so:

Man fand, daß alle Elektronen, verschieden an Zahl, in versch. Atomen dieselbe Masse und dieselbe elktr. Ladung hätten. So betrachtete man sie als die letzten Grundsteine des Universums.

Dazu gehören sie auch nach heutiger Kenntnis. Wieder und wieder hat sich die Liste der «Elementarteilchen» durch die Entdeckung geändert, daß bis dahin für unteilbar gehaltene Teilchen – die Atome, Atomkerne, Protonen und Neutronen – tatsächlich aus elementareren Bausteinen aufgebaut sind. Kontinuierlich bis heute steht auf dieser Liste nur das Elektron, und zwar seit seiner Entdeckung durch den englischen Physiker J. J. Thomson (1856 bis 1940; Physiknobelpreis 1906) im Jahr 1897. Aus dem Buch von

Barnett exzerpiert Thomas Mann weiter treulich, daß das Verhalten der Elektronen «zu komplex [ist] für materielle Punkte. Der feste Körper hat immer einen bestimmten Platz im Raum; das Elektron scheinbar nicht. [...] Ein harter Körper nimmt einen *entschiedenen Betrag an Raum* ein; ein Elektron nicht. – Das sphärische Elektron reduziert auf eine wellige Ladung elektr. Energie, das Atom zu einem System übergeordneter Wellen. Schluß: Alle Materie besteht aus Wellen», wie er treulich weiter exzerpiert. Will man Sachverhalte der Quantenmechanik überhaupt umgangssprachlich darstellen, kommt dieses Exzerpt dem Sachverhalt recht nah. Näher und weniger mystisch sogar als in der Vorlage, wie ein Vergleich mit Barnett zeigt, die selbst die entscheidenden Sätze als Zitat von James Jeans anführt. Wir fühlen uns bei zahlreichen Exzerpten Thomas Manns an die Einschätzung Manfred Eigens erinnert, daß «dessen Sprachgenie sich nicht nur der dialektischen Aufbereitung des Sachverhalts annahm, sondern dessen scharfsinniger Verstand diesen selbst auch ordnete und in einen durchsichtigen logischen Zusammenhang brachte»[5].

Darüber hinaus aber versetzte ihn der zweifache Besuch «mit Medi» im naturhistorischen Museum Chicagos in Hochstimmung; ein Besuch, der seinen ausführlichen Niederschlag in der Schilderung des Besuchs von Felix Krull in Kuckucks Lissaboner Museum weiter unten im Buch finden sollte. Die Niederschrift des Kuckuck-Gesprächs hat Thomas Mann nach diesen beiden Besuchen im November 1951 begonnen, und zwar im kalifornischen Pacific Palisades. «Geschrieben am biologischen Gespräch, möglichst aufgeräumt», trägt er am 3. Dezember in sein Tagebuch ein, und für dieses kann er von seinen Museumsbesuchen zehren. Anläßlich einer Unterbrechung der Zugreise gen Westen nach einem Europabesuch im Oktober 1951 hat er, bereits «an dem Kellner- und dem laufenden Venosta-Kapitel» arbeitend, das Museum in Chicago besucht. Und am 4. Oktober 1951 trägt er in sein Tagebuch ein:

Höchst lebhafter und fruchtbarer Eindruck. Das Ur-Leben. Schwämme, die 50 Millionen Jahre überlebt haben. Querschnitte von ebenfalls sehr frühen Muscheln in feinster Ausarbeitung des Gehäuses. Frühestes organisches (Pflanzen)-Leben in der Meerestiefe. Dort fing alles an. Die Erde noch leer, mit baumähnlichen Farrenschaften, weich. Wunderschöne zoologische Modelle aller Art. Skelette der Reptil-Monster und gigantische Tiermassen, die, allzu plump, die Erde beherrschten. Eier gebärende Säugetiere mit Tragtaschen. Menschenaffen. Höhle mit Neanderthal-Menschen. Der Mann, plumpnackig, mit blutenden Knien, haarig nicht sehr. Das Baby im Arm des Weibes am heutigsten.

Während uns mehr als ein halbes Jahrhundert danach im Angesicht all der computeranimierten Dinosaurier aus Hollywoodfilmen Besuche in solchen Museen nur selten faszinieren, ist der Schriftsteller «bewegt», und ihn erfaßt sogar ein «biologischer Rausch». Thomas Mann entwickelt das zugleich wunderbare und erstaunliche «Gefühl, daß dies alles meinem Schreiben und Lieben und Leiden, meiner Humanität zum Grunde liegt». «Dies alles», das meint die Menschwerdung, die *Wandlung des Organischen* zum Menschen hin, wie der Titel einer Schrift lautet, die er in diesen Tagen liest, sowie seinen Weg vom Tier zum Halbgott, wie spätere Evolutionsbiologen etwas keck formulieren.

Am Tag nach dem ersten Besuch des Museums, am 5. Oktober 1951, kehrt Thomas Mann – erneut mit Medi – in das «Museum of Natural History» zurück, um im Erdgeschoß weitere Bilder «frühmenschlichen, z. T. noch kaum menschlichen Lebens» anzusehen, die er erneut «eindrucksvoll» findet und die er am 6. Oktober 1951 im Tagebuch so beschreibt:

Die «ersten» Europäer (Süd-Frankreich, glaube ich), noch klein, flaumig behaart, bei einander hockend, von vor X Millio-

nen Jahren. Die Künstler der Höhlenmalereien und Steinritze-
reien einsam bei ihrer merkwürdigen triebhaften Arbeit, sehr
rührend.

Und wieder ist Thomas Mann «bewegt von alledem», er vertieft
sich in die «nach einem Grundprinzip so vielfach abgewandelten
Geschöpfe», die das Museum seinen Besuchern vorstellt, und ist
bis zuletzt «unermüdet von diesem Schauen. Keine Kunstgalerie
könnte mich so interessieren.»

In dieser angeregten Lust auf das Biologische und mit dieser
künstlerischen Gestimmtheit beginnt Thomas Mann die Niederschrift des Gesprächs, in dem Professor Kuckuck den vermeintlichen Marquis zunächst auf seine eigenen Sammlungen einstimmt,
die er über viele Jahre hinweg zusammengetragen hat, um die Ent-
wicklungsstufen des Lebens möglichst geschlossen und verbindlich
ausstellen zu können. Die beiden Herren wenden sich den evolutionären Fragen zu, nachdem Felix Krull vom Professor erfahren
hat, daß er sich auf dem Rückweg von Paris befindet, wohin es ihn
dienstlich verschlagen hat.

Hier nun das Gespräch, wie es schlußendlich veröffentlicht
wurde. Es handelt zuerst vom Leben, dann vom Kosmos, dann
vom Leben *und* dem Kosmos, und gehört nach unserer Einschätzung zum Eindrucksvollsten, was Thomas Mann geschaffen hat;
wir geben seinen wissenschaftlichen Teil im wesentlichen unge-
kürzt wieder. Zunächst macht sich Professor Kuckuck daran, den
Marquis de Venosta, alias Felix Krull, mit Betrachtungen zur Evolutionsbiologie zu unterhalten. Zweck der Reise Kuckucks nach
Paris war,

> «[...] vom Paläozoologischen Institut ein paar wichtige Skelett-
> fragmente zu erwerben, – Schädel, Rippen und Schulterblatt
> einer längst ausgestorbenen Tapir-Art, von der über viele Ent-
> wicklungsstufen hin unser Pferd abstammt.»

«Wie, das Pferd stammt vom Tapir?»

«Und vom Nashorn. Ja, Ihr Reitpferd, Herr Marquis, hat sehr verschiedene Erscheinungsformen durchlaufen. Zeitweise, obgleich schon Pferd, hatte es Liliput-Format. Oh, wir haben gelehrte Namen für alle seine früheren und frühesten Zustände, Namen, die alle auf ‹hippos›, ‹Pferd›, ausgehen, angefangen mit ‹Eohippos›, – jener Stamm-Tapir nämlich lebte im Erdalter des Eozäns.»

«Im Eozän. Ich verspreche Ihnen, Professor Kuckuck, mir das Wort zu merken. Wann schrieb man das Eozän?»

«Kürzlich. Es ist Erdenneuzeit, etwelche hunderttausend Jahre zurück, als zuerst die Huftiere aufkamen. – Übrigens wird es Sie als Künstler interessieren, daß wir Spezialisten beschäftigen, Meister in ihrer Art, die nach den Skelettfunden all die vergangenen Tierformen höchst anschaulich und lebensvoll rekonstruieren, wie auch den Menschen von einst.»

«Den Menschen!»

«Wie auch den Menschen.»

«Den Menschen des Eozäns?»

«Das wird ihn schwerlich gekannt haben. Wir müssen gestehen, sein Andenken verliert sich ein wenig im Dunkeln. Daß seine Ausbildung sich spät, erst im Rahmen der Entwicklung der Säugetiere vollzogen hat, liegt wissenschaftlich auf der Hand. Er ist, wie wir ihn kennen, ein Spätkömmling dahier, und die biblische Genesis hat vollkommen recht, in ihm die Schöpfung gipfeln zu lassen. Nur kürzt sie den Prozeß ein wenig drastisch ab. Das organische Leben auf Erden ist schlecht gerechnet fünfhundertfünfzig Millionen Jahre alt. Bis zum Menschen hat es sich Zeit genommen.»

«Sie sehen mich außerordentlich gepackt durch Ihre Angaben, Herr Professor.» […] «Ob ihm noch eine ebenso lange Frist bevorsteht, dem Leben», fuhr er fort, «wie die, die hinter ihm liegt, kann niemand sagen. Seine Zähigkeit ist freilich enorm, besonders in seinen untersten Formen. Wollen Sie glauben, daß die Sporen gewisser Bakterien die unbehagliche Temperatur des Weltraums, minus zweihundert Grad, volle sechs Monate aushalten, ohne zugrunde zu gehen?»

«Das ist bewundernswert.»

«Und doch sind Entstehung und Bestand des Lebens an bestimmte, knapp umschriebene Bedingungen gebunden, die ihm nicht allezeit geboten waren, noch allezeit geboten sein werden. Die Zeit der Bewohnbarkeit eines Sternes ist begrenzt. Es hat das Leben nicht immer gegeben und wird es nicht immer geben. Das Leben ist eine Episode, und zwar, im Maßstabe der Äonen, eine sehr flüchtige.»

«Das nimmt mich ein für dasselbe», sagte ich. [...] «Es gibt da», setzte ich hinzu, «ein Liedchen: ‹Freut euch des Lebens, weil noch das Lämpchen glüht.› Ich habe es früh erklingen hören und immer gern gehabt, aber durch Ihre Worte von der ‹flüchtigen Episode› nimmt es nun freilich eine ausgedehntere Bedeutung an.»

«Und wie das Organische sich beeilt hat», sprach Kuckuck weiter, «seine Arten und Formen zu entwickeln, gerade als ob es gewußt hätte, daß das Lämpchen nicht ewig glühen wird. Besonders gilt das für seine Frühzeit. Im Kambrium – so nennen wir die unterste Erdschicht, die tiefste Formation der paläozoischen Periode – steht es um die Pflanzenwelt freilich noch dürftig: Seetange, Algen, weiter kommt noch nichts vor, – das Leben stammt aus dem Salzwasser, dem warmen Urmeer, müssen Sie wissen. Aber das Tierreich ist da sofort nicht nur durch einzellige Urtiere, sondern durch Hohltiere, Würmer, Stachelhäuter, Gliederfüßler vertreten, das will sagen: durch sämtliche Stämme mit Ausnahme der Wirbeltiere. Es scheint, von den fünfhundertfünfzig Millionen Jahren hat es keine fünfzig gedauert, bis die ersten Vertebraten aus dem Wasser an Land gingen, von dem damals schon einiges bloßlag.

Und dann ist es mit der Evolution, der Aufspaltung der Arten
dermaßen vorangegangen, daß nach bloßen zweihundertfünf-
zig weiteren Jahrmillionen die ganze Arche Noah einschließlich
der Reptilien da war, – nur die Vögel und Säugetiere standen
noch aus. Und das alles vermöge der einen Idee, die die Natur
in anfänglichen Zeiten faßte und mit der zu arbeiten sie bis hin
zum Menschen nicht abgelassen hat. –»

«Ich bitte recht sehr, mir dieselbe zu nennen!»

«Oh, es ist nur die Idee des Zellenzusammenlebens, nur der
Einfall, das glasig-schleimige Klümpchen des Urwesens, des
Elementarorganismus nicht allein zu lassen, sondern, anfangs
aus wenigen davon, dann aus Abermillionen, übergeordnete
Lebensgebilde, Vielzeller, Großindividuen herzustellen, sie
Fleisch und Blut bilden zu lassen. Was wir das ‹Fleisch› nennen
und was die Religion als schwach und sündig, als ‹der Sünde
bloß› mißbilligt, ist ja nichts als solche Ansammlung organisch
spezialisierter Kleinindividuen, Vielzelligkeitsgewebe. Mit wah-
rem Eifer hat die Natur diese ihre eine, ihr teuere Grundidee
verfolgt – mit Übereifer zuweilen –, ein paarmal hat sie sich
dabei zu Ausschweifungen hinreißen lassen, die sie reuten.
Tatsächlich hielt sie schon bei den Säugetieren, als sie noch eine
Wucherung von Leben zuließ wie den Blauwal, groß wie zwanzig Elefanten, ein Monstrum, auf Erden gar nicht zu halten und
zu ernähren, – sie schickte es ins Meer, wo es nun als riesige
Trantonne, mit zurückgebildeten Hinterbeinen, Flossen und
Ölaugen, seiner Daseinsmasse zu mäßiger Freude, Jagdwild der
Fettindustrie, in unbequemer Lage seine Jungen säugt und
Krebschen schlingt. Aber viel früher schon, anfangs des Mit-
telalters der Erde, Triasformation, lange bevor ein Vogel sich
in die Lüfte schwang oder ein Laubbaum grünte, finden wir
Ungeheuer, Reptile, die Dinosaurier, – Bursche von einer
Raumbeanspruchung, wie sie hienieden nicht schicklich ist.
So ein Individuum war hoch wie ein Saal und lang wie ein

Eisenbahnzug, es wog vierzigtausend Pfund. Sein Hals war wie eine Palme und der Kopf im Verhältnis zum Ganzen lächerlich klein. Dieses übermäßige Körpergewächs muß strohdumm gewesen sein. Übrigens gutmütig, wie die Unbehilflichkeit es mit sich bringt...»

«Also wohl nicht sehr sündig, trotz so vielem Fleisch.»

«Aus Dummheit wohl nicht. – Was soll ich Ihnen noch von den Dinosauriern sagen? Vielleicht dies: sie hatten eine Neigung zum Aufrechtgehen.»

Und Kuckuck richtete seine Sternenaugen auf mich, unter deren Blick etwas wie Verlegenheit mich überkam.

«Nun», sagte ich mit gemachter Nonchalance, «dem Hermes werden diese Herrschaften wenig geglichen haben beim Aufrechtgehen.»

[...]

«Oh, Hermes», erwiderte er. «Eine elegante Gottheit. [...] Und maßvoll als Gebilde, nicht zu klein, nicht zu groß, von Menschenmaß. Ein alter Baumeister pflegte zu sagen, daß, wer bauen wolle, zuerst die Vollkommenheit der menschlichen Figur erkannt haben müsse, denn in dieser seien die tiefsten Geheimnisse der Proportion verborgen. Mystiker der Verhältnismäßigkeit wollen wissen, daß der Mensch – und also der menschengestaltige Gott – nach seinem Wuchs die genaue Mitte halte zwischen der Welt des ganz Großen und der des ganz Kleinen. Sie sagen, der größte materielle Körper im All, ein roter Riesenstern, sei ebensoviel größer als der Mensch, wie der winzigste Bestandteil des Atoms, ein Etwas, das man um hundert Billionen im Durchmesser vergrößern müßte, um es sichtbar zu machen, kleiner ist als er.»

Die «hundert Billionen» und die Mittelstellung des Menschen wurden bereits auf S. 184 erörtert.

«Da sieht man, was es hilft, aufrecht zu gehen, wenn man das Wohlmaß nicht hält.»

«Sehr anschlägig nach allem, was man hört», fuhr mein

Tischgenosse fort, «soll er gewesen sein, Ihr Hermes, in seiner griechischen Proportioniertheit. Das Zellengewebe seines Gehirns, wenn man bei einem Gott davon sprechen darf, muß also besonders pfiffige Formen angenommen haben. Aber eben: stellt man ihn sich nicht aus Marmor, Gips oder Ambrosia vor, sondern als lebendigen Leib von menschenförmigem Bau, so ist doch auch bei ihm viel Natur-Altertum rückständig. Es ist ja bemerkenswert, wie urtümlich, im Gegensatz zum Gehirn, Arme und Beine des Menschen geblieben sind. Sie haben alle Knochen bewahrt, die man schon bei den primitivsten Landtieren findet.»

«Das ist packend, Herr Professor. Es ist nicht die erste packende Mitteilung, die Sie mir machen, aber sie gehört zu den packendsten. Die Knochen der menschlichen Arme und Beine wie bei den urtümlichsten Landtieren! Nicht daß ich mich daran stieße, aber es packt mich. Ich rede nicht von den berühmten Hermesbeinen. Aber nehmen Sie einen reizenden vollschlanken Frauenarm, wie er uns, wenn wir Glück haben, wohl umschließt, – zum Kuckuck – pardon, ich wollte keinen Mißbrauch – aber man sollte nicht denken –»

«Es scheint mir, lieber Marquis, ein gewisser Extremitätenkult bei Ihnen vorzuliegen. Er hat seinen guten Sinn als Abneigung eines entwickelten Wesens gegen die fußlose Wurmform. Was aber den vollschlanken Frauenarm angeht, so sollte man bei dieser Gliedmaße sich gegenwärtig halten, daß sie nichts anderes ist als der Krallenflügel des Urvogels und die Brustflosse des Fisches.»

«Gut, gut, ich werde in Zukunft daran denken. Ich glaube versichern zu können, daß ich es ohne Bitterkeit, ohne Ernüchterung, vielmehr mit Herzlichkeit tun werde. Aber der Mensch, so hört man immer, stammt doch vom Affen ab.»

«Lieber Marquis, sagen wir lieber: er stammt aus der Natur und hat seine Wurzel in ihr. Von der Ähnlichkeit seiner Anatomie mit der der höheren Affen sollten wir uns vielleicht nicht zu sehr blenden lassen, man hat gar zuviel Aufhebens davon gemacht. Die bewimperten Blauäuglein und die Haut des Schweines haben vom Menschlichen mehr als irgendein Schimpanse, – wie ja denn auch der nackte Körper des Menschen sehr oft an das Schwein erinnert. Unserm Gehirn aber, nach dem Hochstande seines Baus, kommt das der Ratte am nächsten. Anklänge ans Tier-Physiognomische finden Sie unter Menschen auf Schritt und Tritt. Sie sehen da den Fisch und den Fuchs, den Hund, den Seehund, den Habicht und den Hammel. Andererseits will alles Tierische uns, ist uns nur der Blick dafür aufgetan, als Larve und schwermütige Verzauberung des Menschlichen erscheinen ... O doch, Mensch und Tier, die sind verwandt genug! Wollen wir aber von Abstammung reden, so stammt der Mensch vom Tier, ungefähr wie das Organische aus dem Unorganischen stammt. Es kam etwas hinzu.»

«Hinzu? Was, wenn ich fragen darf?»

«Ungefähr das, was hinzukam, als aus dem Nichts das Sein entsprang. Haben Sie je von Urzeugung gehört?»

Der «Urzeugung» haben wir auf S. 71 bereits einen Abschnitt gewidmet (siehe auch S. 268 ff.).

«Mir liegt außerordentlich daran, von derselben zu hören.»

Er blickte sich flüchtig um und eröffnete mir dann mit einer gewissen Vertraulichkeit – offenbar nur, weil ich es war, der Marquis de Venosta:

«Es hat nicht eine, sondern drei Urzeugungen gegeben: Das Entspringen des Seins aus dem Nichts, die Erweckung des Lebens aus dem Sein und die Geburt des Menschen.» [...] Vorgebeugt saß ich und hörte dem kuriosen Reisegefährten zu, der mir vom Sein sprach, vom Leben, vom Menschen – und vom Nichts, aus dem alles gezeugt sei und in das alles zurückkehren werde. Ohne Zweifel, sagte er, sei nicht nur das Leben auf Erden eine verhältnismäßig rasch vorübergehende Episode, *das Sein sei selbst eine solche* – zwischen Nichts und Nichts. Es habe das Sein nicht immer gegeben und werde es nicht immer geben. Es habe einen Anfang gehabt und werde ein Ende haben, mit ihm aber Raum und Zeit, denn die seien nur durch das Sein und durch dieses aneinander gebunden. Raum, sagte er, sei nichts weiter als die Ordnung oder Beziehung materieller Dinge untereinander. Ohne Dinge, die ihn einnähmen, gäbe es keinen Raum und auch keine Zeit, denn Zeit sei nur eine durch das Vorhandensein von Körpern ermöglichte Ordnung von Ereignissen, das Produkt der Bewegung, von Ursache und Wirkung, deren Abfolge der Zeit Richtung verleihe, ohne welche es Zeit nicht gebe. Raum- und Zeitlosigkeit aber, das sei die Bestimmung des Nichts. Dieses sei ausdehnungslos in jedem Sinn, stehende Ewigkeit, und nur vorübergehend sei es unterbrochen worden durch das raum-zeitliche Sein. Mehr Frist, um Äonen mehr, sei dem Sein gegeben als dem Leben; aber einmal mit Sicherheit, werde es enden, und mit ebensoviel Sicherheit entspreche dem Ende ein Anfang. Wann habe die Zeit, das Geschehen begonnen? Wann sei die erste Zuckung des Seins aus dem Nichts entsprungen kraft eines «Es werde», das mit unweigerlicher Notwendigkeit bereits das «Es vergehe» in sich geschlossen habe? Vielleicht sei das «Wann» des Werdens nicht gar so lange her, das «Wann» des Vergehens nicht gar so lange hin – nur einige Billionen Jahre her und hin vielleicht ... Unterdessen feiere das Sein sein tumultuöses Fest in den unermeßlichen Räumen, die sein Werk seien und in denen es Entfernungen bilde, die von eisiger Leere starrten. Und er sprach mir von dem Riesenschauplatz dieses Festes, dem Weltall, diesem sterblichen Kinde des ewigen Nichts, angefüllt mit materiellen Körpern ohne Zahl, Meteoren, Monden, Kometen, Nebeln, Abermillionen von Sternen, die aufeinander bezogen, zueinander geordnet waren durch die Wirksamkeit ihrer Gravitationsfelder zu Haufen, Wolken, Milchstraßen und Übersystemen von Milchstraßen, deren jede aus Unmengen flammender Sonnen, drehend umlaufender Planeten, Massen verdünnten Gases und kalten Trümmerfeldern von Eisen, Stein und kosmischem Staube bestehe. [...]

Unsere Milchstraße, vernahm ich, eine unter Billionen, schließe beinahe an ihrem Rande, beinahe als Mauerblümchen, dreißigtausend Jahreslichtläufe von ihrer Mitte entfernt, unser lokales Sonnensystem ein, mit seinem riesigen, vergleichsweise aber keineswegs bedeutenden Glutball, genannt «die» Sonne, obwohl sie nur den unbestimmten Artikel verdiene, und den ihrem Anziehungsfeld huldigenden Planeten, darunter die Erde, deren Lust und Last es sei, sich mit der Geschwindigkeit von tausend Meilen die Stunde um ihre Achse zu wälzen und, in der Sekunde zwanzig Meilen zurücklegend, die Sonne zu umkreisen, wodurch sie ihre Tage und Jahre bilde, – die ihren wohlgemerkt, denn es gebe ganz andere. Der Planet Merkur etwa, der Sonne am nächsten, vollende seinen Rundlauf in achtundachtzig unserer Tage und drehe sich eben dabei auch einmal um sich selbst, so daß für ihn Jahr und Tag dasselbe seien. Da sehe man, was es auf sich habe mit der Zeit, – nicht mehr als mit dem Gewicht, dem ebenfalls jede Allgemeingültigkeit abgehe. Beim weißen Begleiter des Sirius zum Beispiel, einem Körper, nur dreimal größer als die Erde, befinde sich die Materie im Zustande solcher Dichtigkeit, daß ein Kubikzoll davon bei uns eine Tonne wiegen würde. Erdenstoff, unsere Felsengebirge, unser Menschenleib gar seien lockerster, leichtester Schaum dagegen.

Während die Erde, so hatte ich den Vorzug zu hören, sich um ihre Sonne tummele, tummelten sie und ihr Mond sich umeinander herum, wobei unser ganzes örtliches Sonnensystem sich im Rahmen einer etwas weiteren, immer noch sehr örtlichen Sternenzusammengehörigkeit Bewegung mache und zwar keine säumige, – nicht ohne daß dieses Bezugssystem wieder, mit krasser Geschwindigkeit, sich innerhalb der Milchstraße tummele, diese aber, unsere Milchstraße, in bezug auf ihre entfernten Schwestern mit ebenfalls unausdenkbarer Schnelle dahintreibe, wo doch, zu dem allen, diese fernsten materiellen Seinskomplexe so hurtig, daß der Flug eines Granatsplitters, verglichen mit ihrer Fahrt, nichts weiter als Stillstand sei, nach allen Richtungen auseinanderstöben, ins Nichts, wohinein sie im Sturme Raum trügen und Zeit.

Dies Ineinander- und Umeinanderkreisen und Wirbeln, dieses Sichballen von Nebeln zu Körpern, dies Brennen, Flammen, Erkalten, Zerplatzen, Zerstäuben, Stürzen und Jagen, erzeugt aus dem Nichts und das Nichts erweckend, das vielleicht besser, lieber vielleicht im Schlaf geblieben wäre und auf seinen Schlaf wieder warte – es sei das Sein, auch Natur genannt, und es sei eines überall und in allem. Ich möge nicht zweifeln, daß alles Sein, daß die Natur eine geschlossene Einheit bilde, vom einfachsten leblosen Stoff bis zum lebendigsten Leben, zur Frau mit dem vollschlanken Arm und zur Hermesgestalt. Unser Menschenhirn, unser Leib und Gebein – Mosaiken seien sie derselben Elementarteilchen, aus denen Sterne und Sternstaub, die dunklen, getriebenen Dunstwolken des interstellaren Raumes bestünden. Das Leben, hervorgerufen aus dem Sein, wie dieses einst aus dem Nichts, – das Leben, diese Blüte des Seins, – es habe alle Grundstoffe mit der unbelebten Natur gemein, – nicht einen einzigen habe es aufzuweisen, der nur ihm gehöre. Man könnte nicht sagen, daß es sich unzweideutig gegen das bloße Sein, das unbelebte, absetze. Die Grenze zwischen ihm und dem Unbelebten sei fließend. Die Pflanzenzelle erweise die natürliche Möglichkeit, dem Steinreich angehörige Stoffe mit Hilfe des Sonnenäthers so umzubauen, daß sie in ihr Leben gewönnen. Das urzeugerische Vermögen des Blattgrüns gebe uns also ein Beispiel von der Entstehung des Organischen aus dem Unorganischen. Es fehle nicht am Umgekehrten. Wir hätten die Gesteinsbildung aus tierischer Kieselsäure. Zukünftige Festlandgebirge wüchsen im Meere, wo es am tiefsten sei, aus den Skelettresten winziger Lebewesen. Im Schein- und Halbleben der flüssigen Kristalle spiele augenfällig das eine Naturreich ins andre hinüber. Immer, wenn die Natur uns gaukelnd im Unorganischen das Organische vortäusche, wie in den Schwefel-, den Eisblumen, wolle sie uns lehren, daß sie nur eines sei.

Das Organische selbst kenne die klare Grenze nicht zwischen seinen Arten. Das Tierische gehe ins Pflanzliche über dort, wo es am Stengel sitze und Rund-Symmetrie, Blütengestalt annehme, das Pflanzliche ins Tierische, wo es das Tier fange und fresse, statt aus dem Mineralischen Leben zu saugen. Aus dem Tierischen sei durch Abstammung, wie man sage, in Wirklichkeit durch ein Hinzukommendes, das so wenig bei Namen zu nennen sei wie das Wesen des Lebens, wie der Ursprung des Seins, der Mensch hervorgegangen. Aber der Punkt, wo er schon Mensch sei und nicht mehr Tier, oder nicht mehr nur Tier, sei schwer zu bestimmen. Der Mensch bewahre das Tierische, wie das Leben das Unorganische in sich bewahre; denn in seinen letzten Bausteinen, den Atomen, gehe es ins Nicht-mehr-, ins Noch-nicht-Organische über. Im Innersten jedoch, dem untersichtigen Atom, verflüchtige die Materie sich ins Immaterielle, nicht mehr Körperliche; denn was dort umtreibe und wovon das Atom ein Überbau sei, das sei fast unter dem Sein, da es keinen bestimmbaren Platz im Raum noch einen nennbaren Betrag von Raum mehr einnehme, wie es einem redlichen Körper gebühre. Aus dem Kaum-schon-Sein sei das Sein gebildet, und es verfließe ins Kaum-noch-Sein.

Alle Natur, von ihren frühesten, fast noch immateriellen und ihren einfachsten Formen bis zu den entwickeltsten und höchst lebendigen, sei immer versammelt geblieben und bestehe nebeneinander fort, – Sternnebel, Stein, Wurm und Mensch. Daß viele Tierformen ausgestorben seien, daß es keine fliegenden Echsen und keine Mammuts mehr gebe, hindere nicht, daß neben dem Menschen das gerade schon formbeständige Urtier fortlebe, der Einzeller, das Infusor, die Mikrobe, mit einer Pforte zur Einfuhr und einer zur Ausfuhr an ihrem Zell-Leib, – mehr brauche es nicht, um Tier zu sein, und um Mensch zu sein, brauche es meistens auch nicht viel mehr. –

Das war ein Scherz von Kuckuck, ein kaustischer. [...] Ich habe gesagt und sage es wieder, daß ich außerordentlich erregt war, und zwar durch eine meine Natur fast überspannende Ausdehnung des Gefühls, die das Erzeugnis der Reden meines Tischgenossen über das Sein, das Leben, den Menschen war. [...]

Es gebe den Fortschritt, sagte Kuckuck anschließend an seinen Scherz, ohne Zweifel gebe es ihn, vom Pithecanthropus erectus bis zu Newton und Shakespeare, das sei ein weiter, entschieden aufwärts führender Weg. Wie es sich aber verhalte in der übrigen Natur, so auch in der Menschenwelt: auch hier sei immer alles versammelt, alle Zustände der Kultur und Moral, alles, vom Frühesten bis zum Spätesten, vom Dümmsten bis zum Gescheitesten, vom Urtümlichsten, Dumpfesten, Wildesten bis zum Höchst- und Feinstentwickelten bestehe allezeit nebeneinander in dieser Welt, ja oft werde das Feinste müd' seiner selbst, vergaffe sich in das Urtümliche und sinke trunken ins Wilde zurück. Davon nichts weiter. Er werde aber dem Menschen das Seine geben und mir, dem Marquis de Venosta, nicht vorenthalten, was den Homo sapiens auszeichne vor aller andern Natur, der organischen und dem bloßen Sein, und was wahrscheinlich mit dem zusammenfalle, was «hinzugekommen» sei, als er aus dem Tierischen trat. Es sei das Wissen von Anfang und Ende. Ich hätte das Menschlichste ausgesprochen mit dem Wort, es nähme mich ein für das Leben, daß es nur eine Episode sei. Fern davon nämlich, daß Vergänglichkeit entwerte, sei gerade sie es, die allem Dasein Wert, Würde und Liebenswürdigkeit verleihe. Nur das Episodische, nur was einen Anfang habe und ein Ende, sei interessant und errege Sympathie, beseelt wie es sei von Vergänglichkeit. So sei aber alles – das ganze kosmische Sein sei beseelt von Vergänglichkeit, und ewig, unbeseelt darum und unwert der Sympathie, sei nur das Nichts, aus dem es hervorgerufen worden zu seiner Lust und Last.

Sein sei nicht Wohlsein; es sei Lust und Last, und alles raumzeitliche Sein, alle Materie habe teil, sei es auch im tiefsten Schlummer nur, an dieser Lust, dieser Last, an der Empfindung, welche den Menschen, den Träger der wachsten Empfindung, zur Allsympathie lade. – «Zur Allsympathie», wiederholte Kuckuck, indem er sich mit den Händen auf die Tischplatte stützte, um aufzustehen, wobei er mich ansah mit seinen Sternenaugen und mir zunickte.

«Gute Nacht, Marquis de Venosta», sagte er. «Wir sind, wie ich bemerke, die letzten im Speisewagen. Es ist Zeit, sich schlafen zu legen. Lassen Sie mich hoffen, Sie in Lisboa wiederzusehen! Wenn Sie wollen, so mache ich dort Ihren Führer durch mein Museum. Schlafen Sie wohl! Träumen Sie vom Sein und vom Leben! Träumen Sie vom Getümmel der Milchstraßen, die, da sie da sind, mit Lust die Last ihres Daseins tragen! Träumen Sie von dem vollschlanken Arm mit dem altertümlichen Knochengerüst und von der Blume des Feldes, die im Sonnenäther das Leblose zu spalten und ihrem Lebensleib einzuverwandeln weiß! Und vergessen Sie nicht vom Steine zu träumen, vom moosigen Stein, der im Bergbach liegt seit tausend und tausend Jahren, gebadet, gekühlt, überspült von Schaum und Flut! Sehen Sie mit Sympathie seinem Dasein zu, das wachste Sein dem tiefst schlummernden, und begrüßen Sie ihn in der

Schöpfung! Ihm ist wohl, wenn Sein und Wohlsein sich irgend vertragen. Recht gute Nacht!»[6]

«Allsympathie» faßt am besten die Gefühle berauschender Weitläufigkeit zusammen, mit denen die Seele des «Erotikers» Felix Krull den Vortrag Kuckucks in sich gesogen hat.[7] Selbst die «Gewohnheit des Wiederkäuens» wird durch Allsympathie geadelt, wie Senhōr Hurtado, Freund der Familie Kuckuck und wissenschaftlicher Angestellter der Kuckuckschen Museumsgründung «betroffen» hören muß, als er den Marquis, der Kuckucks Einladung ins Museum kurz nach seiner Ankunft in Lissabon gefolgt ist, als Cicerone empfängt. Die Erklärungen der Exponate erst durch Hurtado und dann durch Professor Kuckuck, schließen sich unmittelbar an den biologischen Teil des «Waggon-Gesprächs» an, und sollen deshalb an dieser Stelle wiedergegeben werden.

Lissabon: Der Besuch im Museum

Das Museu Sciências Naturaes von Lissabon, in der Rua da Prata gelegen, erreicht man von der Rua Augusta aus in wenigen Schritten. Die Fassade des Hauses ist unscheinbar, ohne Freitreppen-Aufgang, ohne Säulenportal. Man tritt eben ein und findet sich sogleich, noch vor dem Durchschreiten der Drehsperre, bei der der Geldeinnehmer seinen mit Photographien und Ansichtskarten ausgestatteten Tisch hat, überrascht von der Weite und Tiefe der Vorhalle, die den Besucher bereits mit einem das Gemüt ergreifenden Naturbilde begrüßte. Man erblickte nämlich ungefähr in ihrer Mitte einen bühnenartigen Aufbau mit grasigem Boden, in dessen Hintergrund ein Waldesdickicht, teils gemalt, teils wirklich aus Stämmen und Laub bestehend, dunkelte. Davor aber, als sei er eben daraus hervorgetreten, stand im Grase auf schlanken, enggestellten Beinen ein weißer Hirsch, hochgekrönt mit ausladendem Geweih aus Schaufeln und Spießen, würdevoll und zugleich wachsamflüchtig von Ansehen, die Öffnung der seitlich gespannten Ohren unter dem Geweih nach vorn gewandt, aus weit auseinanderliegenden und glänzenden, zwar ruhigen, aber aufmerksamen Augen dem Eintretenden entgegenblickend. Das Oberlicht der Halle fiel gerade auf den Grasplatz und die schimmernde Gestalt der Kreatur, so stolz und vorsichtig. Man fürchtete, sie werde mit einem Satz im Dunkel der Waldesdekoration verschwinden, wenn man einen Schritt vorwärts täte. Und so verharrte ich in Scheu, gebannt von der Scheue des einsamen Wildes dort drüben an meinem Ort, ohne gleich Senhõr Hurtados gewahr zu werden, der, die Hände auf dem Rücken, wartend zu Füßen des Podiums stand. Von da kam er auf mich zu, gab dem Mann der Kasse ein Zeichen, daß das Eintrittsgeld entfalle, und drehte die Kreuz-Barriere für mich unter freundlichen Begrüßungsworten.

«Ich sah Sie gefesselt, Herr Marquis», sagte er, «von unserem Empfangsherrn, dem weißen Schaufler. Sehr begreiflich. Ein gutes Stück. Nein, nicht ich habe es auf die Beine gestellt. Das ist von anderer Hand geschehen, vor meiner Verbindung mit dem Institut. Der Herr Professor erwartet Sie. Darf ich mir erlauben ... »

Aber er mußte es lächelnd zulassen, daß ich erst einmal hinüberstrebte zu der prächtigen Tiergestalt, um sie, die glücklicherweise nicht wirklich flüchtig werden konnte, recht aus der Nähe zu betrachten.

«Kein Damhirsch», erläuterte Hurtado, «sondern von der Klasse der Edel-Rothirsche, die zuweilen weiß sind. Übrigens spreche ich vermutlich zu einem Kenner. Sie sind Weidmann, nehme ich an?»

«Nur gelegentlich. Nur wenn gerade die gesellschaftlichen Umstände es mit sich bringen. Hier ist mir nichts weniger als weidmännisch zu Sinn. Ich glaube, ich könnte nicht anlegen auf den da. Er hat ja was Legendäres. Und dabei – nicht wahr, Senhõr Hurtado, dabei ist doch der Hirsch ein Wiederkäuer?»

«Gewiß, Herr Marquis. Wie seine Vettern, das Rentier und der Elch.»

«Und wie das Rind. Sehen Sie, man sieht es. Er hat etwas Legendäres, aber man sieht es. Er ist weiß, ausnahmsweise, und sein Geweih gibt ihm etwas vom König des Waldes, und sein Geläuf ist zierlich. Aber der Körper verrät die Familie, – gegen die ja nichts einzuwenden ist. Vertieft man sich in den Rumpf und das Hinterteil und denkt etwa dabei an das Pferd – es ist nerviger, das Pferd, obgleich es bekanntlich vom Tapir stammt–, so kommt der Hirsch einem vor wie eine gekrönte Kuh.»

«Sie sind ein kritischer Beobachter, Herr Marquis.»

«Kritisch? Aber nein. Ich habe Sinn für die Formen und Charaktere des Lebens, der Natur, das ist alles. Gefühl dafür. Eine gewisse Begeisterung. Die Wiederkäuer haben, nach allem, was ich davon weiß, den merkwürdigsten Magen. Er hat verschiedene Kammern, und aus einer davon stoßen sie das Gefressene wieder auf ins Maul. Dann liegen sie und kauen mit Genuß die Klumpen noch einmal recht gründlich durch. Sie mögen sagen, es sei sonderbar, zum Waldeskönig gekrönt zu sein bei solcher Familiengewohnheit. Aber ich verehre die Natur in allen ihren Einfällen und kann mich ganz gut hineinversetzen in die Gewohnheit des Wiederkäuens! Schließlich gibt es etwas wie Allsympathie.»

«Zweifelsohne», sagte Hurtado betroffen. Er war wirklich etwas verlegen ob meiner gehobenen Ausdrucksweise – als ob es eine weniger gehobene gäbe für das, was «Allsympathie» besagt. Da er aber vor Verlegenheit starr und traurig blickte, beeilte ich mich, in Erinnerung zu bringen, daß der Hausherr uns erwarte.

«Sehr wahr, Marquis. Ich täte unrecht, Sie länger hier festzuhalten. Darf ich nach links bitten.»

Links am Korridor lag Kuckucks Bureau. Er erhob sich vom
Schreibtisch bei unserem Eintritt, indem er die Arbeitsbrille von
seinen Sternenaugen nahm, die ich mit einer Empfindung
wiedererkannte, als hätte ich sie vordem im Traum gesehen.
Seine Begrüßung war herzlich. Er äußerte sein Vergnügen über
den Zufall, der mich schon mit seinen Damen zusammen-
geführt, und über die getroffenen Verabredungen. Einige Minuten lang saßen wir um seinen Tisch, und er erkundigte sich nach
meiner Unterkunft, meinen ersten Eindrücken von Lissabon.
Dann schlug er vor: «Machen wir uns auf unseren Rundgang,
Marquis?»

So taten wir. [...] Hinter Glas war ein Stück Meeresboden
dargestellt, auf dem frühestes organisches Leben, pflanzliches,
zum Teil in einer gewissen Unanständigkeit der Formen,
skizzenhaft wucherte. Und gleich daneben sah man Querschnitte von Muscheln aus untersten Erdschichten – hinweg-
gemodert seit Millionen Jahren die kopflosen Weichwesen,
denen sie zum Schutze gedient – von so minutiöser Ausarbeitung des Inneren der Gehäuse, daß man sich wunderte, zu
welch peinlicher Kunstfertigkeit die Natur es in so alten Tagen
gebracht.

Einzelne Besucher [...] glaubten in mir wahrscheinlich einen
ausländischen Prinzen zu sehen, dem die Verwaltung die
Honneurs des Hauses machte. Ich leugne nicht, daß mir das
angenehm war; und dazu empfand ich als zarten Reiz den
Kontrast zwischen meiner Feinheit und Eleganz und der tiefen
Urtümlichkeit der oft ungeheuerlich anzusehenden fossilen
Naturexperimente, deren flüchtige Bekanntschaft ich machte,
dieser Urkrebse, Kopffüßer, Armfüßer, fürchterlich betagten
Schwämme und eingeweidelosen Haarstern-Tiere.

Was mir dabei bewegend im Sinne lag, war der Gedanke,

daß dies alles erst Ansätze, in keinem noch so absurden Fall einer gewissen Eigenwürde und Selbstzweckhaftigkeit entbehrende Vorversuche in der Richtung auf mich, will sagen: den Menschen waren; und dies bestimmte die höflich zusammengenommene Haltung, in der ich mir etwa den nackthäutigen, spitzmäuligen Meeressaurier vorstellen ließ, von dem ein wohl fünf Meter langes Modell in einem gläsernen Wasserbehälter schwamm. Dieser Freund, der es weit über die hier gezeigte Größe hatte hinaus bringen können, war ein Reptil, aber von Fischgestalt, und ähnelte dem Delphin, der jedoch ein Säugetier war. So zwischen den Gattungen schwebend, glotzte er mich von der Seite an, während meine eigenen Augen, unter Kuckucks Worten, schon in weitere Räume vorangeglitten, wo, durch mehrere hindurchreichend, von einer rotsamtenen Sperrkordel eingefaßt, wahrhaftig ein Dinosaurier in voller Lebensgestalt aufgebaut zu sein schien. [...]

Das ungefüge Wesen angehend, das, von der Natur verdrossen fallengelassen, hier an Hand seiner versunkenen Reste trefflich wiederhergestellt war, so hatte das Haus keinen Saal, der seinen Dimensionen gewachsen gewesen wäre, – alles in allem war es ja, Gott sei's geklagt, vierzig Meter lang, und wenn man ihm zwei, durch einen weit offenen Bogen verbundene Gemächer eingeräumt hatte, so hatten auch diese nur durch eine geschickte Anordnung seiner Gliedmaßen den Ansprüchen genügt, die sie stellten. Wir gingen durchs eine Zimmer vorbei an dem riesigen, in eine Windung gelegten Lederschweif, den hautigen

Die Dinosaurier – die «gewaltigen Eidechsen», wie es das Wort ausdrückt – waren die größten Landtiere, die jemals auf der Erde gelebt haben. Nicht zuletzt aufgrund des Rätsels um ihr pötzliches Aussterben vor 60 Millionen Jahren faszinieren sie seit jeher die Menschen. Schließlich läßt sich der Gedanke nicht abweisen, daß die Säugetiere und mit ihnen wir kaum Chancen gehabt hätten, uns die Erde untertan zu machen, wäre sie weiterhin von Sauriern bevölkert geblieben. Als Ursache für das Verschwinden der Dinosaurier haben die Wissenschaftler die unterschiedlichsten Dinge angeführt, darunter Klimaveränderungen, eine Umpolung des Erdmagnetfeldes und die Zerstörung der Ozonschicht. Die meisten

Hinterbeinen und einem Teil des bauchigen Rumpfes; nebenan aber war der Vorderfigur ein Baumstamm – oder war es eine stumpfe Steinsäule? – errichtet, worauf der Ärmste, halbaufgerichtet, sich nicht ohne ungeheuerliche Grazie mit einem Fuße stützte, indes der endlose Hals mit dem nichtigen Köpfchen daran sich in betrübtem Sinnen – aber kann man Sinnen mit einem Sperlingshirn? – zu diesem Fuß herabneigte.

vermuten heute, daß es eine extraterrestische Einwirkung gegeben hat, und zwar einen Kometen- oder Meteoriteneinschlag, der so gewaltige Staubwolken aufwirbelte, daß über viele Jahre nur noch ein geringer Teil des Sonnenlichts zur Erdoberfläche durchdrang. So etwas könnte auch durch den Ausbruch eines Vulkans geschehen sein.

Ich war sehr ergriffen vom Anblick des Dinosauriers und sprach im Geiste zu ihm: «Laß dir's nicht nahegehen! Gewiß, du bist verworfen worden und kassiert wegen Maßlosigkeit, aber du siehst, wir haben dich nachgebildet und gedenken dein.» Und doch war nicht einmal auf dieses Renommierstück des Museums meine Aufmerksamkeit voll versammelt, sondern wurde durch gleichzeitige Anziehungen abgelenkt: Von der Decke herabhängend schwebte, die Hautschwingen gespreitet, ein Flugsaurier, dazu der eben aus dem Reptilischen hervorgegangene Urvogel mit Schweif und bekrallten Fittichen. Eier gebärende Säugetiere mit Tragtaschen gab es auch nahebei und stumpfgesichtige Riesengürteltiere weiterhin, deren Natur sie fürsorglich mit einem Rücken- und Flankenpanzer aus dicken Knochenplatten geschützt hatte.

Aber die Natur ihres gierigen Kostgängers, des Säbelzahntigers, hatte ganz ebenso für diesen gesorgt und ihn so starke Kiefer und solche Brechzähne ausbilden lassen, daß er damit dem Knochenpanzer knackend

Die Entwicklung von Riesengürteltier und Säbelzahntiger unter ihrem gegenseitigen Einfluß haben wir auf S. 53 diskutiert.

beikommen und dem Gürteltier große Stücke seines wahrscheinlich sehr wohlschmeckenden Fleisches vom Leibe reißen konnte. Je größer und dicker gewappnet der widerwillige Wirt wurde, desto gewaltiger wurden Kiefer und Gebiß des Gastes, der ihm freudig zum Mahl auf den Rücken sprang. Als aber eines Tages, berichtete Kuckuck, Klima und Pflanzenwuchs dem großen Gürteltier einen Streich spielten, derart, daß es seinen harmlosen Unterhalt nicht mehr fand und einging, da saß, nach all dem Wettstreit, auch der Säbelzahntiger da mit seinen Kiefern und seinen Panzerbrechern im Maul, verelendete rasch und gab die Existenz auf. Dem wachsenden Gürteltier zuliebe hatte er alles getan, um nicht zurückzubleiben und sich zum Knacken tüchtig zu halten. Jenes hinwiederum wäre so groß und dick beschient nie geworden ohne den Liebhaber seines Fleisches. Wenn aber die Natur es schützen wollte gegen diesen durch die immer schwerer zu zerbrechende Panzerwölbung, warum hatte sie gleichzeitig dann immerfort die Kinnbacken und Säbelzähne des Feindes verstärkt? Sie hatte es mit beiden gehalten – und also mit keinem von beiden –, hatte nur ihren Scherz mit ihnen getrieben und sie, als sie sie recht auf die Höhe ihrer Möglichkeiten gebracht, im Stich gelassen. Was denkt die Natur sich? Sie denkt sich gar nichts, und auch der Mensch kann sich nichts bei ihr denken, sondern sich nur verwundern über ihren tätigen Gleichmut, und dabei nach rechts und links sein Herz verschenken, wenn er als Ehrengast unter der Vielfalt ihrer Gestalten wandelt, wovon so wunderschöne Modelle, zum Teil von Herrn Hurtado angefertigt, die Räume des Kuckuckschen Museums füllten.

Mir wurden vorgestellt: mit seinen aufgebogenen Stoßzähnen das zottige Mammut, das es nicht mehr gibt, und, gehüllt in lappige Dickhaut, das Nashorn, das es noch gibt, obgleich es nicht danach aussieht. Von Baumästen herab sahen, geduckt, aus übergroßen, spiegelnden Augen Halbaffen mich an, das Nachtäffchen Schlanklori, das ich für immer in mein Herz schloß, so zierliche Händchen, von den Augen ganz abgesehen, hatte es an seinen Ärmchen, die natürlich das Knochengerüst

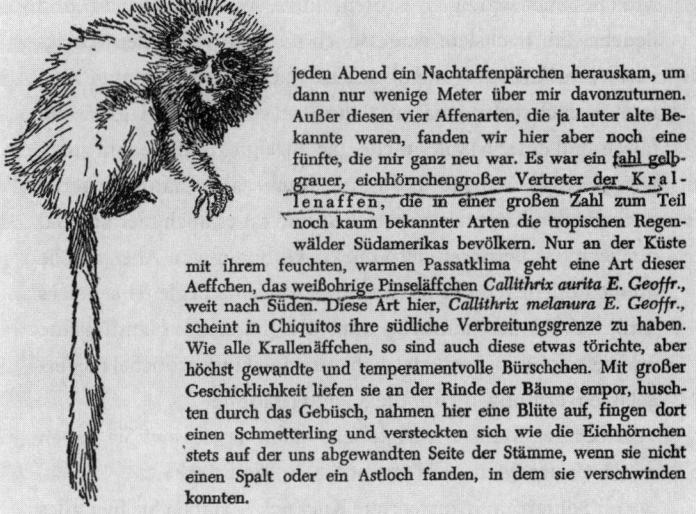

jeden Abend ein Nachtaffenpärchen herauskam, um dann nur wenige Meter über mir davonzuturnen. Außer diesen vier Affenarten, die ja lauter alte Bekannte waren, fanden wir hier aber noch eine fünfte, die mir ganz neu war. Es war ein fahl gelbgrauer, eichhörnchengroßer Vertreter der Krallenaffen, die in einer großen Zahl zum Teil noch kaum bekannter Arten die tropischen Regenwälder Südamerikas bevölkern. Nur an der Küste mit ihrem feuchten, warmen Passatklima geht eine Art dieser Aeffchen, das weißohrige Pinseläffchen *Callithrix aurita* E. Geoffr., weit nach Süden. Diese Art hier, *Callithrix melanura* E. Geoffr., scheint in Chiquitos ihre südliche Verbreitungsgrenze zu haben. Wie alle Krallenäffchen, so sind auch diese etwas törichte, aber höchst gewandte und temperamentvolle Bürschchen. Mit großer Geschicklichkeit liefen sie an der Rinde der Bäume empor, huschten durch das Gebüsch, nahmen hier eine Blüte auf, fingen dort einen Schmetterling und versteckten sich wie die Eichhörnchen stets auf der uns abgewandten Seite der Stämme, wenn sie nicht einen Spalt oder ein Astloch fanden, in dem sie verschwinden konnten.

Abb. 29 Das Nachtäffchen Schlanklori, das Thomas Mann in dem Artikel «Chiquitos» von Hans Krieg in der Zeitschrift *Südamerika* vom Januar/ Februar 1951 entdeckt und, wie seine Unterstreichungen in seinem im Thomas-Mann-Archiv, Zürich, erhaltenen Exemplar zeigen, mit Interesse gelesen hat, hat er kurzerhand in Kuckucks Museum versetzt.

der ältesten Landtiere bergen, und der Koboldmaki mit Augen wie Teetassen, lang-dünnen Fingerchen, die er zusammengelegt vor der Brust hielt, und ausnehmend verbreiterten Plattzehen. Die Natur schien zum Lachen reizen zu wollen mit diesen Frätzchen; ich aber enthielt mich sogar des Lächelns bei ihrem Anblick. Denn gar zu deutlich lief es bei ihnen allen schließlich auf mich hinaus, wenn auch auf verlarvte und wehmütig scherzhafte Weise.

Wie könnte ich alle Tiere nennen und loben, die das Museum zur Anschauung brachte, die Vögel, die nistenden weißen Reiher, die grämlichen Käuze, den dünngestelzten Flamingo, die Geier und Papageien, das Krokodil, die Robben, Lurche,

Molche und warzigen Kröten, kurz, was da kreucht und fleucht! Ein Füchslein vergesse ich nie von wegen der Witzigkeit seines Antlitzes, und allen, Fuchs, Luchs, Faultier und Vielfraß, ja auch dem Jaguar im Baum, mit Augen schief, grün und falsch und einer Maulesmiene, die anzeigte, daß die ihm zugewiesene Rolle reißend und blutig war, – allen hätte ich gerne tröstend den Kopfpelz gestreichelt und tat es auch hier und da, obgleich das Berühren der Objekte verboten war. Aber welche Freiheit durfte ich mir nicht nehmen? Meine Begleiter sahen es gern, daß ich dem aufrecht tappenden Bären die Hand reichte und dem Schimpansen, der sich auf seine Fingerknöchel niedergelassen, ermutigend auf die Schulter klopfte.

«Aber der Mensch», sagte ich, «Herr Professor! Sie haben mir doch den Menschen versprochen. Wo ist er?»

«Im Souterrain», antwortete Kuckuck. «Haben Sie hier alles beherzigt, Marquis, so wollen wir hinabsteigen.»

«Hinauf, wollen Sie sagen», schaltete ich geistvoll ein.

Das Souterrain war künstlich erleuchtet. Wo wir gingen, da waren hinter Glasscheiben kleine Theater, plastische Szenen in natürlicher Größe aus dem Frühleben der Menschen, in die Wand eingelassen, und vor jeder verweilten wir unter den Kommentaren des Hausherrn, kehrten auch wohl, auf mein Betreiben, von einer nächsten zur vorigen nochmals zurück, solange wir dort schon gestanden haben mochten. [...] Du mein Gott, was hockte da klein und beflaumt in scheuer Gruppe beisammen, als beriete man sich in schnalzender, gurrender Vor-Sprache, wie auf dieser Erde, die man beherrscht von weit günstiger ausgestatteten, stärker bewaffneten Wesen vorgefunden, ein Durchkommen, ein Auskommen zu finden sei? Hatte da die Urzeugung, von der ich gehört, die Sonderung vom Tierischen sich schon, oder noch nicht vollzogen? Sie hatte, sie hatte, wenn man mich fragte. Dafür sprach gerade die ängstliche Fremdheit und Hilflosigkeit der Beflaumten in einer fortgegebenen Welt, für die sie weder mit Hörnern noch Hauern, mit Reißkiefern weder, noch Knochenpanzern, noch eisernen Hackschnäbeln versehen waren. Und doch wußten sie schon, meiner Überzeugung nach, und besprachen es heimlich im Hocken, daß sie aus feinerem Holze geschnitzt waren als alle anderen.

Eine Höhle eröffnete sich, geräumig, da schürten Neandertal-Leute ein Feuer – plumpnackige, untersetzte Leute, gewiß –, aber es hätte nur sonst jemand, der herrlichste Waldeskönig, kommen sollen und Feuer schlagen und schüren! Dazu gehörte mehr als königliches Gebaren; es hatte etwas hinzukommen müssen. Sehr plumpen und kurzen Nackens war besonders das Haupt des Clans, ein Mann, schnauzbärtig und rund von Rücken, das eine Knie blutig aufgeschunden, die Arme zu lang für seine Statur, eine Hand am Geweih eines Hirsches, den er erschlagen und eben zur Höhle hereinschleppte. Kurzhalsig, langatmig und wenig strack waren sie alle: die Leute am Feuer, der Knabe, der dem Ernährer und Beutebringer achtungsvoll entgegensah, und das Weib, das, ein Kind an der nährenden Brust, aus einer Hinterhöhle hervortrat. Das Kind aber, siehe, war ganz wie ein Brustkind von heute, entschieden modern und fortgeschritten über den Stand der Großen, doch würde es wachsend wohl auch noch auf diesen zurückfallen.

Nicht trennen konnte ich mich von den Neandertalern, dann aber ebensowenig von dem Sonderling, der vor vielen Jahrhunderttausenden einsam in nackter Felsenhöhle kauerte und mit seltsamem Fleiß die Wände mit Bildern von Wisenten, Gazellen und anderem Jagdgetier, auch Jägern dazu, bedeckte. Seine Gesellen betrieben wohl draußen die Jagd in Wirklichkeit, er aber malte sie mit bunten Säften, und seine beschmierte Linke, mit der er sich bei der Arbeit gegen die Felswand stützte, hatte mehrfache Abdrücke zwischen den Bildern darauf

Abb. 30 Den Neandertaler, der a) «einsam in nackter Felsenhöhle kauerte und die Wände mit Bildern [...] bedeckte» sowie b) den anderen, «der ritzt, was ihm vorschwebt», hat Thomas Mann als Dioramen bei seinem Besuch des Natural History Museum in Chicago gesehen. Von dort stammen jedenfalls die Abbildungen.

zurückgelassen. Lange sah ich ihm zu und wollte trotzdem, als wir schon weiter waren, noch einmal zu dem fleißigen Sonderling zurückkehren. «Hier ist aber noch einer», sagte Kuckuck, «der ritzt, was ihm vorschwebt, so gut er kann in einen Stein.» Und dieser emsig ritzend über den Stein Gebückte war auch sehr rührend. Kühn und wehrhaft aber war der, der auf einem Theater mit Hunden und einem Speer das wütende Wildschwein anging, das sich, sehr wehrhaft ebenfalls, doch auf untergeordnet-natürliche Weise, zum Kampfe stellte. Zwei Hunde – es war eine kuriose, heute nicht mehr gesehene Rasse, Torfspitze, wie der Professor sie nannte, die der Mensch der Pfahlbauzeit sich gezähmt hatte – lagen schon, aufgeschlitzt von seinem Gebrech, im Grase, aber es hatte mit vielen zu tun, ihr Herr hob zielend die Lanze, und da der Ausgang der Sache nicht zweifelhaft sein konnte, gingen wir weiter und überließen das Schwein seinem untergeordneten Schicksal.

Es war eine schöne Meereslandschaft zu sehen, wo Fischer am Strand ihrem unblutigen, doch auch überlegenen Handwerk oblagen; mit Flachsnetzen taten sie einen guten Fang. Nebenan nun aber ging es ganz anders zu als irgendwo sonst, bedeutender als bei den Neandertalern, dem Wildschweinjäger, den netzeinholenden Fischern und selbst bei dem sonderlich Fleißigen: Steinsäulen waren errichtet, eine Menge davon; sie ragten unüberdacht, es war wie ein Säulensaal, nur mit dem Himmel als Decke, und in der Ebene draußen ging eben die Sonne auf, rot flammend hob sie sich über den Weltrand. Im dachlosen Saal aber stand ein Mann von kräftigem Gliederbau und brachte, die Arme erhoben, der aufgehenden Sonne einen Blumenstrauß dar! Hatte man je so etwas gesehen? Der Mann war kein Greis und kein Kind, er war im rüstigsten Alter. Und eben daß er so rüstig und stark war, verlieh seiner Handlung eine besondere Zartheit. Er und die mit ihm lebten und ihn aus irgendwelchen persönlichen Gründen für sein Amt ausgesondert hatten, verstanden noch nicht zu bauen und zu decken; sie konnten nur Steine aufeinandersetzen zu Pfeilern, die einen Bezirk bildeten, um Handlungen darin vorzunehmen, wie der Kräftige hier eine vollzog. Die rohen Pfeiler waren kein Grund zum Hochmut. Der Fuchs- und der Dachsbau und das vorzüglich geflochtene Vogelnest zeugten sogar von mehr Witz und Kunst. Allein sie waren nichts weiter als zweckmäßig – Schlupf und Brut, darüber ging ihr Sinn nicht hinaus. Mit dem Pfeilerbezirk war es etwas anderes; Schlupf und Brut hatten mit ihm nichts zu tun, sie waren unter seinem Sinn, der, abgelöst von gewitzter Bedürftigkeit, sich auf schwang zu noblem Bedürfnis, – und da hätte wahrhaftig nur sonst in aller Natur jemand kommen sollen und auf den Gedanken verfallen, der wiederkehrenden Sonne einen Blumenstrauß dienstlich zu präsentieren![8]

Nach dem Abschluß des Kuckuck-Kapitels im Dezember 1951 hält Thomas Mann kurz vor Weihnachten noch einmal zusammenfassend fest, worauf «Felix' Einführung in Ideen von *Leben*» hinausläuft, nämlich auf die Einsicht, «Alles geht ohne genaue Grenze in einander über: der Mensch ins Tierische, dieses ins Pflanzliche, das Organische ins unorganische Sein, das Sein ins Nichtsein». Was «man Leben nennt», ist «ein Hinzukommendes ohne ein Neues an Stoff», und das gilt auch für das Menschliche. Zwar ist das «Übergängliche» vom Tierisch-Organischen «gewahrt», es benötigt aber «ein Unbestimmbares», das hinzutritt. Dieser Gedanke des «Es kam etwas hinzu» fasziniert den Dichter, der deshalb immer wieder neue Versuche unternimmt, ihn zu Papier zu bringen und in das Gespräch zwischen dem Gelehrten und dem Gelehrigen einzubringen. In den Anmerkungen zu den Tagebüchern führt die Herausgeberin Inge Jens einige seiner Bemühungen «um größere Stringenz und Veranschaulichung» an, wie sie es in ihren Anmerkungen zu den Eintragungen des 5. 12. 1951 nennt.

Kehren wir zum konkreten und gedruckten Kuckuck-Gespräch zurück, von dem Thomas Mann Anfang 1952 Teile verwendet, als er einen Essay für das Radio mit dem Titel *Lob der Vergänglichkeit* schreibt. In ihm riskiert er es, seiner «in tiefster Seele» entspringenden Überzeugung Ausdruck zu geben, daß es «bei der Zeugung des Lebens aus dem anorganischen Sein auf den Menschen abgesehen war». Zwar weiß er, daß dies nicht in irgendeinem wissenschaftlichen Sinn zu beweisen ist, aber deshalb darf trotzdem die Hoffnung ausgesprochen werden, wie er schreibt, «es wäre gut, wenn der Mensch sich benähme, als wäre es so».

Den Tagebüchern ist – von einer einzelnen Ausnahme abgesehen – nicht zu entnehmen, welche Lektüre Thomas Mann zur umfassenden Vorbereitung des Evolutionsgesprächs gelesen hat, aber die Exegeten haben eine Menge Hinweise gegeben, die weiter vorne in diesem Buch genannt sind. Zur damaligen Zeit vorgelegen haben auch Texte von Adolf Portmann[9], der ab der Mitte der vierziger Jahre *Biologische Fragmente zu einer Lehre vom Menschen* entworfen und *Die Ontogenese des Menschen als Problem der Evolutionsforschung* dargestellt hat. Daß Thomas Mann ausgezeichnet über den Stand der Forschung informiert ist, belegt die Tatsache, daß man in den *Bekenntnissen des Hochstaplers Felix Krull* keinen erwähnenswerten Fehler findet. Wer höchst genau sein will, kann natürlich fündig werden und zum Beispiel vorschlagen, «den Menschen des Eozäns» lieber ins Pleistozän zu legen, und er wird auch bemerken, daß die fünfhundertfünfzig Millionen Jahre, die Professor Kuckuck dem gesamten organischen Leben zugesteht, besser allein dem «höheren» Leben zugewiesen werden. Einfaches organisches Leben in Form von Bakterien reicht nach dem letzten Stand des Wissens nämlich bereits mehrere Milliarden Jahre zurück. Wer zudem sorgfältig auf die präzise und wissenschaftlich angemessene Verwendung der Sprache achtet, wird das Pferd nicht vom Tapir abstammen, sondern nur mit ihm verwandt sein lassen, womit die Bemerkung verknüpft sein kann, daß es längst überflüssig ist zu fragen, von welchem Affen der Mensch abstammt. Die Evolutionsbiologen sprechen lieber von Entwicklungs- als von Abstammungslinien, wobei keineswegs immer klar ist, ob es bei jeder dieser zeitlichen Folgen zu Fortschritten gekommen ist.

Eher das Gegenteil scheint zuzutreffen! Einer der bekanntesten Evolutionsbiologen, der kürzlich verstorbene Amerikaner Stephen J. Gould, wendet sich zum Beispiel mit all seiner Sprachgewalt gegen einen Gedanken, der zwar offiziell längst als überwunden gilt, aber immer noch im Denken vieler Menschen herumgeistert und auch des Dichters Seele nicht zur Ruhe kommen ließ. Gemeint ist die Vorstellung, daß der Mensch am Ende allen Fortschritts stehe und die Krone der Schöpfung sei, weil das ganze Sein von Anfang an «auf den Menschen abgesehen war». Natürlich drücken sich die modernen Biologen anders aus, aber Goulds Beobachtung zufolge meinen sie genau das gleiche, wenn sie sagen, der Mensch sei die komplexeste Form des Lebens, die im Laufe der Evolution entstanden sei. Dabei wird ganz selbstverständlich vorausgesetzt, daß der Prozeß unserer Stammesgeschichte eine solche Tendenz zur fortschreitenden Komplexität besitzt (mit uns selbst als deren schönem Schlußpunkt).

Genau gegen diesen Gedanken wendet sich Gould zum Beispiel in einem Buch über *Die vielfältigen Wege der Evolution*, das im Titel von der *Illusion Fortschritt*[10] spricht und den Menschen zum bloßen Schaum auf der bewegten Geschichte der Bakterien degradiert, der auch ganz anders hätte werden können. Gould wird nicht müde, im Großen zu behaupten und im Kleinen zu belegen, daß Menschen zufällige Produkte der Evolution sind, und zwar in dem Sinne, daß eine Wiederholung der Geschichte des Lebens, die zu einem Zeitpunkt vor dem Auftreten des Menschen beginnt, mit höchster Wahrscheinlichkeit nicht noch einmal ein Wesen unserer Art hervorbringen würde. Was immer die Geschichte des Lebens bestimmt, was ihr eine Richtung gibt und unsere Eigenschaften vorzubereiten scheint – der Fortschritt kommt nach Goulds Ansicht dafür nicht in Frage. In seinem Buch *Der Dinosaurier im Heuhaufen* hat er diese Ansichten zusammengefaßt:

> [...] Man [sollte sie] sich wie ein Hare-Krishna-Mantra mehrmals am Tag vorsingen, damit sie um so tiefer in die Seele eindringt: [...] Menschen sind nicht das Endergebnis eines vorhersehbaren Evolutionsfortschritts, sondern ein zufälliger kosmischer Nachzügler, ein winzig kleiner Zweig an dem unglaublich üppigen Busch des Lebens, der, würde er ein zweites Mal aus dem Samen heranwachsen, mit ziemlicher Sicherheit nicht noch einmal diesen Zweig oder überhaupt einen Zweig mit einer Eigenschaft, die wir Bewußtsein nennen könnten, hervorbringen würde.[11]

Diese Sicht des Lebens, so hat der britische Paläontologe Simon Conway Morris kürzlich geschrieben, hat nur wenig für diejenigen zu bieten, die überzeugt sind, in der Natur Evidenz für eine Gerichtetheit des evolutionären Prozesses und der ihm innewohnenden Tendenzen finden zu können. Ihm gefällt Goulds Idee überhaupt nicht, und zwar aus einem Grund, der am besten mit dem Stichwort der Konvergenz bezeichnet wird. Unter evolutionärer Konvergenz versteht man die wiederholt beobachtete Entwicklung, daß unterschiedliche Organismen zu ähnlichen Ausprägungen gelangen. Das wahrscheinlich vertrauteste Beispiel findet sich im Auge von Kalmaren (bzw. Tintenfischen) und von Wirbeltieren, die beide nach dem Prinzip einer Fotokamera funktionieren. Solche scheinbar parallel entwickelte Beispiele negieren keineswegs die Wirklichkeit der Evolution, wie Conway Morris schreibt, wenn überhaupt, dann trifft das Umgekehrte zu:

> Das heißt im Falle dieser Augen, daß Eigenschaften wie die Konstruktion der Linse oder die Anordnung der Netzhaut im Menschen und bei den Fischen verschieden sind, und zwar

trotz der überwiegenden Ähnlichkeit des gesamten Auges. Zu zeigen, wie solche organischen Strukturen aus weit voneinander getrennten Ursprüngen konvergiert sind, stellt in sich eine befriedigende Übung dar,

wie der britische Biologe meint, um anschließend zu fragen, von welcher Stelle an vorher auf die Evolution des Menschen geschlossen werden konnte. Seine Antwort:

Ich glaube, daß die Mehrheit der (hypothetisch) Befragten unser künftiges Erscheinen etwa von der Zeit an zugeben würden, zu der es den Homo erectus gab, also vor rund einer Million Jahre. Gibt es irgendeinen früheren Zeitpunkt? Vielleicht würden immer noch viele – aber nicht mehr die Mehrheit – es zulassen, daß unser Erscheinen mit der Ankunft der Australopithecinen festlag. Mein Verdacht besteht darin, daß sich zunehmend Skepsis breit macht, während wir unser Netz der Erkundung nach hinten ausweiten. In einer imaginären Abstimmung würden immer weniger Hände gehoben werden, wenn wir immer weiter zurückgehen und nacheinander «Affen?», «Primaten?», «Säugetiere?», «Fische?» rufen und fragen würden. Bei «Würmer?» wäre ich wohl der einzige, dessen Hand noch nach oben geht, und in der Tat hat es bei jeder dieser evolutionären Zwischenstufen eine Menge Aufteilungen (Diversifikationen) gegeben. Selbst im Fall von Menschenaffen und Affen ist es keineswegs klar ersichtlich, daß es einen automatischen Trend zur Menschwerdung gibt. Schließlich – um nur eine Eigenschaft zu nennen, die eine conditio sine qua non für unsere Existenz ist – verwenden nur eine Handvoll dieser Arten irgendeine Art von Werkzeug. So wie wir die Sache angegangen sind, steht die Frage nach der Unvermeidlichkeit des Auftauchens von Menschen als Ergebnis der Evolution in einem historischen Kontext. Daran ist zunächst nichts falsch, denn wie soll man die Evolution verstehen, wenn man nicht die Vorgänger der Arten kennt, die man erkundet? Nichtsdestoweniger werden wir niemals eine Entscheidung darüber fällen können, ob die Menschen zu den unausweichlichen Bestandteilen der evolutionären Landschaft gehören, wenn wir die Frage auf diese Weise stellen. Zunächst ist ganz deutlich zu machen, daß damit nicht gemeint ist, daß sich alles in diese – oder eine andere Richtung – entwickelt. Das Argument ist vielmehr auf die Funktionen und Kapazitäten hin konzentriert, also auf die «Machbarkeit» von Organismen in einem adaptiven Kontext. Diese Welt mag sehr vielfältig erscheinen, sie ist aber weit davon entfernt, unendlich zu sein. Es gehört zu den nahezu unmöglich durchführbaren Aufgaben, die Welt auf kohärente Weise zu vermessen. Der mathematische Vergleich aller Details einer Ratte und eines Haifischs ist schon schwierig genug, aber darüber hinaus gilt es auch, zusätzliche Ebenen der Komplexität zu beachten, die von den Proteinen bis zu den Sozialsystemen reichen. Doch selbst unter dieser Einschränkung ist es möglich, eine Reihe von Parametern ins Auge zu fassen, die in der Lage sein würden, die Gesamtheit der Biosphäre zu definieren – entweder für heute oder im Prinzip für jede Zeit in der Vergangenheit. Es wird einleuchtend sein, daß man sich einen mehrdimensionalen «Hyperraum» vorstellen kann, der alles Leben umfaßt, wobei es keine Überraschung darstellt, daß die kombinatorischen Möglichkeiten solch eines «Hyperraums» wahrhaft gigantisch sind und locker die Riesenzahlen ausstechen, mit denen Astronomen vertraut sind, wenn sie etwa nach der Anzahl der Sterne im Universum fragen. Aber trotz dieser Riesenhaftigkeit ist es wahrscheinlich, daß die bewohnbaren und funktionellen Regionen in diesem Hyperraum eher klein sind, und ergänzend dazu ist bekannt, daß das Leben selbst gerne in die schmalen Zonen zurückkehrt, die es schon immer bewohnt hat.[12]

Die Idee der Evolution heute

Die in aller Kürze vorgeführte Argumentation um die Unvermeidlichkeit des Menschen beziehungsweise die Vorhersagbarkeit seines Auftretens läßt erkennen, daß die Evolution immer noch mit den alten – von Thomas Mann bedachten – Fragen ringt. Sie stellt allerdings neue Argumentationsmöglichkeiten zur Verfügung, die im folgenden in einem Abriß erläutert werden sollen. Bevor die moderne Sicht der Evolutionsidee vorgestellt wird, zunächst jedoch zwei Anmerkungen zum Text von Thomas Mann. Wenn zum einen Professor Kuckuck den Fortschritt unserer Art von den frühen Vorfahren des Menschen zu Newton und Shakespeare betrachtet, verwendet er den Namen Pithecantropus erectus. Diese Bezeichnung lautet heute einfacher, nämlich Homo erectus, eine Zuordnung, die ausdrückt, daß das dazugehörige Lebewesen uns nach allem Wissen näher steht, als man vor einem halben Jahrhundert vermutet hat. Wenn zum zweiten im Roman wie im Tagebuch von «plumpnackigen Neandertalern» die Rede ist, dann entspricht das durchaus dem Eindruck, den die Fachwelt der Öffentlichkeit damals vermittelte. Unsere vermeintlichen Vorfahren konnte man sich nur so vorstellen. Wir denken da heute großzügiger und ordnen dem Homo neanderthalensis einfach physisch stärker ausgeprägte Körperformen zu, ohne sie mit abwertenden Worten zu bezeichnen. Dabei kann mancher allerdings ein Feixen nicht unterdrücken, wenn uns die Experten erläutern, daß die Neandertaler aufgrund ihrer schwerfälligen Anatomie zwar grunzen und rufen, aber nicht so elegant sprechen konnten, wie unsere Art es (wenigstens manchmal) vermag.

Wir wollen nun ausführlich auf die Frage eingehen, wie der Gedanke der Evolution heute verstanden wird und was er über das Auftreten des Menschen sagen kann. Der Evolutionsbiologie geht es wie einem Kunstwerk, sie ist mit einem einzigen Namen verbunden, dem ihres Schöpfers. Er lautet Charles Darwin (1809 bis

1882). Nachdem er 1858 seine Ideen erstmals öffentlich vorgetragen hatte, publizierte Darwin im folgenden Jahr sein maßgebliches und bis heute lesenswertes Buch *Über die Entstehung der Arten*.[13] Darwin hat darin weder als erster bemerkt, daß die lebenden Arten keineswegs so stabil sind, wie vielfach seit der Antike angenommen wurde und wie der naive Augenschein zu erkennen meint, noch hat er als erster mit dem Hinweis auf die natürliche Zuchtwahl (Selektion) die Ursache des Wandels benannt, der zu einer Weiterentwicklung – einer Evolution – des Lebens führen kann. Aber Darwin war der erste, der beide Gedanken zusammenbrachte, der die Erklärung durch Selektion nicht auf Spezialfälle eingrenzte, sondern bemerkte, daß er damit ein Werkzeug zum Verständnis der ganzen Vielfalt der Natur in der Hand hielt. Darwin wußte, daß er damit eine radikale Neuorientierung in der wissenschaftlichen Betrachtung des Lebens einleitete. Ihm war bereits klar, was nach ihm auch andere erkannten: Nichts macht in der Biologie Sinn, es sei denn, man betrachtet es im Lichte der Evolution. Es braucht nicht betont zu werden, daß jedes Nachdenken darüber die Existenz des Lebens bereits voraussetzt und nicht nach seiner Herkunft fragt. Darwin selbst war der Ansicht, daß jedes Wort über den Ursprung des Lebens zu viel ist. Darüber wisse man ebensowenig wie über den Ursprung der Dinge selbst – also den eigentlichen Akt der Schöpfung, der aus dem Nichts das Etwas machte, mit dem wir heute befaßt sind.

Das gleiche treffe auf Darwins eigene Vorschläge zu, so meinen viele heutige Gegner des Evolutionsgedankens, denn es gebe nicht die geringste Evidenz für eine solche Entwicklung. Die Idee der Evolution spaltet bis heute sowohl die Laien als auch die Wissenschaftler. Denen, die sich als Evolutionisten bekennen, stehen andere gegenüber, die immer neue Argumente für die Unzulänglichkeit des Konzeptes von Darwin vorlegen. Es lohnt sich auf jeden Fall, vorsichtig zu argumentieren und sowohl allen Beweisen für die Evolution als auch allen Widerlegungen skeptisch gegenüberzustehen, wobei wir die Überzeugungen vieler fundamentaler Gegner des wissenschaftlichen Argumentierens – die Überzeugungen der sogenannten Kreationisten, die sich merkwürdig zahlreich in den USA finden – davon ausnehmen und ab dieser Stelle übergehen. Übrigens: Wer sich gegen die Evolution ausspricht, muß noch kein Feind der Wissenschaft sein. Im Gegenteil – es gibt ausgezeichnete Biochemiker, die gerade aufgrund ihrer Kenntnisse der molekularen Details eine Entstehung des Lebens nach dem Schema Darwins für so unwahrscheinlich halten, daß sie nach alternativen Erklärungen suchen (ohne sich allerdings ausreichend Mühe zu geben, die statistische Argumentation Darwins zu verstehen). Es scheint, daß man im Bereich der Biologie ebensogut unter der Akzeptanz einer evolutionären Ordnung forschen kann wie unter ihrer Ablehnung. Die Evolution ist dabei fast so etwas wie der Gedanke an Gott. Ob man ein guter Physiker ist (oder nicht), hängt nicht erkennbar damit zusammen, ob man etwa ein gläubiger Christ oder ein überzeugter Atheist ist. Dem menschlichen Tun steht hier ein Spielraum zur Verfügung, den es nicht kleinlich einzuengen gilt.

Wir sind philosophisch sehr weit vorgeeilt, zuerst sollten wir die Mühseligkeiten des existierenden Lebens betrachten. Wenn in diesem Kapitel von Evolution die Rede ist, dann ist zunächst ausschließlich die von einer selektiven Kraft angetriebene, biologische Evolution gemeint. Um sie allein geht es Darwin in seinem Buch, das meist nur mit der Kurzform *On the Origin of Species* zitiert wird. So lauten aber nur die ersten Wortes im Titel des Originals, der in voller Länge sehr genau erläutert, welcher besonderen Kraft die lebenden Arten ihren erstaunlichen Variantenreichtum und ihre große Vielfalt verdanken, nämlich der «natürlichen Zuchtwahl» bzw. der «natürlichen Selektion»: *On the Origin of Species by Means of Natural Selection, or Preservation of Favoured Races in the Struggle for Life.*

Es lohnt sich, den vollen Titel von Darwins großem Werk anzuschauen, weil er klar macht, daß es nur sinnvoll ist, von einer

Evolution zu sprechen, wenn man auch die wirkende Kraft angeben kann und weiß, wie sie zur Geltung kommt. Wer, wie beispielsweise der amerikanische Kosmologe Lee Smolin in seinem Buch *Warum gibt es die Welt?* [14] von einer Evolution des Kosmos oder seiner Sterne spricht, muß dann auch sagen, welche Auswahl da auf welche Weise durch welches Kriterium getroffen wird. Einen genaueren Blick verdienen auch die letzten drei Worte des Titels, die ein vielfach mißverstandenes und oft mißbrauchtes Konzept benennen. Sie sind sehr schlecht ins Deutsche übersetzt worden und haben auf diese Weise für unnötige Verwirrung gesorgt und tun dies bis heute. Was in englischen Worten fast freundlich als «struggle for life» bezeichnet wird und mit der Mühseligkeit des täglichen Existierens zu tun hat, die uns allen vertraut ist, wandelte die deutsche Gründlichkeit brutal in einen «Kampf ums Dasein», der Sieger und Besiegte kennt und zudem falsche Philosophen mißtrauisch und radikale Politiker hellhörig macht.

Wie falsch dieser kriegerische Unterton ist, kann erkennen, wer sich die Mühe macht, das dritte Kapitel der *Entstehung der Arten* zu lesen. Hier läßt Darwin alle erdenkliche Sorgfalt walten, um zu erklären, wie der Ausdruck «struggle for life» [15] gemeint ist, den er «in einem weiten metaphorischen Sinne» gebraucht und mit dem er etwas meint, das ganz selbstverständlich ist, nämlich «die Abhängigkeit der Wesen voneinander». Darwin erläutert das Gemeinte an einigen konkreten Beispielen:

> Mit Recht kann man sagen, daß zwei hundeartige Raubtiere in Zeiten des Mangels um Nahrung und Dasein kämpfen; aber man kann auch sagen, eine Pflanze kämpfe am Rande der Wüste mit der Dürre ums Dasein, obwohl man das ebensogut so ausdrücken könnte: sie hängt von der Feuchtigkeit ab. Von einer Pflanze, die jährlich Tausende von Samenkörnern erzeugt, von denen im Durchschnitt nur eines zur Entwicklung kommt, läßt sich mit noch viel größerem Recht sagen, sie kämpfe ums

Dasein mit jenen Pflanzen ihrer oder anderer Art, die bereits den Boden bedecken. Die Mistel ist vom Apfelbaum und einigen anderen Baumarten abhängig, aber es kann von ihr nur in gewissem Sinne gesagt werden, sie kämpfe mit diesen Bäumen, denn wenn zu viele dieser Schmarotzer auf demselben Baum wachsen, so verdorrt er und geht ein. Wenn aber mehrere Mistelsämlinge auf demselben Ast beisammen wachsen, so kann man schon mit mehr Grund sagen: sie kämpfen miteinander. Da der Samen der Mistel durch Vögel verbreitet wird, so hängt ihr Dasein von diesen ab, und man könnte bildlich sagen, die Misteln kämpften mit anderen fruchttragenden Pflanzen, um die Vögel zu verleiten, lieber ihre Samen zu fressen und zu verstreuen. In diesen verschiedenen Bedeutungen, die ineinander übergehen, gebrauche ich der Bequemlichkeit halber die allgemeine Bezeichnung «Kampf ums Dasein».[16]

Doch so vorsichtig Darwin an diesen (und vielen anderen) Stellen mit seinen Worten umgeht, er hat leider nicht besonders gut aufgepaßt, als er den Titel seines Hauptwerkes formulierte, denn von einer «Entstehung der Arten» erfahren seine Leser nicht viel, und dieses Thema hat bis heute allen wissenschaftlichen Eroberungsversuchen widerstanden. Was Darwin im Detail schildert (und was die Biologen einigermaßen verstehen), ist nicht das Auftreten neuer Arten, sondern die Anpassung (Adaptation) der schon vorhandenen Lebensformen an ihre jeweilige Umwelt, die man dann gerne als ihre Nische bezeichnet, wenn sie sich einigermaßen deutlich abgrenzen und erkennen läßt.

Auf diese Weise ist der Titel von Darwins Buch zwar wissenschaftlich nicht ganz korrekt, aber dafür ist er werbewirksam. Die erste Auflage der *Origin of Species* war tatsächlich innerhalb von 24 Stunden vergriffen. Darwins Konzept von den sich wandelnden Arten und seine Analyse der dazugehörenden Ursachen lösten bald zahlreiche Diskussionen aus, deren Grundtenor leider einen unangemessenen Klang bekam und unter anderem den Eindruck erweckt, hier ginge es um einen Streit zwischen Wissenschaft und Religion und eine Erniedrigung des Menschen. Was den letzten Punkt betrifft, so sagt Darwin in der *Entstehung der Arten* kaum etwas über den Menschen – dies tut er erst später in zwei anderen Büchern, die *The Descent of Man, and Selection in Relation to Sex* (1868) und *The Expression of the Emotions in Man and Animals* (1872) behandeln. Darwin ist jedoch von Beginn an so verstanden worden, als ob sich seine Ideen vor allem auf die menschliche Herkunft beziehen und etwas über uns selbst und unsere Eigenschaften aussagen.

Eine befaßt sich mit der konkreten Abstammung des Menschen, und sie findet ihr rhetorisches Glück in der Karikatur des Menschen als einem Affen, der irgendwann von den Bäumen heruntergekommen ist. Wir werden das Thema nicht los und wünschten nur, es würde immer so witzig angehandelt wie von der englischen Lady, die auf diese dümmlich einseitige Variante des Evolutionsgedankens mit der Bemerkung reagierte, man könne zum einen hoffen, daß es nicht stimmt, doch wenn es stimmt, dann müsse man eben dafür sorgen, daß es möglichst wenige Menschen erfahren. Diese Einstellung ist so viel intelligenter als das dumme Gezänk einiger geistlicher und wissenschaftlicher Männer, die sich im Anschluß an Darwin darüber stritten, ob man nun mütterlicherseits oder väterlicherseits von den Affen abstamme. Die unerbittliche Sturheit der Beteiligten, die meinten, sie müßten die Schöpfungsgeschichte gegen die Stammesgeschichte ausspielen, hat dabei die Einsicht verhindert, daß der biblische Bericht über der Erschaffung der Welt und Darwins Darstellung der Anpassung der Arten viel besser zusammenpassen, als man meint. Sie sind als literarische Erzählung und als wissenschaftliche Darstellung komplementäre Formen des Umgangs mit ein und demselben Geheimnis.

Eine zweite Tendenz nimmt Darwins Gedanken der natürlichen Zuchtwahl ernst und erkennt die besondere Rolle des modernen Menschen, der offenbar nicht mehr so grausam vorgeht wie die Natur. Menschen heben die Selektion auf, indem sie zum Beispiel Medizin betreiben, Kranke pflegen und sich um Bedürftige sorgen. Die ganze Idee der christlichen Nächstenliebe scheint der biologischen Evolution entgegenzuwirken und ihre Vorteile aufzuheben, und seit dieser Gedanke im Gefolge von Darwins gefährlicher Idee durch die Köpfe schleicht, werden wissenschaftliche und unwissenschaftliche Vorschläge zur Verbesserung des Erbguts (Eugenik) unterbreitet und betrieben.

Der Philosoph Friedrich Nietzsche hat sich dieses Themas schon früh und deutlich angenommen und zum Beispiel in seinem «Antichrist» geschrieben:

> Das Mitleiden kreuzt im Ganzen Grossen das Gesetz der Entwicklung, welches das Gesetz der *Selection* ist. Es erhält, was zum Untergange reif ist, es wehrt sich zu Gunsten der Enterbten und Verurtheilten des Lebens, es giebt durch die Fülle des Missrathnen aller Art, das es zum Leben *festhält*, dem Leben selbst einen düsteren und fragwürdigen Aspekt.

Es braucht nicht betont zu werden, wie unheilvoll die hier vorgedachte Entwicklung mit dem Höhepunkt des Dritten Reiches geworden ist, aber als Naturwissenschaftler darf man sich wundern, daß Nietzsches Argument nach wie vor erörtert wird (wenn auch nicht bei Thomas Mann). Wenn Nietzsche heute leben würde und von den Fortschritten der Biologie lesen würde, hätte er längst verstanden, daß es unnötig ist, sich darüber Gedanken zu machen. Nietzsche würde heute sein Augenmerk auf die Frage nach der Entstehung der vererbten Eigenschaften richten: Wie sind sie uns im Laufe der Evolution vermittelt worden? Was bedingt zum Beispiel die Aggression, die oberflächlich leichtfertig mit Gewalt gleichgesetzt wird? Und welchen Einfluß haben Erfahrungen, die wir im Laufe unseres Lebens machen, auf das, was unsere Gene tun?

Zu solchen Fragen kann Nietzsche einiges sagen, und es ist Thomas Mann, der in seiner Analyse von *Nietzsche's Philosophie im Lichte unserer Erfahrung* erkennt, was die «Urleidenschaft» des Philosophen ist, nämlich die Psychologie. Und allein aus diesem Gedanken heraus – «als Anwalt des Lebens» – ist Nietzsche der Verdacht gekommen, daß alle «guten» Triebe der Menschen ihre Herkunft in «schlimmen» haben, und deshalb ruft er «die ‹bösen› als die vornehmen und lebenserhöhenden aus»[17].

Thomas Mann nennt diesen Gedanken des Philosophen «die Umwertung aller Werte», und wer die moderne Biologie kennt, weiß, wie recht beide haben, Nietzsche und sein Deuter. Eine grundlegende Einsicht etwa von Konrad Lorenz besteht darin, daß die Agression die Wurzel der Liebe ist, die an dem dazugehörigen ruppigen Ast sprießt, wie er in seiner berühmten Naturgeschichte der Aggression mit dem Titel[18] *Das sogenannte Böse* geschrieben hat. Heutige Verhaltenswissenschaftler haben denn auch beobachtet, daß Eltern, die aggressiv auf ein Fehlverhalten ihrer Kinder reagieren, damit nicht nur eine Belehrung erzielen wollen, sondern (unbewußt) auch eine nachfolgende Handlung vorbereiten, gemeint ist die Versöhnung.

Kehren wir zur Debatte um Darwin und die Evolution zurück, die eine dritte Richtung durch die Vorstellung bekommt, daß die Evolution noch nicht abgeschlossen ist und folglich nicht beim Menschen endet. Die Mühlen der Selektion werden weiter mahlen und keine Rücksicht auf uns nehmen. Die Evolution wird über unsere Köpfe hinweggehen, wie vielfach gemeint und durch die Behauptung ausgedrückt wird, daß wir nur die «Neandertaler der Zukunft» sind. Mit anderen (philosophischen) Worten: Der Mensch ist etwas, das überwunden wird. Aus dieser Einsicht zieht der Philosoph Nietzsche den Schluß, daß der Mensch etwas ist, das überwunden werden muß. Also läßt er seinen Zarathustra sprechen, der sich bei seinen Predigten den künftigen Menschen ausdenkt, den er bekanntlich den Übermenschen[19] nennt.

Mit Darwins Idee hat das alles herzlich wenig zu tun, wie leicht einsieht, wer Darwins Text selbst liest. In den Schlußbemerkungen seines Buches bekennt er sich freimütig und elegant zugleich zu einem Schöpfer, den er wahrnimmt, wenn er die Natur betrachtet:

> Wie anziehend ist es, ein mit verschiedenen Pflanzen bedecktes Stückchen Land zu betrachten, mit singenden Vögeln in den Büschen, mit zahlreichen Insekten, die durch die Luft schwirren, mit Würmern, die über den feuchten Erdboden kriechen, und sich dabei zu überlegen, daß alle diese so kunstvoll gebauten, so sehr verschiedenen und doch in so verzwickter Weise voneinander abhängigen Geschöpfe durch Gesetze erzeugt worden sind, die noch rings um uns wirken. [...] Es ist wahrlich etwas Erhabenes an der Auffassung, daß der Schöpfer den Keim des Lebens, das uns umgibt, nur wenigen oder gar nur einer einzigen Form eingehaucht hat und daß, während sich unsere Erde nach den Gesetzen der Schwerkraft im Kreise bewegt, aus einem so schlichten Anfang eine unendliche Zahl der schönsten und wunderbarsten Formen entstand und noch weiter entsteht.[20]

Der Naturforscher soll das Erforschbare erforschen und das Unerforschliche verehren, wie Goethe einmal gesagt hat, und genau nach dieser Maxime hat Darwin gehandelt. Wie wir alle hatte er zwei Seelen in seiner Brust, von denen die eine wissen und die andere glauben wollte. Beide haben ihre Aufgabe und ihren Platz, und zwar gerade in der Wissenschaft. Schief läuft die Sache nur, wenn der Glaube sich an eine Stelle setzen will, an der man wissen kann, und wenn das Wissen sich auch da breitmacht, wo uns nur der Glaube bleibt. Religiöse Bedürfnisse lassen sich nicht rational erledigen, und intellektuelle Neugier läßt sich nicht durch unsinnige Scheinlösungen befriedigen. Als der junge Darwin 1831 zu seiner langjährigen Weltreise mit dem Vermessungsschiff «Beagle» aufbrach, wunderte er sich über eine Bemerkung, die jemand in die Schiffsbibel geschrieben hatte: «Gott hat die Welt am 28. Oktober 4004 vor Christi Geburt um 9.00 Uhr morgens geschaffen.»

Die Berechnung dieses Datums hatte im 17. Jahrhundert begonnen, als ein Bischof namens Usher sich daranmachte, das Lebensalter von jedem der in der Bibel genannten Patriarchen zu eruieren, um die dabei gefundenen Zahlen zu addieren und so den zeitlichen Anfang der Welt – den Moment der Schöpfung – zu bestimmen. Bei diesem Bemühen werden die beiden oben erwähnten Seelen deutlich spürbar. Die eine will Gott, und die andere will die Natur erkennen. Usher kam bald zu der Jahreszahl 4004 vor Christus, dabei hätten er und die von seinen Anhängern betriebene Naturtheologie («natural theology») es belassen sollen. Doch wenn das Wissenwollen einmal in Schwung gekommen ist, dann macht es unerbittlich weiter, und so fügten die Schriftgelehrten dem Jahr den Monat, dem Monat den Tag und dem Tag zuletzt die Uhrzeit hinzu, und spätestens in dem Augenblick wurde das Unternehmen absurd und sorgte für seine eigene Abschaffung.

Tatsächlich ist das Universum um mehr als den Faktor eine Million älter. Wer in diesem Punkt auf die Bibel vertraut, könnte natürlich sagen, der Schöpfer habe die Welt vor 6008 Jahren so geschaffen, daß sie in jeder Beziehung einer Welt gleicht, die älter ist als fünfzehn Milliarden Jahre. Das Nördlinger Ries wäre zusammen mit den ersten Holzpflügen im Jahre 4004 vor Christus so erschaffen worden, daß es wie ein 15 Millionen Jahre alter Meteoritenkrater aussieht. Das Licht, das von der zwei Millionen Lichtjahre entfernten Andromedagalaxie zu stammen scheint, wäre im Fluge erschaffen worden; genauso das Licht der meisten Sterne unserer Galaxie, der Milchstraße. Und manche Fossilien scheinen nur deshalb drei Milliarden Jahre alt zu sein, so müßte man ferner annehmen, weil Gott gelegentlich die Naturgesetze geändert hat.

Den Unsinn der Usherschen Abschätzung des Alters der Welt bemerkte Darwin beim Blick in die Schiffsbibel. Eine immer präziser werden wollende Naturtheologie machte keinen Sinn mehr, sie führte sich selbst ad absurdum und mußte durch eine Naturforschung abgelöst werden. Solch eine Wissenschaft gedachte Darwin zu betreiben. Er konnte dies unter anderem deshalb tun, weil sich im vorangegangenen Jahrhundert die Vorstellung von den Zeiträumen, die der Erde und dem Leben zur Verfügung standen, um so zu werden, wie sie sind, gewaltig geändert hatte. Während das 17. Jahrhundert bestenfalls ein paar tausend Jahre weit denken konnte – was im übrigen auch nicht so leicht ist, da jeder einzelne von uns bequem bestenfalls seine eigene Lebensdauer und schon nicht mehr ganz die rund 100 Jahre bis zur Geburt der Großeltern überblicken kann –, lieferten die Geologen des 18. Jahrhunderts Beweise für eine viel längere «Tiefenzeit» der Erde, in der sich verschiedene Epochen der Natur abgelöst haben mußten. Immanuel Kant kommt 1755 zum ersten Mal auf die Idee, von einer «Naturgeschichte» zu sprechen, und er räumt dem dazugehörenden Geschehen einen Zeitraum von rund 500000 Jahren ein. Dabei geht es um die Vollendung der Schöpfung, wie er meint, wobei die göttliche Leistung selbst natürlich als unerschütterlich fest und unveränderlich gut betrachtet wird.

Die Überzeugung von der Unveränderlichkeit der Arten gehört zu den härtesten Brettern, die das Abendland vor dem kollektiven Kopf trägt. Gleichermaßen verantwortlich dafür sind die Vertreter von religiösen und naturphilosophischen Traditionen. Die fanatischen Anhänger von Platons Ideenlehre sind ebenso wie die gläubigen Christen davon überzeugt, daß zwar einzelne Tiere Variationen aufweisen können, daß ihr Wesen aber ewig, perfekt und somit unabänderlich ist. Christentum ist Platonismus für das Volk, soll Nietzsche einmal gesagt haben, und beide verhindern den Blick auf die lebendige Wirklichkeit der Natur und ihre wahrnehmbare Wechselwirkung, könnte man an dieser Stelle hinzufügen.

Es ist also kein Wunder, daß es eine lange Zeit dauerte, bis die Wandelbarkeit der Arten erkannt wurde, und es brauchte auch eine eigenartige Evidenz. Tatsächlich öffnete sich der Blick auf das Wandelbare im organischen Leben erst beim Betrachten toter Formen. Die Geologen des 18. Jahrhunderts brachten immer mehr versteinertes Leben – Fossilien – in die Museen, und je genauer sich ein wissenschaftlich geschulter Geist die Funde anschaute, desto deutlicher trat ihm die Idee vor Augen, daß es in der Vergangenheit der Erde andere Organismen und Gestalten gegeben haben muß. Mit anderen Worten: Man entdeckte Arten, die nicht mehr lebten, also gestorben – ausgestorben – sein mußten. Doch so selbstverständlich unsere aufgeklärte Zeit diesen Gedanken hinnimmt, für eine Epoche, in der auch der kritische Philosoph Kant noch mit Gott rechnete und seiner Weisheit vertraute, war diese Vorstellung äußerst erschütternd. Wie konnte Gott es in seiner große Güte und Weisheit zulassen, Leben aussterben zu lassen? Warum hat er es dann überhaupt in die Welt gesetzt?

In Paris gab es einen Naturforscher, der diese Frage sehr ernst nahm, der schwer unter ihr litt und sie deshalb dringend zu lösen versuchte, nämlich Jean Baptiste Lamarck (1744 bis 1829). Wie konnte er die Befunde der Fossilien und die eindeutige Auskunft der Wissenschaft, daß Arten ausgestorben waren, mit seinem Vertrauen in Gott versöhnen?

Die Antwort fiel ihm rechtzeitig zum Jahrhundertwechsel 1800 ein, und sie war wunderbar einfach, wenn man das alte Brett vom Kopf nahm: Die Geologen hatten gezeigt, so Lamarck, daß sich die Erde im Laufe von Jahrtausenden immer wieder geändert hatte. Dann müssen sich die Arten mit ihnen gewandelt haben, so sein anschließender und damals hilfreicher Gedanke. Gott hat seine Geschöpfe nicht aussterben lassen, konnte er nun verkünden, er hat sie vielmehr umgebildet und umgeformt. Sie sind nicht tot, sondern anders. Damit brachte Lamarck den Gedanken der biologischen Evolution in die Welt, den er – zunächst nur auf das Tierreich beschränkt – im Jahre 1800 im Anschluß an den uralten Gedanken einer (statischen) Leiter des Lebens so formulierte:

Die Natur hat alle Tierarten nacheinander hervorgebracht. Sie hat mit den unvollkommenen begonnen und den vollkommenen aufgehört. Sie hat ihre Organisation graduell entwickelt.[21]

Wie groß die Leistung Lamarcks gewesen war, zeigt sich darin, daß Darwin noch 1831 seine Weltreise in dem festen Glauben an die unwandelbare Konstanz der Arten antrat. Dieses Festhalten an unveränderlichen Formen hat sicher viele Ursachen. Eine davon steckt – wie erwähnt – in der Geistesgeschichte und ihrem griechischen Ausgangspunkt. Genauer ist die Philosophie Platons gemeint, der ein Verächter der äußeren Erscheinungsformen war, auf ihre Unzulänglichkeiten verwies und sie für unwesentlich erklärte. Wesentlich seien nicht die konkreten Pferde und Pflanzen, wesentlich seien die unveränderlichen Ideen «Pferd» und «Pflanze». Mit diesem Verdikt wagte es kein Naturforscher so schnell, die angeschaute Vielfalt der Natur in einem dynamischen Zusammenhang zu sehen. Den Mut brachte erst Lamarck auf, dessen Vorschlag daher gar nicht hoch genug geschätzt werden kann.

Leider verdunkelte Lamarck seine große Leistung durch den vergeblichen Versuch, einen Mechanismus für den Wandel anzugeben, den wir heute Evolution nennen. Er postulierte 1809 – also ein halbes Jahrhundert vor Darwin –, daß Eigenschaften vererbt werden können, die im Laufe eines Lebens erworben worden sind. Eine Giraffe versucht an die süßen Früchte in der Höhe eines Baumes zu kommen und streckt und streckt und streckt ihren Hals. Dabei wird er im Laufe des Lebens ein wenig länger, und diese Qualität bekommen die Kinder, die ihren Hals wieder strecken und strecken und ihn auf diese Weise erneut verlängern, und so geht das immer weiter. Dies ist die Ansicht des naiven Menschenverstandes, der sich nicht einfach unterdrücken läßt, solange nicht verstanden wird, wie sich das, was ein einzelner gelernt hat, genetisch niederschlagen kann. Wie reagieren Gene auf alte Erfahrungen, um neue zu ermöglichen?

Noch Oskar Hertwig, Thomas Manns erste Autorität in Fragen der Biologie, hat in der von Mann benutzten 5. Auflage seiner *Allgemeinen Biologie* von 1920 die Vererbung erworbener Eigenschaften nicht ausgeschlossen, und Thomas Mann ist ihm darin gefolgt (siehe S. 138). Diese Idee ist mit dem Ausdruck «Lamarckismus» bezeichnet worden und wird von Biologen gern mit einem Gespenst verglichen, das nicht zur Ruhe kommt. Die wissenschaftliche Vorstellung von der Vererbung erworbener Eigenschaften entspricht einem weitverbreiteten Irrtum. Sie ist überholt, seit Darwin erkannt hat, daß die Evolution anders vorgeht, nämlich mit zufälligen Variationen, die sich der schon erwähnten natürlichen Selektion stellen, wie im folgenden erläutert werden soll.

Darwins Vorstellung der natürlichen Selektion kann – einem Vorschlag des jetzt bald hundertjährigen Biologen Ernst Mayr folgend – in fünf Beobachtungen zusammengefaßt werden, aus denen drei Folgerungen zu ziehen sind. Diese zugleich einfache und übersichtliche Argumentation und Präsentation, die Mayr unter anderem in seinem Buch *Die Entwicklung der biologischen Gedankenwelt* präsentiert, wird möglich mit Hilfe eines neuen Konzeptes, das zuerst ebenfalls Darwin eingeführt hat.[22] Dieser neue Begriff heißt Population und stellt etwas dar, das zwischen dem Individuum und der Art angesiedelt ist. Mit der anschaulichen Population ist eine Gruppe von Lebewesen gemeint, die als Lebensgemeinschaft zusammengehört und gemeinsam in einem Habitat die eigene Existenz sichert und für Nachkommen sorgt. Die Qualität des Begriffs liegt darin, daß es jetzt nicht mehr ganze Arten sind, die sich anpassen, sondern Populationen. Mit dieser Unterteilung läßt sich vorstellen, daß die jeweiligen Adaptationen die Entfernung von der ursprünglichen Art so lange immer größer werden lassen, bis die ersten Exemplare einer neuen Art erscheinen. Soviel zu den allgemeinen Vorstellungen, die im Detail wie folgt entwickelt werden: Die erste Beobachtung betrifft die Fruchtbarkeit der Arten. Darwin bemerkte bei seiner Reise um die Welt, daß die Natur verschwenderisch vorgeht und ihre Geschöpfe äußerst fruchtbar macht. Wenn alle Individuen, die in einer Population zusammenleben, sich in aller Freizügigkeit vermehren würden, so stellte er fest, dann könnte ihre Zahl über alle Maßen zunehmen. Doch – und damit ergibt sich die zweite Beobachtung – dies passiert nicht, denn abgesehen von saisonalen Schwankungen bleiben Populationen stabil, das heißt, die Zahl ihrer Mitglieder hält sich konstant. Mit der dritten Beobachtung, daß die natürlichen Ressourcen in jeder Umgebung begrenzt sind und mit ihr stabil bleiben, kann die erste Schlußfolgerung gezogen werden:

Unter den Individuen einer Population muß es Auseinandersetzungen um die Lebensgrundlagen geben, und dieser Wettkampf gehört für Darwin zu dem Ringen um das Überleben, «the struggle for life», mit dem jedes Tier und jede Pflanze beschäftigt ist.

Von den Individuen, die sich abmühen und mit- und gegeneinander agieren, sind keine zwei identisch, wie die vierte Beobachtung festhält. Innerhalb einer Population zeigen sich zahlreiche Unterschiede, die Darwin als Variationen bezeichnet. Wie in der Musik läßt sich dabei an ein Thema denken, das von der Natur in verschiedenen Variationen gespielt wird. Das Thema ist natürlich durch die Art beziehungsweise die Population vorgegeben, und es ist klar, daß das von ihm Ausgedrückte – also zum Beispiel «ein Pferd sein» oder «eine Rose sein» – vererbt wird. Doch – so die fünfte und letzte Beobachtung – auch die Variationen sind erblich, zumindest ein Teil von ihnen. Und damit kann man die Ernte des Gedankens einfahren, denn nun lassen sich zwei weitere Folgerungen ziehen: Da sich unter den verschiedenen Individuen nicht alle in gleicher Weise behaupten und es notwendigerweise zu einem Ausleseprozeß kommt, läßt sich sagen, daß das Überleben von der erblichen Konstitution abhängig ist. Es kommt – dritte und letzte Schlußfolgerung – zu einer (natürlichen) Selektion von Variationen, die zum Wandel der Population führen. Dies findet seinen wahrnehmbaren Ausdruck in einer Anpassung der Art.

Das entscheidende Element dieser Konzeption einer Anpassung von Arten durch die Wirkung der natürlichen Selektion besteht in der Vorgabe von Variationen. Ihr Auftreten wird von Darwin als zufällig angesehen, als eine Möglichkeit unter vielen, und diese Idee unterscheidet seine Konzeption grundsätzlich von den Überlegungen, die Lamarck vorgelegt hat. Im Sprachgebrauch der modernen Genetik kommen Variationen durch Änderungen (Mutationen) im genetischen Material zustande, und sie treten im Verständnis der zeitgenössischen Wissenschaftler genau so auf, wie Darwin es gedacht hat, nämlich zufällig. Mutationen finden ohne lenkende Ursache statt, aber nachdem sie einmal vorliegen und sich auswirken, kann die natürliche Selektion zwischen ihnen wählen und dafür sorgen, daß sich einige verstärkt und andere überhaupt nicht ausbreiten.

Der Zufall stellt also einen wesentlichen Bestandteil der Konzeption namens Evolution dar, und dies hat mindestens eine besondere Konsequenz. Eine Theorie der Evolution kann unter dieser Vorgabe niemals vollständig sein. Sie kann auch nicht die Qualität der Theorie gewinnen, die Naturwissenschaftler zum Beispiel von der Physik gewohnt sind. Wenn Darwin – wie zitiert – davon schwärmt, mit der natürlichen Selektion ein Naturgesetz gefunden zu haben, und möglicherweise davon träumt, ein «Newton des Grashalms» zu werden, dann entgeht ihm, daß er in Wirklichkeit eine viel größere Leistung vollbringt. Er macht nämlich klar, daß es neben den Naturgesetzen, die einen physikalischen oder chemischen Ablauf festlegen, ihn determinieren, es auch Naturgesetze gibt, die dies nicht tun. Darwin entdeckt, daß es eine zweite Form von Naturgesetzen gibt. Er findet das erste statistische Gesetz der Natur, wie bereits 1877 durch den amerikanischen Philosophen Charles Peirce festgestellt worden ist, der damals folgendes geschrieben hat:

Die Kontroverse um Darwin ist zu weiten Teilen eine Frage der Logik. Darwin schlug vor, die statistische Methode auf die Biologie anzuwenden. Dasselbe ist in einem sehr verschiedenen Zweig der Wissenschaft geschehen, in der Theorie der Gase. Obwohl sie nicht sagen konnten, wie die Bewegung eines bestimmten Gasmoleküls unter gewissen Voraussetzungen über die Zusammensetzung dieser Art von Körpern aussehen würde, konnten [die Väter des Zweiten Hauptsatzes des Thermodynamik] – schon acht Jahre vor der Publikation von Darwins unsterblichem Werk – durch Anwendung der Wahrscheinlichkeitspostulate voraussagen, daß auf lange Sicht der und der Anteil der Moleküle unter den und den Umständen die und die Geschwindigkeit erreichen würde; daß sich da jede Sekunde soundsoviel Zusammenstöße ereignen würden und so weiter; und aus diesen Aussagen gelang es ihnen, bestimmte Eigenschaften der Gase abzuleiten, besonders was ihr Verhalten bei Wärme anging. In gleicher Weise kann Darwin nicht sagen, was die Wirkung der Variation und natürlichen Selektion in irgendeinem Einzelfall sein wird, er zeigt aber, daß sich Tiere, auf lange Sicht gesehen, ihren Lebensumständen anpassen werden und angepaßt haben.[23]

Mit anderen Worten: Darwin entdeckt die universelle und weitreichende Gültigkeit des statistischen Gedankens, wobei die Menschen bis in die Gegenwart gebraucht haben, um sich daran zu gewöhnen und damit vertraut zu machen.

Einige Fragen der Evolution

Wenn über die Idee der Evolution gestritten wird, sagen die einen, es handele sich um eine Theorie, und die anderen meinen, es sei eine Tatsache. Ich vermute, es ist für die Praxis der Wissenschaft am besten, hier von einem Forschungsprogramm zu sprechen, das in jedem Einzelfall überprüft und verfolgt werden muß. Die Idee der Evolution ist ein Angebot, die mannigfaltigen Formen des Lebens zu verstehen, und die Frage lautet, wie weit der Gedanke getrieben werden kann und soll. Es ist durchaus möglich, daß viele Eigenschaften der Natur – etwa die grüne Farbe der Blätter, der lange Hals der Giraffe oder der aufrechte Gang des Menschen – keine raffinierten Anpassungen, sondern zufällig entstandene und nicht weiter entwickelte Eigenschaften sind. Doch selbst wenn dies so ist, wird es auf jeden Fall lohnend sein, den Versuch einer adaptiven Erklärung zu wagen. Auf diese Weise versteht man besser, was gemeint ist, wenn von Evolution die Rede ist und wie Individuum und Umwelt aufeinander einwirken und sich gegenseitig bedingen.

Im folgenden sollen drei Probleme angesprochen werden, die immer wieder auftauchen, wenn im Rahmen von evolutionären Debatten um die Relevanz von Darwins Idee gestritten wird. Da ist zum einen die Tatsache, daß Darwin die hohe Zahl von Nachkommen betont, die von der Natur produziert werden. Er erblickt hierin das Rohmaterial der Selektion. Wenn dies in dieser Form zutrifft und nicht ergänzt zu werden braucht, dann müßten vor allem die Arten hoch differenziert sein, die viele Nachkommen und kurze Generationszeiten haben. Doch in der Wirklichkeit ist das genaue Gegenteil der Fall. Gerade die Arten sind besonders entwickelt – und wir gehören dazu –, die wenig Nachkommen haben und viel Zeit brauchen, um Kinder in die Welt zu setzen. Wie läßt sich diese Langsamkeit im Kontext der Evolution erklären?

Das zweite Thema liefern Eigenschaften, die offenbar keinen Nutzen haben und eher als Luxus anzusehen sind. Als Beispiele dienten Darwin die Federpracht der Paradiesvögel, die bunten Farben von Fasanen und der unvermeidliche Schwanz des Pfaus. Wie kann die Evolution so etwas hervorbringen? Was haben solche Formen mit der natürlichen Selektion zu tun? Oder ist hier ein anderer Mechanismus am Werk?

Und die dritte Frage bemüht sich um die schon angesprochene und immer wieder spannende Menschwerdung des Affen. Was hat unsere Vorfahren ausgezeichnet, um etwas anderes als eine weitere Affenart zu werden? Welchen Druck hat die Selektion ausgeübt, um das große Gehirn möglich zu machen, das uns auszeichnet? Wie sieht die biologische Geschichte der Menschwerdung aus?

Die genannten Fragen waren Darwin alle bekannt, und mindestens die zweite hat er so gut beantwortet, daß man doppelt staunen muß, einmal über seine Weitsicht und zum zweiten über die Harmlosigkeit seiner Nachfolger, die der Natur an dieser Stelle erst einhundert Jahre nach ihm auf die selektiven Schliche gekommen sind.

Zu dem ersten Thema konnte sich Darwin nicht qualifiziert äußern, weil ihm die genetische Grundlage fehlte, die zu einer Antwort gehört. Die heute angebotene Lösung steckt in den Genen, genauer: in der Tatsache, daß Organismen, die sich sexuell vermehren, zwei Exemplare (sogenannte Allele) eines Gens tragen, die unterschiedlich sein können. Zwar war dies schon zu Darwins Lebzeiten in Ansätzen erkannt worden – nämlich durch den Mönch Gregor Mendel in Brünn –, und auch Darwin besaß ein Exemplar von der entsprechenden Schrift, aber er hat sie wohl nicht gelesen und die Druckbogen unaufgeschnitten auf seinem Schreibtisch liegen lassen. (Die Historiker sind zwar der Ansicht, daß Darwin genügend gut die deutsche Sprache beherrschte, um Mendels Texte lesen zu können. Aber es ist fraglich, ob Mendel sich in seiner Arbeit so klar ausgedrückt hat, daß Darwin in der Lage gewesen wäre, darin auf die heute entscheidenden Gedanken zu stoßen.)

Wenn man einmal annimmt, daß sich nicht beide Allele (Genkopien) gleichzeitig ändern und nur eins von ihnen eine Mutation (Variante) trägt, die für die Evolution günstig ist, dann besteht die Aufgabe darin, ein Lebewesen in die Welt zu setzen, das zwei Kopien dieser Variante hat. So kann sie nämlich am besten zum Ausdruck kommen und von der Selektion erfaßt und bevorzugt werden. Wie eine genaue (mathematische) Analyse der Populationsgenetik zeigt, besteht die geeignete Strategie, um Gene mit günstigen Wirkungen nicht nur möglichst oft zusammenzubringen, sondern danach auch möglichst effizient zusammenzuhalten, merkwürdigerweise in kleinen Fortpflanzungsgemeinschaften (Familien). In Riesengemeinschaften (großen Populationen) zerstreuen sich geeignete Gene sehr rasch, bis sie völlig unauffällig werden. Genau hier liegt der Grund, warum Arten mit hohen Nachkommenzahlen weniger komplex werden als Arten mit wenig Nachwuchs. Wenn aber die Zahl der Kinder klein ist – dies kommt als zweites hinzu –, muß jedes einzelne von ihnen möglichst gut betreut und ausführlich versorgt werden. Mit andern Worten, kleine Nachkommenzahlen und langsame Generationenfolge weisen in dieselbe Richtung, und so läßt sich in aller Kürze verständlich machen, was die Evolution an dieser Stelle hervorgebracht hat. Das Leben in Familien und der Abstand von ein paar Jahren, in denen wir Kinder bekommen, können als evolutionäre Strategien verstanden werden, die dem Ziel der höheren Komplexität dienen und dies offenbar auch erreicht haben.

Die zweite Frage nach den Luxuseigenschaften kann beantwortet werden, wenn man bedenkt, daß die natürliche Selektion, die Darwin als Motor der Evolution ausgemacht hat, nur zu Anpassungen an die äußere Umwelt führen kann. Damit gemeint sind zum Beispiel das Klima, das Angebot an Nahrung, die Konkurrenz durch andere (feindlich gesinnte) Arten, die konkreten geographischen Vorgaben (wie Berglandschaft oder Seeufer, Tiefebene oder Hochplateau), die Verfügbarkeit von Materialien (wie Holz oder Stein), das Vorhandensein von geschützten Höhlen und was einem sonst noch einfällt. Man kann sich weiter gut vorstellen, daß für eine Lebensgemeinschaft die Anpassung nach außen weitgehend abgeschlossen sein kann und somit keine natürliche Selektion mehr stattfindet, deren Aufgabe der Lebensbewahrung erfüllt ist. Damit tritt aber kein Stillstand ein, vielmehr besteht die Möglichkeit der

Lebenssteigerung. Für diesen Vorgang verschieben sich die Auswahlkriterien an eine andere Stelle, und das heißt, sie verlagern sich nach innen. Damit ist die Lebensgemeinschaft selbst gemeint. Vor dem Ziel der Vermehrung steht bekanntlich die Hürde der Partnerwahl, und die Evolution hat zwei Möglichkeiten, hier Einfluß zu nehmen und Faktoren auszuwählen. Entweder überläßt sie das Feld den Männchen, oder sie gestattet die Auswahl den Weibchen. Beide Fälle sind in der Natur realisiert, und sie führen zu vollständig unterschiedlichen Ergebnissen.

Bevor die damit verbundene sexuelle Selektion und ihre Hervorbringungen dargestellt werden – der Ausdruck geht auf Darwin zurück, der ihn im Titel jenes Buchs verwendet, welches von der Abstammung des Menschen handelt –, muß erläutert werden, was Männchen und Weibchen im Hinblick auf die Evolution unterscheidet, und zwar so neutral und wertfrei wie möglich. Wir setzen die Existenz von zwei Geschlechtern voraus (ohne zu fragen, ob es auch drei oder vier geben könnte) und betrachten die Alternative, die dazugehörigen Geschlechtszellen (Samen und Eizelle) entweder gleich und unterschiedlich groß anzulegen. Die Natur hat beide Möglichkeiten in die Wirklichkeit umgesetzt, mit dem Ergebnis, daß die beiden Geschlechter sich nur dann äußerlich sichtbar (wahrnehmbar) unterscheiden, wenn ihre Geschlechtszellen unterschiedlich aussehen. Ausschlaggebend ist dabei ihre Größe, wobei die Natur sich so entwickelt hat, daß sie eine Form sehr klein und die andere sehr groß macht.

Bisher haben wir zwar von zwei Geschlechtern gesprochen, aber noch keine Zuordnung vorgenommen. Wir definieren nun eher rücksichtslos und wenig poetisch als weibliches Geschlecht die Produzentinnen der großen Geschlechtszellen – also der Eizellen –, und es sollte nicht schwer zu verstehen sein, warum die Natur dafür gesorgt hat, die Eizelle zu schützen. Es gibt nämlich viel weniger Ei- als Samenzellen, da ihre Produktion mehr Energie und Zeit erfordert. Aus diesem Grund macht es auch Sinn, die Eier im

Inneren des weiblichen Körpers zu belassen, und zwar gerade dann, nachdem sie hier von Samen erreicht und befruchtet worden sind.

An dieser Stelle sieht man die dramatische Wirkung einer auf den ersten Blick nur geringfügigen evolutionären Festlegung. Die Konsequenz aus der Tatsache, daß ein Geschlecht mit größeren Keimzellen ausgestattet wird, besteht darin, daß die Geburt im Inneren des dazugehörigen Körpers stattfindet. Diese Situation beeinflußt nun entscheidend die Interessenlage, wie Darwin sofort erkannte. Ein Weibchen, das Mutter wird, investiert ungleich mehr als ein Männchen, das Vater wird. Dieses unterschiedliche «parental investment» macht nun den wesentlichen Unterschied zwischen Mann und Frau aus: Wenn nämlich die Evolution und ihre Kräfte vor allem mit der reproduktiven Fitneß beschäftigt sind, dann werden sie dafür sorgen, daß Weibchen auf Qualität und Männchen auf Quantität achten. Die Männchen schauen den Weibchen nach, und die Weibchen schauen sich die Männchen an. Und genau damit kann die Wirkung der sexuellen Selektion genauer erklärt werden. In Darwins eigenen Worten:

> Hier besteht ein krasser Gegensatz zu den Männchen, die gewöhnlich bereit sind, sich mit jedem Weibchen zu paaren, und häufig nicht einmal einen Unterschied zwischen Weibchen der eigenen und anderer Art machen. [...] Die Gründe für diesen krassen Unterschied beruhen auf dem Prinzip der Investition. Ein Männchen hat genug Samen, um zahlreiche Weibchen zu befruchten, seine Investition in eine einzelne Kopulation ist daher klein. Ein Weibchen dagegen produziert relativ wenige Eier und investiert viel Zeit und Mittel im Ausbrüten der Eier, Austragen der Embryonen und in der Brutpflege.[24]

Männchen werden sich darum bemühen, so viele Weibchen wie möglich – in Form eines Harems – zu begatten, und sie erreichen dieses Ziel, indem sie die Konkurrenten angreifen und zu verjagen versuchen. Ein Weg der sexuellen Selektion besteht also in männliche Rivalenkämpfen, und die Lebensgemeinschaften beziehungsweise Arten, in denen diese Praxis vorherrscht, bringen kräftige und ausdauernd kampffähige Tiere hervor. Beispiele finden Biologen vor allen Dingen unter Huftieren und Robben.

Doch die Natur hat auch Gelegenheiten geschaffen, bei denen den Weibchen die entscheidende Rolle der Partnerwahl zufällt, und sie sollte auf Qualität ausgerichtet sein. Darwin spricht dabei von der weiblichen Wahl – «female choice» –, und er erkennt, daß er mit ihrer Hilfe die Schmucktrachten der Männchen erklären kann. Weibchen wählen offenbar den Mann, der ihnen am besten gefällt, und dieses Gefallen hat nicht unbedingt mit unbeugsamer Kampfeslust und Muskelkraft zu tun. Vögel, bei denen die weibliche Wahl praktiziert wird, sind schön (für den menschlichen Blick) wie zum Beispiel Paradiesvögel, während nahe Verwandte, die ohne «female choice» vorgehen, grau oder schwarz wie Krähen sind.

Wie kommt dieser Unterschied zustande? Darwin wußte, daß die Jungen bei Vögeln entweder Nesthocker oder Nestflüchter sind. Nun leuchtet es ein, daß eine Henne mit Nestflüchtern alleine besser zurechtkommt als mit Nesthockern, für die sie auf die Hilfe des Männchens angewiesen ist. Das heißt, die weibliche Wahl funktioniert vor allem bei der möglichen Alleinversorgung, bei der sich das Männchen nicht durch nützliche Qualitäten wie Futterbeschaffungsfähigkeit auszeichnet, sondern dem weiblichen «Schönheitsbedürfnis» genügen muß. Die Männchen mußten sich möglichst prächtig schmücken, während die Weibchen gerade umgekehrt unauffällig sein mußten, um ungestört brüten zu können.

Mit diesen wenigen Bemerkungen kann natürlich nur angedeutet werden, was alles in Bewegung ist, wenn die Prinzipien der Evolution ihre Auswahlarbeit verrichten. Der wesentliche Punkt besteht darin, daß Darwins Idee der sexuellen Selektion – vor allem in Form der weiblichen Wahl – eine Strategie darstellt, bei der es nicht um die klassischen Eigenschaften des Lebens geht, die mit dem dummen Ausdruck vom Kampf ums Dasein in Verbindung gebracht werden, also zum Beispiel um Härte, Stärke, Durchsetzungsvermögen und Gewaltbereitschaft. Die sexuelle Selektion sorgt vielmehr dafür, daß all die Qualitäten sich entfalten, die wir so sehr schätzen, also Farbmuster, Schönheit, Altruismus beziehungsweise beim Menschen Mitgefühl und Anmut, um nur einige von ihnen zu nennen.

Diese Richtung kann die Evolution natürlich nur dann einschlagen, wenn sie den Organismen – vor allem denen aus dem weiblichen Geschlecht – die Fähigkeit gibt, den anderen wahrzunehmen und richtig einzuschätzen. Wie dies gelingt, wie Weibchen ihre Wahrnehmungsfähigkeiten steigern und Männchen im Gegenzug versuchen, sie zu überlisten, ist leider kaum untersucht, und diese Lücke stellt möglicherweise das eigentliche «missing link» der Evolution dar.

Die dritte Frage, warum einige Affen Affen geblieben sind, während unsere Vorfahren den zum Menschen einschlugen, kann nach dem oben Gesagten nicht mit der natürlichen Selektion beantwortet werden. Sie lassen wir zunächst noch wirken, als vor rund zwei Millionen Jahren – so sagen es die Paläontologen – die Hominiden, die ersten menschenähnlichen Wesen, in Afrika auftauchen und sich zu dem Urmenschen entwickeln, den die Experten Homo erectus nennen, weil er aufrecht gehen konnte.

Nach heutiger Auffassung hat sich der Homo erectus langsam entwickelt und rund eine Million Jahre lang als eine gut an die Umwelt angepaßte Männergesellschaft gelebt, in der Frauen wenig zu sagen hatten. Man stand auf zwei Beinen, um die Hände frei zu haben und dem Gehirn die Chance zu geben, besser mit der Hitze fertig zu werden. Vor rund 500000 Jahren – einer Zeitspanne, die Kant der Welt insgesamt zugestehen wollte – verschwindet Homo erectus und wird unter anderem durch den Neandertaler ersetzt, der eine erste Form von Humanität zeigt. Er versorgt verkrüppelte (rachitische) Artgenossen – er hat also Mitleid, was die Wahrnehmung des anderen voraussetzt –, und er bestattet seine Toten. Dieses Verhalten hat nichts mit einer Anpassung an die umgebende Natur, die wir heute Umwelt nennen, zu tun. Hier entsteht etwas, was mit menschlichen Werten, Kulturverständnis und Ästhetik zu tun hat, denn was den Menschen auszeichnet, kann nur von seinesgleichen wahrgenommen werden. Der Selektionsvorteil kann nur beim Menschen selbst liegen, und die Frage ist, wer oder was den dazugehörenden Druck ausgeübt hat.

Die Antwort ist – mit dem geschilderten Mechanismus der weiblichen Wahl als Vorgabe – einfach. Es waren die Frauen. Nehmen wir an, die Evolution hat Bedingungen geschaffen, die ihnen die Freiheit des Wählens gab, wie haben sie sich dann entschieden? Sie würden dafür sorgen, daß solch ein humanes Verhalten (Benehmen) entsteht, wie es sich bei den Neandertalern zeigt. Ihm würden wir die Qualität der Menschlichkeit zuweisen. Konkret ausgedrückt: Wenn Frauen wählen können, entscheiden sie sich für solche Männer, bei denen sie Verantwortungsbewußtsein und Mitgefühl wahrnehmen, jemanden, der die Interessen von anderen mit im Auge hat, wenn Entscheidungen zu treffen sind. Wenn dieses Szenario zutrifft, dann wäre die Entwicklung zum Menschen möglich geworden, weil Frauen erstens gelernt hatten, Männer wahrnehmend zu durchschauen und zu bewerten, und weil sie zweitens die Macht bekommen hatten, ihren Willen durchzusetzen. Denkbar ist eine solche Situation, wenn wir annehmen, daß die natürliche Selektion ihre Mittel ausgereizt hatte und die betroffene Art von der Umwelt mehr oder weniger unabhängig geworden war. Konkret hatte dies – wie oben angeführt – zu kleinen Familien mit langen Erziehungszeiten geführt, und an dieser Stelle mußte die Evolution dafür sorgen, bei den starken und ausdauernden Männern, die ja zur Jagd gehen mußten, um ihre Familien zu ernähren, noch die Fähigkeit des verantwortlichen und rücksichtsvollen Handelns zu entwickeln.

Die sexuelle Selektion kann also helfen, den ersten Schritt zum Homo sapiens zu erklären, also zu uns selbst. Sollen auch die weiteren Schritte evolutionär begründet und auf eine biologische Basis gestellt werden, dann besteht die große Aufgabe darin, das Aufkommen von künstlerischen und wissenschaftlichen Fähigkeiten durch einen Selektionsdruck verständlich zu machen – also zum Beispiel das Schreiben und Beschreiben von Romanen.

Evolutionäre Erkenntnislehre

Bevor sie sich diesem vielleicht zu großen Thema zuwenden, versuchen die Biologen sich an einer anderen spannenden Frage, nämlich der, ob der evolutionäre Gedanke noch trägt, wenn es nicht nur um den menschliche Körper, sondern um unsere Erkenntnisfähigkeit geht. Hat es so etwas wie eine Evolution des Erkennens gegeben?

Es gibt viele Wissenschaftler, die diese Frage nicht nur bejahen, sondern lauthals dieses ansonsten philosophische Terrain für die Biologie reklamieren, und sie formulieren ihre Hauptthese unmißverständlich:

> Unser Erkenntnisapparat ist ein Ergebnis der (biologischen) Evolution. Die subjektiven Erkenntnisstrukturen passen auf die Welt, weil sie sich im Laufe der Evolution in Anpassung an diese reale Welt herausgebildet haben. Und sie stimmen mit den realen Strukturen (teilweise) überein, weil nur eine solche Übereinstimmung das Überleben ermöglichte.[25]

Völlig neu ist dieser Gedanke nicht, denn die erste Vorstellung, daß die kognitiven Strukturen des Menschen eine evolutionäre Erklärung vertragen, findet sich bereits in den Tagebüchern, die Darwin geführt hat. Er hat in den platonischen Dialogen gelesen und jene Ansicht des griechischen Philosophen kennengelernt, derzufolge Verstehen etwas mit seelischen Bildern (Ideen) zu tun hat, die es schon immer gab, die also vor den Menschen dagewesen sind. Für den evolutionär ausgerichteten Blick hat dieses «vor» eine konkrete Bedeutung, und so vermerkt Darwin, «Lies Affe für Präexistenz».

Abgesehen von diesem Einfall hat sich lange Zeit hindurch weder ein Biologe noch ein Philosoph um die Erklärung der kognitiven Fähigkeiten unserer Art gekümmert, die mit der Evolutionsidee möglich wird, wobei es vor allem die Trägheit der Erkenntnistheoretiker ist, die in diesem Zusammenhang überrascht. Schließlich hatte spätestens Immanuel Kant am Ende des 18. Jahrhunderts in seiner *Kritik der reinen Vernunft* von angeborenen Strukturen des Erkennens gesprochen, die er mit den beiden Worten «a priori» belegte. Was angeboren ist, muß doch irgend etwas mit biologischen Gegebenheiten zu tun haben. Wieso also haben unsere Denker nicht genauer nach den im Leben verankerten Wurzeln unserer Denkgewohnheiten gefragt? Einige Überlegungen unsererseits zu diesem Thema finden sich weiter vorn in diesem Buch (S. 166).

Diese Aufgabe abgenommen hat den Philosophen ein Physiker, und zwar Ludwig Boltzmann aus Wien. Er hat in zahlreichen Vorträgen und *Populären Schriften* um die Wende zum 20. Jahrhundert vorgeschlagen, Darwins Lehre auf die Philosophie anzuwenden und das Gehirn, so Boltzmann wörtlich ...

[...] als den Apparat [zu betrachten], das Organ zur Herstellung der Weltbilder, welches sich wegen der großen Nützlichkeit dieser Weltbilder für die Erhaltung der Art entsprechend der Darwinschen Theorie beim Menschen geradeso zur besonderen Vollkommenheit herausbildete, wie bei der Giraffe der Hals, beim Storch der Schnabel zu ungewöhnlicher Länge.

Für Boltzmann war dabei wichtig, «daß die Darwinsche Lehre keineswegs bloß die Zweckmäßigkeit der Organe des menschlichen und tierischen Körpers erklärt, sondern auch davon Rechenschaft gibt, warum sich oft Unzweckmäßiges, rudimentäre Organe, ja geradezu Fehler in der Organisation bilden konnten und mußten.»

Seine entscheidende Beobachtung trägt Boltzmann im November 1900 in Leipzig vor, und man wünscht sich fast, Thomas Mann wäre dabeigewesen:

Nach meiner Überzeugung sind die Denkgesetze dadurch entstanden, daß sich die Verknüpfung der inneren Ideen, die wir von den Gegenständen entwerfen, immer mehr der Verknüpfung der Gegenstände anpaßte. Alle Verknüpfungsregeln, welche auf Widersprüche mit der Erfahrung führten, wurden verworfen und dagegen die allzeit auf Richtiges führenden mit solcher Energie festgehalten und dieses Festhalten vererbte sich so konsequent auf die Nachkommen, daß wir in solchen Regeln schließlich Axiome oder Denkgewohnheiten sahen. [...] Man kann diese Denkgesetze aprioristisch nennen, weil sie durch die vieltausendjährige Erfahrung der Gattung dem Individuum angeboren sind.[26]

Damit nimmt Boltzmann vorweg, was sein Landsmann Konrad Lorenz einige Jahrzehnte später prägnant formuliert, als er die angeborenen Formen der Erfahrung unter den biologischen Gesichtspunkten untersucht, die ihm als Verhaltensforscher besonders wichtig scheinen. Kurz zusammengefaßt, identifizierte Lorenz die Kategorien, die uns ontogenetisch ohne individuelle Erfahrung (a priori) gegeben sind, mit den Erkenntnisstrukturen, die sich im Laufe der Stammesgeschichte (phylogenetisch) an der Erfahrung bewährt haben. Der besondere Vorteil dieses Ansatzes bestand darin, daß sich damit die Frage beantworten ließ, wieso die Denk-

kategorien mit den Realkategorien (wenigstens teilweise) überein-
stimmen, und zwar...

> [...] aus denselben Gründen, aus denen die Form des Pferde-
> hufes auf den Steppenboden und die Fischflosse ins Wasser
> paßt. [...] Zwischen der Denk- und Anschauungsform und
> dem an sich Realen [besteht] genau dieselbe Beziehung, die
> zwischen Organ und Außenwelt, zwischen Auge und Sonne,
> zwischen Pferdehuf und Steppenboden, zwischen Fischflosse
> und Wasser auch sonst besteht[...], jenes Verhältnis, das zwi-
> schen dem Bild und dem abgebildeten Gegenstand, zwischen
> vereinfachendem Modellgedanken und wirklichem Tatbestand
> besteht, das Verhältnis einer mehr oder weniger weit gehenden
> Analogie.

Lorenz erkundete die evolutionären Bedingungen der Möglichkeit
von Erkenntnis erstmals 1941, und zwar in einer Arbeit mit dem
Titel *Kants Lehre vom Apriorischen im Lichte gegenwärtiger Biologie*, die mitten im Krieg in den *Blättern für deutsche Philosophie*
erscheint. Lorenz legt hier folgendes Hauptargument vor:

> Für den Naturforscher ist es Pflicht, den Versuch der natür-
> lichen Erklärung zu machen, ehe er sich mit der Heranziehung
> außernatürlicher Faktoren zufrieden gibt, und diese Pflicht be-
> steht in vollem Maße für den Psychologen, der sich mit der von
> Kant entdeckten Tatsache auseinandersetzen muß, daß es so
> etwas wie apriorische Denkformen gibt. Wenn man nun die
> angeborenen Reaktionsweisen von untermenschlichen Orga-
> nismen kennt, so liegt die Hypothese ungemein nahe, daß
> das «Apriorische» auf stammesgeschichtlich gewordenen, erb-
> lichen Differenzierungen des Zentralnervensystems beruht, die
> eben gattungsmäßig erworben sind und die erblichen Disposi-
> tionen, in gewissen Formen zu denken, bestimmen.[27]

Wie vor ihm der Physiker Boltzmann verwandelt der Biologe Lorenz Kants Apriori zu einem Aposteriori der Evolution. Die Vertreter der Naturwissenschaften machen deutlich, daß die jedem Menschen a priori gegebenen und vor jeder Wahrnehmung und individuellen Erfahrung existierenden Formen der Anschauung und Kategorien im Verlauf der evolutionären Geschichte unserer Gattung entstanden und insofern als a posteriori zu betrachten sind.

Selektion und Sexualität

Der Gedanke an eine evolutionäre Erklärung der Erkenntnis bezieht sich nur auf jene Einsichten, die Menschen ohne Hilfe von Wissenschaft und Kunst gelingen. Die Fragen, wie sich in biologisch bedingten Geschöpfen nicht nur die Fähigkeit zum Umgang mit der Welt der sichtbaren Dinge, sondern auch ein Verständnis für unsichtbare Dinge entwickeln konnte und wieso wir in der Lage sind, mathematisch formulierte Theorien von Raum, Zeit, Energie und Materie aufzustellen, bleiben dadurch unberührt und also offen. Wer den Schritt von der Natur des Menschen zu seiner Kultur verstehen möchte – zum Beispiel unter dem evolutionären Aspekt –, ist sicher gut beraten, zunächst eine solche Qualität zu finden, die auf keinen Fall durch die Natur (sprich: durch die Selektion) zu erklären ist. Lange Zeit glaubten Mitglieder der philosophischen Fakultäten, das Inzest-Tabu als kulturelles Urphänomen festmachen zu können, aber nur um erfahren zu müssen, daß das Biologische »schlauer« war, als sie gedacht haben. Es gibt einen ganz natürlichen Mechanismus dafür, weil die Evolution großen Wert auf die Unterbindung der Geschwisterliebe gelegt hat. Wenn sich zwei Menschen regelmäßig nahe kommen – etwa beim Spielen im Sandkasten oder beim Baden in einer Wanne –, dann werden beide so beeinflußt (geprägt), daß ihnen die sexuelle Lust aufeinander genommen wird. Dies klappt nicht nur für die Geschwister, für die dieser Trick von der Evolution erfunden worden ist, sondern auch für Personen, die zwar nicht so eng verwandt sind wie Bruder und Schwester, die aber aus anderen Gründen in äußerst enger Nachbarschaft aufwachsen – etwa in einem Kibbuz.

Der Grund für die Inzest-Vermeidung ist der Biologie zufolge dabei derselbe wie für die Sexualität selbst, nämlich das Bemühen der Evolution um eine möglichst große genetische Vielfalt. Sexualität meint dabei die Heterosexualität, die zur Zeugung von Nachkommen führt. Dem naiven Menschenverstand leuchtet in diesem Zusammenhang die Behauptung ein, daß das Gegenstück, nämlich die Homosexualität, unnatürlich sei, und tatsächlich wird diese Ansicht – mit schlimmen Folgen – bis heute vom Oberhaupt der katholischen Kirche vertreten. Dabei ist längst empirisch geklärt, daß Homosexualität ein Verhalten ist, das in der Tierwelt verbreitet und also von der Evolution hervorgebracht worden ist. Dieser Tatbestand sollte weniger überraschen und mehr Anlaß zum Nachdenken geben, denn wie könnte die natürliche oder irgendeine andere Selektion etwas hervorbringen, das nicht das verbessert, worauf es der Evolution ankommt, nämlich die reproduktive Fitneß?

Homosexualität verbessert selbstverständlich nicht die Reproduktionsfähigkeit einer einzelnen Person – an diesem Tatbestand ändert sich auch nichts, wenn bürgerlich erzogene Menschen wie Thomas Mann ihre entsprechenden Neigungen verbergen und pflichtgemäß heiraten und Nachwuchs zeugen –, sie kann aber die Überlebenschancen einer Gruppe (Population) verbessern, und zwar dann, wenn der Nachwuchs von seinen genetischen Gaben nicht an die Leine gelegt, sondern von ihnen mit der Fähigkeit ausgestattet wird, sich individuell anzupassen und zu lernen. Irgendwann im Laufe der Evolution sind die sogenannten «Helfer am Nest» aufgetaucht, die auf eigenen Nachwuchs verzichten, um andere erziehen zu können.

Das überladene Pferd

Zwar kann die Evolution mit all ihren selektiven Kräften eine Menge erreichen, aber die Forderung, alles zu können und zustande zu bringen, übersteigt ihre Möglichkeiten. Es gibt sowohl genetische als auch physikalische Gründe, warum nicht alles erreichbar ist und die Selektion nicht nur gute Ergebnisse produziert. Seit vielen Jahren wird versucht, den erfolgreichen Bemühungen um eine evolutionäre Erkenntnislehre eine ebenso gelungene «Evolutionäre Psychologie» an die Seite zu stellen, und es gibt auch gute Gründe, die Frage nach einer «Evolutionären Ästhetik»[28] zu stellen. In diesen Projekten geht es ganz allgemein um ein Verständnis der menschlichen Natur – der Natur der Menschen –, und da wir eine evolutionäre Geschichte haben, muß uns irgendwie eine Fitneß auszeichnen, die auf Darwins Idee zurückgreift.

Die Vertreter der evolutionären Psychologie nehmen an, daß der Übergang vom Tier zum Menschen im wesentlichen glatt gelungen ist, und in der Tat lassen sich bestimmte Verhaltensweisen der Menschen – vor allem die bereits erwähnten sexuellen Praktiken und auch die Vergewaltigungsbereitschaft von Männern – mit Rückgriff auf selektive Kräfte und genetische Vielfalt unter dieser Vorgabe besser erklären als durch irgendein obskures Gemurmel über Ödipus-Komplexe und Penis-Neid. Doch heißt dies nicht, daß es keine Gegenposition aus dem Lager der darwinistisch geschulten Biologen gäbe. Eine solche Position nennt sich «immanent Darwinism», was einfach mit «immanenter Darwinismus» übersetzt wird und eine Verlagerung der evolutionären Bewegung nach innen meint.

Die Idee der immanenten Evolution berücksichtigt die besondere Rolle des Gehirns, dessen Betreiben äußerst aufwendig ist. Immerhin verbraucht jeder Mensch rund 40 Prozent seiner Energie zum Betreiben des Organs unter der Schädeldecke. Fast die Hälfte seiner Arbeit steckt der Körper in die Versorgung des Gehirns, woraus Vertreter der darwinistischen Gegenposition zur evolutionären Psychologie den Schluß ziehen, daß die Selektion durch einen offenen Prozeß ergänzt wird – nämlich dem der Gehirnentwicklung –, der auf Gesichtspunkten von Fitneß in dem Sinne basiert, den Darwins Idee vorgibt.

Um dies an einem Beispiel zu erläutern: Es wird häufig gesagt und ist auch hier im Rahmen der evolutionären Medizin als Möglichkeit belassen worden, daß Menschen, die durch Supermärkte laufen, zu diesem Zweck optimale Strategien des Suchens entwickelt haben, und zwar analog zu den Vögeln, die Nektar suchend im tropischen Regenwald unterwegs sind. Natürlich verhalten wir uns oft so, als ob wir uns im Hinblick auf ein darwinistisch gesehen optimales Verhalten entwickelt hätten. Aber es ist wissenschaftlicher Unsinn, dafür genetische Varianten verantwortlich zu machen, und die Erklärung der Verhaltensweisen muß anders gelingen. Sie muß im Gehirn stecken, wo sie natürlich nur unbewußt vorliegen kann.

Im Sinne der im letzten Kapitel dargelegten Idee einer grundlegenden Bewegung können wir annehmen, daß die Dynamik der Evolution sich in einem ebenso dynamischen (kollektiven) Unbewußten niederschlägt und die Individuen agieren läßt. Solche Überlegungen bekommen im Kontext der Wissenschaft nur dann eine Bedeutung, wenn sie Prognosen abgeben, mit denen sie sich testen lassen. Dies gelingt nun an dieser Stelle, denn falls es zur Natur des Menschen gehört, mit Hilfe eines unbewußten immanenten Darwinismus gebildet worden zu sein, dann sollte es hin und wieder Individuen geben, bei denen diese Adaptation mißlungen ist. Wie sehr wiederum die Fähigkeit des Sehens eine Anpassung an eine Welt mit Sonnenlicht ist, wissen wir ja auch zum Teil deshalb, weil wir die schlimmen Folgen der Blindheit kennen. Tatsächlich gibt es Menschen, die im Englischen als «sociopaths» bezeichnet werden und sich dadurch auszeichnen, daß sie auf den ersten Blick freundlich und intelligent erscheinen, aber unter der

Maske der Bürgerlichkeit gefährlich sind und zu brutalen Verbrechen neigen. Die Menschen können sich also bewußt normal verhalten, ihnen fehlen allerdings – in der Interpretation des immanenten Darwinismus – die unbewußten Elemente der Kontrolle. Mit diesen Bemerkungen soll nicht der Eindruck erweckt werden, hier hätte die Wissenschaft etwas verstanden. Es geht nur um den Hinweis, daß es einen wissenschaftlichen Ansatz – und möglicherweise sogar einen Weg – zum Verstehen der menschlichen Natur gibt. Weder naive adaptive Begründungen noch ideologische Festsetzungen werden dazu benötigt. Die Idee der Evolution reicht sehr viel weiter, als selbst ein Kenner wie Stephen J. Gould meint. Wir stehen erst am Beginn ihrer Erkundung – wie Felix Krull im Speisewagen nach Lissabon, als Professor Kuckuck ihm erklärt, was er alles noch nicht wußte.

Kosmologie heute

Das kosmische Bestiarium, das Thomas Mann seine Geschöpfe Adrian Leverkühn und Professor Kuckuck vor dem erstaunten Leser ausbreiten läßt, hat seit der Zeit seines Schreibens bedeutende Erweiterungen erfahren. Zu den «Mengen von Sternen, Sterngruppen, Sternhaufen, Doppelsternen, welche elliptische Bahnen umeinander beschrieben, von Nebelflecken, Leuchtnebeln, Ringnebeln, Nebelsternen» Adrians (S. 97) und den «materiellen Körpern ohne Zahl, Meteoren, Monden, Kometen, Nebeln, Abermillionen von Sternen, die aufeinander bezogen, zueinander geordnet waren durch die Wirksamkeit ihrer Gravitationsfelder zu Haufen, Wolken, Milchstraßen und Übersystemen von Milchstraßen, deren jede aus Unmengen flammender Sonnen, drehend umlaufender Planeten, Massen verdünnten Gases und *kalten Trümmerfeldern von Eisen* [unsere Hervorhebung], Stein und kosmischem Staube bestehe» Kuckucks (S. 196 f.) sind hinzugekommen: die «Hintergrundstrahlung», die «Dunkle Materie», die «Dunkle Energie» und die «Schwarzen Löcher», um nur die bedeutendsten zu nennen.

Dem Schicksal von Sternen im Laufe der Zeit hat Thomas Mann sich nicht gewidmet, obwohl zur Zeit seines Schreibens manches davon bekannt war – woher und für wie lange Sterne beispielsweise die Energie beziehen, die sie ausstrahlen –, so daß auch wir mit Ausnahme der Supernovaexplosionen von schweren Sternen darauf nicht eingehen werden. Wenn ein Stern als Supernova explodiert, strahlt er für astronomisch verschwindend kurze Zeit – Tage bis Monate – heller als die Abermilliarden Sterne der Galaxie, der er angehört, zusammengenommen. Durch Reaktionen von Atomkernen anläßlich dieser Explosionen entstehen Thomas Manns «kalte Trümmerfelder von Eisen» – will sagen, daß die Kerne von Atomen, die mindestens so schwer sind wie Eisen und die Astronomen summarisch als Metalle bezeichnen, erst durch die Explosionen von Sternen als Supernovae im Universum erzeugt wurden. Derart schwere Elemente gab es im Universum nicht von Anfang an. Auch der Kohlenstoff, Basis irdischen Lebens, bedurfte der Sterne, um produziert und, bei deren Vergehen, im Raum verstreut zu werden. Leben, wie wir es kennen, konnte also erst auftreten, nachdem sich Generationen von Sternen ohne Kohlenstoff und Metalle gebildet und ihren Sternenstaub im Raum verstreut hatten, so daß sich aus diesem wiederum Sterne, nun wie die Sonne und ihre Planeten mit Kohlenstoff und Metallen, bilden konnten – ein Prozeß, der Milliarden Jahre beansprucht hat, so daß wir verstehen, warum das Universum Milliarden Jahre alt werden mußte, bevor es «uns» hervorbringen konnte.

Nicht zufällig leben wir also in einem uralten Universum! Wir haben gesagt, daß die Lebensdauer eines Universums von den Zahlenwerten «seiner» Naturkonstanten abhängt, so daß bereits daraus, daß es uns gibt, Einschränkungen für deren Werte folgen. Davon nichts weiter. Es sind die Supernovae, die Thomas Manns «kalten Trümmerfeldern von Eisen» physikalischen Sinn verleihen. Auf sie gehen wir vor allem wegen der wichtigen Rolle ein, die sie bei der Ermittlung der Expansionsgeschwindigkeit des Universums gespielt haben und spielen.

Wie bereits veranschaulicht (siehe S. 102), kann die Geschwindigkeit, mit der sich eine Galaxie von uns entfernt, recht einfach von der Rotverschiebung der Spektrallinien abgelesen werden, die wir von ihr empfangen. Um nun aber über die Expansionsgeschwindigkeit des Universums Aussagen machen zu können, müssen auch die Entfernungen der Galaxien in Abhängigkeit von ihren Fluchtgeschwindigkeiten ermittelt werden, und das ist der schwere Teil. Hierzu braucht es Standardkerzen – Sterne, deren Helligkeit bekannt ist und die in der jeweiligen Galaxie identifiziert werden können. Klar, daß ihre Sichtbarkeit in der Galaxie hierfür die erste unumgängliche Voraussetzung ist. Je heller also eine Standardkerze scheint, desto weiter entfernt kann die Galaxie sein, in der wir sie ausmachen und zur Entfernungsbestimmung benutzen können. Nun scheinen die Flackersterne Cepheide, seit Hubble als Standardkerzen in Gebrauch, sehr schwach im Vergleich zu einer Supernova, die, wenn sie in einer Galaxie auftritt, diese überscheint und deshalb beobachtet werden kann. Ist eine entfernte Galaxie gerade noch sichtbar, können zwar nicht ihre Cepheide, wohl aber ihre Supernovaexplosionen nachgewiesen werden.

Zwei Probleme stellten sich der Verwendung von Supernovae als Standardkerzen entgegen, deren Lösung in den letzten Jahren des 20. Jahrhunderts und den ersten des 21. wir hier zwar nennen, aber nicht im Detail beschreiben können: Erstens die «Eichung» der Supernovae als Standardkerzen und zweitens deren rechtzeitiger Nachweis per Durchmusterung des Himmels, sowie die sich daran anschließende Beobachtung des explodierenden Sterns. Selten treten Supernovaexplosionen zwar in jeder einzelnen Galaxie auf, aber es sind Milliarden Galaxien der Durchmusterung zugänglich, so daß im Lauf der Jahre für weitgehende Schlüsse hinreichend viele nachgewiesen und untersucht werden konnten. Die bisher überhaupt sichtbaren entferntesten Galaxien «sieht» nur das Teleskop an Bord des nach Hubble benannten Erdsatteliten der US-amerikanischen Weltraumbehörde NASA genau genug, um Typ und Helligkeit der in ihnen auftretenden Sternexplosionen ermitteln zu können. Vermöge seiner Weitsicht hat der Satellit denn auch einen entscheidenden Beitrag zu der wichtigsten Konsequenz der Entfernungsbestimmungen durch Supernovaexplosionen geliefert – die Erkenntnis nämlich, daß das Universum *beschleunigt* expandiert.

Beschleunigte Expansion

Nach einer extrem kurzen Phase unmittelbar nach dem Urknall namens Inflation, auf die einzugehen wir uns versagen, trat das Universum in eine Epoche ruhiger Hubble-Expansion ein, die allein durch die gegenseitige Schwerkraft der Galaxien beeinflußt und folglich, wenn überhaupt merklich geändert, *verlangsamt* wurde. Die wichtigste Konsequenz der Beobachtung mit Hilfe der Supernovae als Standardkerzen ist nun, daß dieser Trend sich mit wachsender Größe des Universums umgekehrt, das Universum also begonnen hat, sich mit *wachsender* Geschwindigkeit auszudehnen – eine Erkenntnis, die vollkommen unerwartet war, das Weltbild der Kosmologen zunächst erschüttert, dann aber eine neue konsistente Zusammenschau eingeleitet hat.

Wie Beobachtungen, die heute gemacht werden, bei großen Entfernungen der Lichtquellen zu interpretieren sind, kann hier nicht dargestellt werden. Einsteins Allgemeine Relativitätstheorie gibt hierauf eine eindeutige Antwort, und dabei wollen wir es belassen. Zu der seit einigen Jahren sich aufdrängenden Interpretation des Universums und seiner Geschichte trägt ein weiteres experimentelles Ergebnis entscheidend bei, das zeigt, daß das Universum insgesamt und im Mittel flach ist – also nicht gekrümmt, was es laut Einsteinscher Theorie durchaus sein könnte. Dieses Ergebnis beruht auf Messungen der Winkel, unter denen die frühesten Strukturen im Universum uns heute erscheinen, und kann darüber hinaus hier ebenfalls nicht dargestellt werden.

Das kosmische Tortendiagramm

Das Gesamtbild des Kosmos, wie es sich uns heute darbietet, beruht auf der Aufgabe des bereits beschriebenen Dogmas, das jeder experimentellen Grundlage entbehrte: daß es die von Einstein eingeführte, dann von ihm als «größte Eselei seines Lebens» beiseite geschobene Kosmologische Konstante nicht gebe. Dagegen, daß es sie geben *könne*, war niemals ein Einwand möglich gewesen. Nur darum ging es, ob es sie tatsächlich *gibt*, und das hatte Einstein ursprünglich unterstellt, um ein statisches Universum zu erreichen, an das er glaubte und das ohne die Konstante mit seinen Gleichungen unvereinbar war. Bleibt das Universum aber nicht immer dasselbe, dann «fort mit dem kosmologischen Term» (S. 30), den ein à la Hubble expandierendes Universum tatsächlich nicht braucht.

Jetzt hat, Ironie der Geschichte, gerade die Expansion des Universums, nämlich das Detail ihrer Beschleunigung, die Rückkehr des kosmologischen Terms erzwungen. Oder, genauer, die Existenz von etwas, das auf jeden Fall Dunkle Energie heißt und das im zur Zeit beobachtbaren Universum so wirkt wie eine Kosmologische Konstante, aber, anders als sie, wieder vergehen kann. Keine Kraft der Welt, die nicht im ganzen Universum überall gleich wirkt, kann zu einer beschleunigenden gegenseitigen Abstoßung von Massen, zum Beispiel von Galaxien, führen. Genauer ist die Abstoßung nur das augenfällige Indiz dessen, was im verborgenen geschieht: Das Universum nimmt beschleunigt an Größe zu und zieht die Galaxien mit sich. Aber Dunkle Energie, die unter der Schwerkraft nicht klumpt wie die Massen und überall gleich wirkt, kann das. Mehr noch: Ihre abstoßende Wirkung – sie könnte, bei entgegengesetztem Vorzeichen, auch anziehend sein – ist um so größer, je größer das Universum bereits ist, das sie anfüllt. Daher zunächst eine verzögerte hubbleartige Expansion, die ab hinreichender Größe des Universums in eine beschleunigte übergeht. Darüber, wie die Dunkle Energie innerhalb der Galaxien und Galaxienhaufen wirken wird, sind gegenwärtig verschiedene Meinungen möglich: Es kann sein, daß die gegenseitige Schwerkraft der geklumpten Materie weiterhin obsiegt. Möglich ist aber auch, daß sich schlußendlich die Abstoßung überall – sogar in den Molekülen und Atomen?! – durchsetzen wird. Nebenbei sei bemerkt, daß die gewöhnliche Hubble-Expansion des Universums sich auf das Innere der Galaxien nicht auswirkt; dort obsiegt die Schwerkraft. Und schon gar nicht auf die Moleküle, Atome, Atomkerne und Elementarteilchen, deren Verhalten durch Kräfte bestimmt wird, gegenüber denen bereits die Schwerkraft vernachlässigt werden kann.

Dem Detail, daß das im bis heute beobachtbaren Universum wie eine Kosmologische Konstante wirkende Etwas auch ein «skalares Feld» sein kann, das bei einem Übergang des Universums in einen anderen Zustand, einen niedrigerer Energie, den es danach geben müßte, wieder verschwände, wollen wir uns nicht widmen. Das jetzt erreichte, erstmals vollständig konsistente Bild des Universums der Abb. 31 benötigt außer dem Äquivalent einer Kosmologischen Konstante noch eine zweite Komponente, die Thomas Mann nicht kennen konnte: Dunkle Materie. Sie unterscheidet sich von der Dunklen Energie dadurch, daß sie wie gewöhnliche Materie unter dem Einfluß der Schwerkraft Klumpen bildet, also bevorzugt in der Umgebung von Galaxien angetroffen wird. Deren eigene leuchtende, als baryonisch bezeichnete Materie besteht aus Protonen, Neutronen und Elektronen – letztere tragen zur Masse der baryonischen Materie wegen ihrer geringen eigenen nahezu nichts bei –, wie wir sie aus unserer unmittelbaren kosmischen Um-

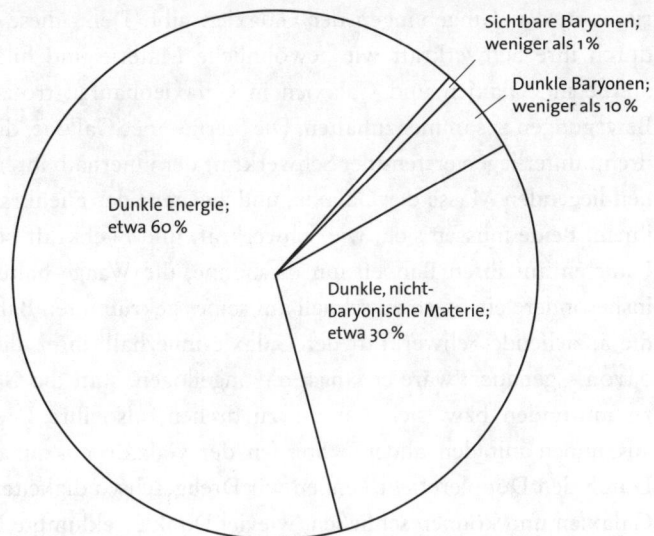

Sichtbare Baryonen;
weniger als 1 %

Dunkle Baryonen;
weniger als 10 %

Dunkle Energie;
etwa 60 %

Dunkle, nicht-
baryonische Materie;
etwa 30 %

Abb. 31 Tortendiagramm der Energien des gegenwärtigen Universums.
Der Anteil an Dunkler Energie – Einsteins Kosmologische Konstante,
durch Beobachtungen wiederbelebt – wächst, und wird weiter wachsen.

gebung kennen. Zwar kann, wie die Abb. 31 ebenfalls zeigt, nur
ein Bruchteil der Dunklen Materie aus denselben Ingredienzien bestehen wie die leuchtende, also in Objekten wie ausgebrannten ehemaligen Sternen oder andern, vergleichsweise konventionellen
Objekten, Riesenplaneten zum Beispiel, konzentriert sein.

Dies aus zwei Gründen. Erstens verstehen wir die Entwicklung
gewöhnlicher baryonischer Materie im frühen Kosmos soweit, daß
wir abschätzen können, wieviel derartige Materie aufgetreten sein
kann – und das ist höchstens der in der Abb. 31 eingezeichnete,
nach Einsteins $E = mc^2$ in Energie umgerechnete Anteil der leuch-
tenden und dunkeln baryonischen Materie an der gegenwärtigen
Gesamtenergie des Universums. «Gegenwärtig» deshalb, weil das
Universum bei seiner Expansion die Energie des «neuen leeren»
Raums hinzugewinnt. Zweitens wissen wir, wieviel Dunkle Mate-

259

rie es in den Umgebungen der Galaxien gibt. Denn diese wirkt durch ihre Schwerkraft wie gewöhnliche Materie und hilft, die Sterne in Galaxien und Galaxien in Galaxienhaufen trotz ihrer Bewegungen zusammenzuhalten. Die Sterne einer Galaxie, die sich dreht, unterliegen erstens der Schwerkraft der innerhalb ihrer Bahnen liegenden Masse der Galaxie, und zweitens der Fliehkraft auf ihnen. Beide müssen sich, wie Schwerkraft und Fliehkraft bei den Planeten auf ihren Bahnen um die Sonne, die Waage halten. Ist insbesondere ein Stern zu schnell auf seiner gekrümmten Bahn für die anziehende Schwerkraft der Galaxie innerhalb ihrer, fliegt er davon – genauer: wäre er längst davongeflogen, statt die Galaxie zu umrunden bzw. sich mit ihr zu drehen, also ihre Drehung zusammen mit den anderen Sternen der Galaxie auszumachen. Durch den Dopplereffekt kennen wir Drehgeschwindigkeiten von Galaxien und können schließen, wieviel Dunkle geklumpte Materie in ihr und ihrer Umgebung enthalten sein muß; mit insgesamt dem Ergebnis, daß nur ein Bruchteil der insgesamt vorhandenen Dunklen Materie gewöhnliche Materie sein kann. Darüber, was den Rest ausmachen könnte, spekulieren Scharen von Astro- und Elementarteilchenphysikern, ohne daß bisher ein schlüssiges Ergebnis vorgelegt werden konnte.

Ein erstaunlicher Aspekt eines (nahezu) flachen Universums, ob nun mit oder ohne Kosmologische Konstante, ist dieser: seine Gesamtenergie ist (nahezu) Null. Wie das, wenn doch das Tortendiagramm in Abb. 31 insgesamt eine positive Gesamtenergie aufweist? Tatsächlich berücksichtigt die Energie der Abbildung die *Energie des Schwerefeldes selbst* nicht; und die stimmt bei einem (nahezu) flachen Universum (nahezu) mit der «expliziten», in der Abbildung ausgewiesenen Energie überein, besitzt aber das umgekehrte Vorzeichen, so daß die Gesamtenergie durchaus Null sein kann und das vermutlich auch ist – eine für Thomas Manns Urzeugung von «Etwas aus Nichts» wichtige Möglichkeit.

Darauf kommen wir zurück. Vorab aber soll die Besprechung des kosmischen Bestiariums, wie es sich uns heute bietet, abgeschlossen werden. Erstens muß erläutert werden, was es bedeutet, daß die Energie von Schwerefeldern negativ ist. Wenn wir einer Energie einen negativen Wert zuweisen wollen, müssen wir bereits definiert haben, was als «Energie Null» gelten soll. Nehmen wir ein Gewicht und die Erde. Je weiter das Gewicht von der Erde entfernt ist, desto geringer ist die Kraft, durch die diese es anzieht; bei unendlicher Entfernung verschwindet die Kraft. Dann, so wollen wir sagen, besitzt das Gewicht bezogen auf die Erde die Energie Null. Nun wollen wir uns vorstellen, das Gewicht falle aus unendlicher Entfernung zur Erde; wir können uns auch vorstellen, es sei mit einem Dynamo verbunden und treibe diesen bei der Annäherung an die Erde durch deren Schwerkraft an. Auf jeden Fall gibt das Gewicht bei dieser Annäherung an die Erde Energie ab, die unter der ersten Annahme in positive Bewegungsenergie, unter der zweiten in ebenfalls positive elektrische Energie, die wir in einem Akku aufbewahren können, umgewandelt wird. Weil nun aber die Lageenergie des Gewichts bei diesem Prozeß von Null ausgehend abnimmt, wird sie auf jeden Fall negativ – um so negativer, je näher es der Erde kommt –, und bei dieser Erläuterung des Auftretens negativer Energien im Schwerefeld und schließlich des Schwerefeldes selbst wollen wir es belassen.

Schwarze Löcher

Vorausgedacht hat die Schwarzen Löcher zuerst 1783 John Michell, ein britischer Naturphilosoph, als Sterne, von deren Oberfläche kein Licht entkommen kann. Er kombinierte die Newtonsche Korpuskulartheorie des Lichtes mit dem experimentellen Ergebnis seiner Zeit, daß Licht mit der Geschwindigkeit von etwa dreihunderttausend Kilometer pro Sekunde von seiner Quelle ausgesandt wird. Es waren die Jupitermonde, die als Lichtquelle zur ersten Bestimmung der Lichtgeschwindigkeit gedient hatten. Michell räsoniert, daß «Licht, das auf einen Körper mit der Dichte der Sonne, der aber um den Faktor fünfhundert größer wäre als die Sonne, aus dem Unendlichen fiele, bei dem Auftreffen auf ihn eine Fallgeschwindigkeit erworben haben müßte, die größer wäre als die Aussendegeschwindigkeit des Lichtes – so daß das von dem Stern ausgehende Licht gezwungen wäre, umzukehren, bevor es dessen Sphäre hätte verlassen können»[29]. Diese Bemerkung ist nicht berühmt geworden, wohl aber die äquivalente des französischen Astronomen und Mathematikers Pierre Simon Marquis de Laplace (1749 bis 1827) in einer Publikation des Jahres 1796, in der er geschrieben hat:

> Es gibt daher in den Räumen des Himmels dunkle Körper von einer Größe, wie auch möglicherweise einer Anzahl, die den Sternen vergleichbar ist. Ein strahlender Stern von der Dichte der Erde, dessen Durchmesser zweihundertundfünfzigmal größer als der der Sonne ist, wird aufgrund seiner Anziehungskraft keinen seiner Lichtstrahlen zu uns hindurchlassen; es ist daher möglich, daß die größten strahlenden Körper aus diesem Grund unsichtbar sind.[30]

Die Details der Überlegungen von Michell und Laplace sollen hier nicht interessieren, aber der Grundgedanke muß es: Kann es Körper geben, deren Schwerkraft so stark ist, daß erst ab einem gewissen Abstand von ihnen Entkommen möglich ist? Schwarze Löcher sind hierdurch definiert, und ihnen wollen wir uns jetzt zuwenden.

Gegeben sei eine in einem Raumgebiet konzentrierte Masse – etwa die Erde. Ein Stein, der an ihrer Oberfläche nach oben geworfen wird, fällt auf sie zurück. Dasselbe gilt für eine Gewehrkugel, die senkrecht nach oben geschossen wird. Sie fliegt, da ihre Anfangsgeschwindigkeit größer ist, höher als der Stein: Je größer die Geschwindigkeit, mit der ein Objekt nach oben geschossen und sich dann selbst überlassen wird, desto höher fliegt es. Von der Luftreibung und der Drehung der Erde sehen wir ab. Wenn das Objekt umkehrt, ruht es im Übergang vom Steigen zum Fallen einen Augenblick. Dann ist seine ganze Energie, die es als Bewegungsenergie mitbekommen hat, Lageenergie im Schwerefeld der Erde. Daraus folgt, daß die Höhe, in die das Objekt aufsteigt, von seiner Masse unabhängig ist – beide, die Bewegungsenergie am Anfang und die Lageenergie bei der Umkehr, sind ja zur Masse des Objekts proportional. Die Steighöhe hängt also nur von dem einzigen anderen Parameter des senkrechten Wurfes von der Erdoberfläche aus nach oben, der Anfangsgeschwindigkeit, ab. Ist diese groß genug – mindestens die Fluchtgeschwindigkeit von 11,2 Kilometer pro Sekunde –, kann das Objekt das Schwerefeld der Erde verlassen und in den Weltraum entweichen. Wird die Masse der Erde bei gleichbleibendem Radius erhöht, oder ihr Radius bei gleicher Masse verkleinert, wächst die Fluchtgeschwindigkeit – bis sie größer als die Lichtgeschwindigkeit wird. Dann kommt die Spezielle Relativitätstheorie ins Spiel: Da kein Objekt eine größere Geschwindigkeit annehmen kann als die Lichtgeschwindigkeit, kann keines das Schwerefeld einer so großen Massenkonzentration verlassen, daß die Fluchtgeschwindigkeit an ihrer Oberfläche größer ist als die Lichtgeschwindigkeit – die Masse bildet ein Schwarzes Loch.[31]

Um zu zeigen, daß auch Licht das Schwerefeld eines Schwarzen Lochs nicht verlassen kann, muß das Argument modifiziert werden. Denn Licht bewegt sich *immer* mit der Lichtgeschwindigkeit. Beim Aufsteigen entgegen dem Schwerefeld kommt es nicht zur Ruhe, wird aber dadurch, daß es Energie verliert, langwelliger – mit demselben Ergebnis am Ende: Auch Licht kann das Schwerefeld eines Schwarzen Lochs nicht verlassen.

Jede, auch eine beliebig kleine Masse kann ein Schwarzes Loch bilden. Dazu ist es nur nötig, sie in einer Kugel mit hinreichend kleinem Radius zu konzentrieren. Wächst der Radius der Kugel, in den die Masse eines Schwarzen Lochs eingeschlossen ist, über eine bestimmte, der Masse zugeordnete Grenze, verliert sie die Eigenschaft, ein Schwarzes Loch zu sein. Dieser Grenz-Radius heißt Schwarzschild-Radius der Masse. Er ist zugleich der Radius der Kugel um das Zentrum des Schwarzen Lochs, aus der heraus nichts, nicht einmal Licht, entweichen kann. Je größer eine Masse, desto größer ihr Schwarzschild-Radius. Der Schwarzschild-Radius eines Atomkerns und «seines» Atoms ist nahezu derselbe, um die 10^{-51} Zentimeter. Damit verglichen sind die tatsächlichen Radien von Kern und Atom ungeheuer groß, nämlich 10^{-13} und 10^{-8} Zentimeter. Der Schwarzschild-Radius der Erde beträgt 1 Zentimeter und der der Sonne 3 Kilometer. Sterne mit einer Masse, die zehn Sonnenmassen übersteigt, stürzen nach den Vorstellungen der Astrophysiker am Ende, wenn sie ihren Kernbrennstoff verbraucht haben, zu Schwarzen Löchern zusammen. Ihr Schwarzschild-Radius beträgt dreißig Kilometer oder mehr. Daneben können Mini-Schwarze-Löcher vom Urknall übriggeblieben sein. Nachdem jahrzehntelang mit schwankendem Erfolg nach Schwarzen Löchern im Universum gesucht worden ist, weiß man jetzt, daß sie die Zentren von Galaxien, auch der Milchstraße, bilden. Dort sind sie von Staub umgeben, den sichtbares Licht nicht zu durchdringen vermag. Wohl aber Röntgenlicht, und dieses kann durch hierfür speziell ausgestattete Erdsatelliten nachgewiesen werden. Natürlich stammt das Röntgenlicht nicht von den Schwarzen Löchern selbst, sondern von der Materie, die in sie hineinfällt. Infolge der ungeheuren und zerreißenden Beschleunigung, die diese in den Schwerefeldern der Schwarzen Löcher erfährt, strahlt sie ihre charakteristische Röntgenstrahlung ab.

Der Radius der verdichtetsten Sterne, die wir kennen, der Neutronensterne, ist nur um den Faktor 3 größer als ihr Schwarzschild-Radius von 10 Kilometer. Thomas Mann hat wiederholt den «weißen Begleiter des Sirius» als einen Körper erwähnt, bei dem, wie Felix Krull den Vorzug hatte zu hören, sich die Materie im Zustand solcher Dichtigkeit befinde, «daß ein Kubikzoll davon bei uns eine Tonne wiegen würde». Wir wollen ihm seinen Zoll und seine Tonne nicht nachrechnen. Wichtig ist allein die Maßlosigkeit, mit der die kosmischen Ungeheuer irdische Maßstäbe übersteigen; so nämlich, daß «Erdenstoff, unsere Felsengebirge, unser Menschenleib gar lockerster, leichtester Schaum dagegen sind».

Die Kosmische Mikrowellen Hintergrundstrahlung

Wenn Professor Kuckuck von der «unbehaglichen Temperatur» des Weltalls als «minus zweihundert Grad» spricht, nennt er eine Zahl dunklen Ursprungs, die inzwischen vergessen und durch die Temperatur minus zweihundertundsiebzig Grad der Kosmischen Hintergrundstrahlung ersetzt worden ist. Das ist die gegenwärtige Temperatur des Weltalls, die zur Zeit der Entstehung der Strahlung, etwa vierhunderttausend Jahre nach dem Urknall, viertausend Grad plus betragen und seither abgenommen hat. Wir wissen, daß sie weiterhin abnehmen wird.

Woher die Strahlung, deren Temperatur die des Universums bestimmt? Das älteste Objekt, wenn wir es so nennen dürfen, ist das Universum selbst. Anfangs unendlich heiß, hat es sich unmittelbar nach dem Urknall abzukühlen begonnen. Nach etwa vierhunderttausend Jahren war es nur noch viertausend Grad heiß, und bei dieser Temperatur konnte ein dramatischer Wandel in der Zusammensetzung seiner Bestandteile beginnen. Ist die Temperatur höher, stoßen die Teilnehmer am thermischen Kuddelmuddel einander so energiereich an, daß Atome sich weder bilden noch Bestand haben können. Denn dann übersteigt die Durchschnittsenergie von Teilchen und Strahlung aufgrund der Wärmebewegung diejenige Energie, die zur Ionisation der Atome, sprich zu der Trennung von Elektronen und Atomkernen, erforderlich ist. Die Atomkerne zu jener Zeit waren die von Wasserstoff und Helium. Wir verstehen, wie und in welchem Verhältnis sie sich Minuten nach dem Urknall gebildet haben. Alle anderen Atomkerne konnten erst in Sternen entstehen, die zu dieser Zeit nicht einmal begonnen hatten, sich zu bilden. Oberhalb von viertausend Grad treten Elektronen und Atomkerne also, statt in Atomen aneinander gebunden zu sein, einzeln auf, als *Plasma* elektrisch geladener Teilchen; unterhalb dieser Temperatur als insgesamt elektrisch neutrale Atome von Wasserstoff und Helium.

Elektromagnetische Strahlung wie das Licht beeinflußt elektrische Ladungen und wird von ihnen beeinflußt, so daß sie oberhalb von viertausend Grad mit der Materie in ständigem Austausch steht. Die Strahlung kann sich folglich nicht frei bewegen, ihre Temperatur – ja auch Strahlung hat eine Temperatur; nicht umsonst spricht man von Wärmestrahlung –, ihre Temperatur also ist dieselbe wie die der Materie. Nach dem Zusammenschluß von Kernen und Elektronen zu insgesamt elektrisch neutralen Atomen gibt es keine freien Ladungen mehr, mit denen die Strahlung in Wechselwirkung treten könnte, so daß sie seit dem Jahr vierhunderttausend nach dem Urknall frei und von nichts beeinflußt das Universum durchsetzt. Mit einer Einschränkung: Eben weil sich die Strahlung im Universum frei bewegt, ist sie sozusagen schutzlos dessen Expansion ausgesetzt; proportional zu dem Wachstum des Universums wächst ihre Wellenlänge. Damit nimmt ihre Energie und Temperatur ab; bis heute so sehr, daß die das Universum durchsetzende Strahlung nur noch um drei Grad wärmer ist als die niedrigste überhaupt mögliche, nur durch Extrapolation, also nicht wirklich, zu erreichende Temperatur des Absoluten Nullpunkts von minus zweihundertdreiundsiebzig Grad. Die dieser Temperatur entsprechende Wellenlänge ist die von Mikrowellen; daher die Bezeichnung der Strahlung als Kosmische Mikrowellen Hintergrundstrahlung.

Entdeckt wurde sie von den amerikanischen Wissenschaftlern Arno Allan Penzias (geb. 1933) und Robert Woodrow Wilson (geb. 1936), gemeinsamer Physiknobelpreis 1978, im Jahr 1963 bei ihrem Versuch, den Ursprung von Rauschen herauszufinden, welches die Kommunikation mit Erdsatelliten stört. Sie wußten zunächst nicht, daß sie statt eines von Tauben im wahren Sinn des Wortes verursachten Dreckeffektes jenes Überbleibsel des Urknalls entdeckt hatten, dessen Existenz bereits 1948 theoretisch vorhergesagt worden war. Die richtige Erklärung der Beobachtung wurde alsbald nachgeliefert – ein historisch interessantes Thema, das aber nicht das unsere ist. Wenn Professor Kuckuck von den krassen Geschwindigkeiten spricht, mit denen sich unser ganzes örtliches Sonnensystem innerhalb der Milchstraße tummele, diese aber, unsere Milchstraße, in bezug auf ihre entfernten Schwestern mit ebenfalls unausdenkbarer Schnelle dahintreibe, muß er die fernen Galaxien heranziehen, um ein Bezugssystem zu haben, das Ruhe und Bewegung definiert. Ein solches, mit dem Kuckucks übereinstimmendes Bezugssystem, liefert uns heute die Kosmische Hintergrundstrahlung als dasjenige, in dem sie selbst ruht bzw. von allen Seiten gleichermaßen heranbrandet. Bewegt sich ein Beobachter relativ zu ihr, so ist die ihn aus seiner Bewegungsrichtung erreichende Strahlung aufgrund des Doppler-Effektes wärmer – kurzwelliger – als jene, die ihn aus der Gegenrichtung erreicht. Immer detaillierter werdende Beobachtungen der Hintergrundstrahlung von der Erde und von Satelliten aus haben auf diese Weise gezeigt, daß und wie schnell sich die Erde durch den Kosmos – das System, in dem die Strahlung und, im Mittel, die Galaxien ruhen – bewegt. Dies berücksichtigt, tritt ein für den Aufbau des Universums insgesamt bedeutsamer Effekt hervor (vgl. S. 274): kleine, eng begrenzte, auf früheste Anisotropien beruhende Temperaturschwankungen in der Strahlung, die sich zu Galaxien auswachsen sollten, können nachgewiesen werden.

Womit beginnen? Mit dem Nichts natürlich, in dem laut Thomas
Manns Tagebucheintragung vom 23. Dezember 1951 die «erste
Schwingung des Seins» auftrat. «Dies etwas Neues» fährt er fort,
nachdem er kurz zuvor räsoniert hat, das Sein sei vielleicht ein
«Zwischenfall zwischen Nichts und Nichts». Ihm waren diese
Zusammenhänge so wichtig, daß er sie zu jener Zeit mit nahezu
denselben Worten mehrere Male beschrieben hat. Indem wir auf
unsere frühere Erörterung (siehe S. 38–43) zurückkommen, ergänzen wir sie durch die Bemerkung, daß der physikalisch leere Raum
– ein Raum, der so leer ist, wie im Einklang mit den Naturgesetzen
möglich; nicht aber unbedingt im Wortsinn leer – als Objekt der
Quantenmechanik Fluktuationen ausgesetzt ist. Die minimalen,
geradeso mit den Unschärferelationen vereinbaren treten so häufig
auf, daß sie unter keinen Umständen außer acht gelassen werden
können; große sind selten. Die bekannteste Unschärferelation ist
die zwischen Ort und Impuls bzw. Geschwindigkeit, die uns bereits
viel weiter oben beschäftigt hat. Sie besagt, daß die Begriffe Ort
und Impuls im Quantenreich ihre Bedeutung in dem Sinn verlieren,
daß kein Objekt der Quantenmechanik sowohl einen bestimmten
Impuls als auch einen bestimmten Ort besitzen kann. Bei der Entstehung der Welt durch eine Quantenfluktuation aus dem physikalischen Nichts spielt aber die Unschärferelation zwischen Energie
und Zeit die wichtigste Rolle. Sie ist von anderer Art als die zwischen Ort und Impuls, indem sie besagt, daß kein System der
Quantenmechanik mit bestimmter Lebensdauer eine genau fest-
gelegte Energie besitzen kann. Damit das so sei, müssen Fluktuationen – das sind zufällige Änderungen – der Energie auftreten, die
um so länger anhalten, je kleiner sie sind. Das physikalische Nichts
dieser Welt, der leere Raum, ist dadurch gekennzeichnet, daß
seine Energie im Mittel – netto – Null ist. Brutto Null kann sie wegen der unumgänglichen Fluktuationen nicht sein. Als Folge der

Fluktuationen treten im physikalischen Nichts Perioden mit von Null verschiedener Energie auf, die um so länger dauern können, je kleiner die Abweichung der Energie von Null ist. Das Vakuum verleiht Energie – viel für kurze, wenig für lange Zeit.

Wir haben gesagt, daß die Gesamtenergie des Universums wenn nicht Null, so doch nahe Null ist. Im Einklang mit der Unschärferelation zwischen Energie und Zeit kann das Universum also durchaus eine langlebige Quantenfluktuation sein. Mehr noch: Wenn Quantenfluktuationen überhaupt Welten erschaffen können, warum dann nur eine? Warum entstehen nicht dauernd und unabhängig voneinander, geradezu hier und jetzt, neue Welten? Das frage du nur immerhin! Wir verlassen diese Spekulation, die auch eine der Physik ist, mit der Bemerkung, daß neu entstehende Welten vermutlich der Aufblähung durch den Prozeß der Inflation bedürfen, der in unserer Welt aufgetreten ist und den wir bereits benannt, aber nicht beschrieben haben – wobei wir es belassen wollen –, damit sie nicht so mickrig bleiben, wie sie entstanden ist und nicht gleich wieder vergehen. Je ausgedehnter eine Fluktuation ist, desto unwahrscheinlicher ist sie auch.

Was genau das ursprüngliche Nichts, aus dem das Universum laut Ahnungen Thomas Manns und Spekulationen der heutigen Physik entstanden ist, mit dem leeren Raum ebendieses Universums gemein hat, ist nicht klar. Was alles verdankt der Quantenfluktuation des ursprünglichen Nichts seine Existenz? Raum und Zeit sind in dem Universum, wie es sich uns darbietet, zweifelsohne vorgegeben, und Fluktuationen spielen sich innerhalb ihrer ab. Übersetzt in die Sprache der Physik, besagen die Ahnungen Thomas Manns vom Ursprung der Welt, daß Raum und Zeit nicht von vornherein gegeben waren, sondern mit der Fluktuation namens Universum entstanden sind. «Es habe das Sein», so Professor Kuckuck, «nicht immer gegeben und werde es nicht immer geben. Es habe einen Anfang gehabt und werde ein Ende haben, *mit ihm aber Raum und Zeit* [unsere Hervorhebung], denn die seien nur durch das Sein und durch dieses aneinander gebunden. Raum [...] sei nichts weiter als die Ordnung oder Beziehung materieller Dinge untereinander. Ohne Dinge, die ihn einnähmen, gäbe es keinen Raum und auch keine Zeit, denn Zeit sei nur eine durch das Vorhandensein von Körpern ermöglichte Ordnung von Ereignissen, das Produkt der Bewegung, von Ursache und Wirkung, deren Abfolge der Zeit Richtung verleihe, ohne welche es Zeit nicht gebe. Raum- und Zeitlosigkeit aber, das sei die Bestimmung des Nichts. Dieses sei ausdehnungslos in jedem Sinn, stehende Ewigkeit, und nur vorübergehend sei es unterbrochen worden durch das raum-zeitliche Sein.»

Wir hatten anläßlich eines Selbstgesprächs von Hans Castorp im *Zauberberg* bereits Gelegenheit, Thomas Manns Auffassungen der Zeit zu erörtern. Hinzugekommen sind jetzt, Jahrzehnte später, die Beziehungen von Zeit und Raum sowie von Ursache und Wirkung, alle einbezogen in das Konzept der Vergänglichkeit. Zwischen «Dauer» und «Richtung» der Zeit hat Thomas Mann nicht unterschieden, und deshalb wollen auch wir es bei Andeutungen belassen. Nehmen wir die Bewegungen von Planeten um die Sonne. Von ihnen kann zwar die Dauer von Abläufen abgelesen werden – der Ablauf von Zeit ist jahrtausendelang ja geradezu durch himmlische Abläufe definiert worden –, doch nichts deutet bei diesen Bewegungen auf eine Richtung der Zeit hin. Schad- und unterschiedslos könnten wir Dauer auch durch die Bewegungen der Planeten, wie sie ein rückwärts laufender Film zeigt, definieren. Newtons Gesetze kennen keinen Unterschied zwischen vorwärts und rückwärts in der Zeit, und über die Hälfte des vergangenen Jahrhunderts hinaus konnte die Physik behaupten, daß der so augenfällige, und auch bedrängende, Unterschied zwischen Vergangenheit und Zukunft nicht in den fundamentalen Naturgesetzen verankert sei. Es hat sich inzwischen zwar gezeigt, daß auch die fundamentalen Gesetze der Elementarteilchenphysik einen solchen

Unterschied kennen, aber es *nicht dieser* Unterschied ist, der mühsam nachgewiesen werden mußte, der den auffälligen Unterschied der beiden Richtungen begründet. Dieser beruht nicht auf den fundamentalen Naturgesetzen, sondern auf den Voraussetzungen, unter denen sie bei sichtbaren Vorgängen wirken, daß nämlich stets viele statt wenige Teilchen beteiligt sind, für die die fundamentalen Naturgesetze gelten. Erst das macht es unmöglich, den Endzustand eines Prozesses mit umgekehrter Bewegungsrichtung als Anfangszustand einzustellen: Aus praktischen, aber nicht aus fundamentalen Gründen ist es unmöglich, einen Prozeß zu initiieren, vermöge dessen sich die Moleküle eines Parfüms, die sich aus einem offenen Flakon heraus im Zimmer verteilt haben, im Flakon wieder vereinigen. Auch wenn man bei den Bewegungen der Planeten nicht nur auf ihren Umlauf um die Sonne, sondern auch auf ihre Drehung um ihre eigene Achse achtet, tritt ein Effekt hervor, der die Wirklichkeit von ihrem Abglanz in einem rückwärts laufenden Film zu unterscheiden gestattet: Durch die Gezeiten dreht sich die Erde fortwährend langsamer um ihre Achse, so daß sie sich in einem rückwärts laufenden Film schneller und schneller drehen würde.

Bei Thomas Mann hineingemengt ist außerdem der Unterschied zwischen Ursache und Wirkung, und der hat ebenfalls nichts mit der Dauer, sondern mit der Richtung der Zeit zu tun. Gelten für wirkliche Prozesse dieselben deterministischen Naturgesetze wie für diejenigen, die rückwärts laufende Filme von ihnen zeigen, kann zwischen Ursache und Wirkung nur durch Konvention unterschieden werden. Fragen dieser Art haben eine sehr lange Geschichte, und hier ist nicht der Ort zu versuchen, sie zu ergründen. Kehren wir also zu dem physikalischen Nichts à la Thomas Mann zurück und fragen, ob und wie sich das Nichts *im* Universum von jenem *vor* ihm unterscheidet. Sind insbesondere Raum und Zeit, wie wir sie kennen, *mit* dem Universum entstanden?

Auf den zeitlichen Aspekt dieser Frage hat bereits der Kirchenvater Augustin die Antwort gegeben, daß die Zeit *mit* der Welt erschaffen worden sei, und wir müssen wohl nicht daran erinnern, daß die Erschaffung der Welt aus dem Nichts zu den Grundansichten der christlichen Kirchen gehört. In den Schriften Augustins deutet sich erstmals auch eine Frage an, die die Physik noch immer Mühe hat zu beantworten, die nämlich nach der Entstehung von Strukturen aus dem anscheinend strukturlosen «Stoff» unmittelbar nach dessen Entstehung aus «Unstofflichem». Bei Augustin geht es um «Stoff» und «Wohlgestalt», wenn er das Problem als Teil der Schöpfungsgeschichte so formuliert: «Denn obwohl ein anderes ist der Stoff für Himmel und Erde, ein anderes die Wohlgestalt von Himmel und Erde, hast Du [Gott] beides geschaffen, den Stoff aus dem reinen Nichts, die Wohlgestalt aber aus dem ungeformten Stoffe, gleichwohl Stoff und Wohlgestalt zumal, so daß dem Stoff die Form ohne jede Zwischenzeit folgte.» [33]

Daß das quantenmechanische Nichts, mit dem die physikalische Schöpfungsgeschichte beginnt, die drei Dimensionen des Raumes und die eine der Zeit besessen habe, die wir heute kennen, hält die spekulative Physik der «Superstrings» für falsch. Sie braucht für ihre Formulierung ungleich mehr Dimensionen – acht räumliche typischerweise –, setzt diese an den Anfang und muß dann durch einen Prozeß namens Kompaktifizierung auf die drei bekannten Dimensionen herunterkommen. Davon nichts weiter bei uns; die ausgefeilten Spekulationen der Superstringtheorie weisen wir selbstverständlich nicht zurück, erlauben uns aber, sie nur zu erwähnen. Ohne genaue Kenntnis der endgültigen, alle Wechselwirkungen vereinigenden Theorie «Von Allem» können wir über Thomas Manns Nichts vor der Existenz des Universums – wenn es ein solches «vorher» physikalisch überhaupt gegeben haben sollte – keine verläßliche Aussage machen.

Der «Urzeugung des Stoffes aus dem Unstofflichen» Thomas Manns ist eine andere, der Physik zugänglichere Urzeugung gefolgt, die er nicht erwähnt, die Urzeugung der Wohlgestalt, sprich:

sichtbaren Struktur. Die Betonung muß auf «sichtbar» liegen, denn das frühe Universum hat als Kuddelmuddel bei praktisch unendlich hoher Temperatur keine sichtbare Struktur besessen und muß doch befähigt gewesen sein, eine hervorzubringen. Wie das, wenn doch die Ordnung im Universum insgesamt nicht zunehmen kann? Das Hervortreten von Struktur haben zwei Eigenschaften des Universums ermöglicht: erstens, unumstritten, die Expansion des Universums, auf der die Kälte des Weltraums von gegenwärtig minus zweihundertundsiebzig Grad Celsius beruht. Zweitens waren im frühen Universum Materie und Energie gleichmäßig verteilt, und das ist eine Verteilung, die auf den ersten Blick, nicht aber physikalisch, höchste Unordnung signalisiert. Tatsächlich befinden sich – umstritten – gleichmäßig verteilte Materie und Energie, die der Schwerkraft als einziger über große Entfernungen wirkender Kraft ausgesetzt sind, entgegen dem ersten Anschein im Zustand allerhöchster Ordnung. Daß das so ist, liegt an Besonderheiten eben dieser Schwerkraft.

Die Schwerkraft ist eine ganz besondere Kraft. Anders als gegen die elektromagnetischen Kräfte ist es unmöglich, eine Abschirmung gegen sie zu errichten. Wichtiger ist für uns, wie die Abgabe von Energie durch ein System, das durch die Schwerkraft zusammengehalten wird, auf dieses wirkt. Die Bestandteile eines durch eine Feder angetriebenen Systems bewegen sich langsamer und langsamer, weil die Feder durch die Bewegung Energie abgibt und sich entspannt. Würde hingegen das System aus Erde und Sonne Energie abgeben, so würde die Erde beginnen abzustürzen und dadurch *schneller* werden – wie ein Apfel, der vom Baum fällt. Daß sie durch die Energieabgabe zu fallen beginnen kann, ist für die Bewegung der Erde wichtiger als die Energieabgabe selbst.

Daß das so ist, zeigt bereits ein Blick auf die Umlaufzeiten der Planeten: Je näher ein Planet der Sonne ist, um so geringer ist seine Energie, und um so schneller umfliegt er sie. Selbstverständlich würde ein sonnennaher Planet bereits bei ungeänderter Geschwindigkeit für einen Umlauf weniger Zeit brauchen als ein ferner. Hinzu kommt der Effekt, den wir meinen, daß nämlich die durchschnittliche Geschwindigkeit eines sonnennahen Planeten auf seiner Bahn größer ist als die eines fernen, der nahe Planet also für einen Umlauf abermals weniger Zeit benötigt als der ferne. Analoges gilt für Erdsatelliten. Wenn einer durch Reibung an der äußeren Atmosphäre Energie verliert, beginnt er, die Erde im Mittel schneller statt langsamer zu umlaufen.

Wenn also ein System, das die Schwerkraft zusammenhält, Energie abgibt, bewegen sich seine Bestandteile schneller, das System heizt sich auf. Das ist ein höchst bemerkenswertes Resultat: Systeme, die durch die Schwerkraft zusammengehalten werden, besitzen eine *negative* spezifische Wärme. Je mehr Energie man ihnen entnimmt, desto heißer werden sie. Die Sonne hat sich dadurch gebildet, daß eine Gas- und Staubmasse durch ihre eigene Schwerkraft zusammengestürzt ist. Dabei hat sie Energie durch Strahlung verloren und ist heißer und heißer geworden. Schließlich so heiß, daß in ihr Kernreaktionen – die Fusion von Wasserstoff zu Helium – einsetzten, die wir auf der Erde bisher noch vergeblich kontrolliert, also anders als in der Wasserstoffbombe, in Gang zu setzen versuchen. Auch diese Reaktionen erzeugen in der Sonne Wärme und mit ihr Strahlung. Deren Druck verhindert zur Zeit noch – bis der Kernbrennstoff der Sonne aufgebraucht ist –, daß die Sonne unter ihrer eigenen Schwerkraft weiter zusammenstürzt und noch heißer wird, als sie bereits ist. Dies wird in etwa fünf Milliarden Jahren das Ende des irdischen Lebens, vielleicht sogar der Erde selbst, einleiten.

Nun weist die heute nachweisbare Temperaturverteilung der Kosmischen Hintergrundstrahlung deutliche Temperaturunterschiede himmlischer Bereiche auf, die aus quantenmechanischen Fluktuationen entstanden sind und von dem Jahr vierhunderttausend, aus dem sie uns Kunde bringen, bis heute zu Galaxien und Haufen von Galaxien gewachsen sind. Die heißeren Bereiche sind zugleich Bereiche größerer Massekonzentrationen, die sich durch die Kontraktion vermöge der Schwerkraft gebildet und aufgeheizt haben. Dabei wurde die Ordnung insgesamt abgebaut statt erhöht. Denn die unsichtbare Unordnung der Wärmestrahlung, die in die durch die Expansion entstandenen kalten Himmel geströmt ist, kompensiert die sichtbare Ordnung der Galaxien, Sterne, Planeten, Monde bis herunter zu den kompliziertesten Molekülen bei weitem. Hinzu kommt, daß zwar bei allen Prozessen im Universum die Unordnung ständig und unaufhaltsam zunimmt, gleichzeitig aber durch die Expansion auch die *maximal mögliche* Unordnung wächst – wie es denn viel mehr Möglichkeiten gibt, seine Siebensachen in einem großen Zimmer zu verteilen als in einem kleinen. Selbst wenn also unmittelbar nach der Entstehung des Universums die Unordnung so groß gewesen wäre wie damals überhaupt möglich, hätte die Expansion nicht nur für Abkühlung gesorgt, sondern auch Platz für weitere Unordnung geschaffen. Deshalb, und weil die Materie anfangs fein verteilt war, kann die Ordnung in Teilsystemen auch wachsen – sie muß ja nur *insgesamt* abnehmen. In ihnen, die wegen ihrer Anbindung an größere Systeme für sich allein auch *offene Systeme* genannt werden, wird die Ordnung immer dann zunehmen, wenn eben dadurch der Abbau der Ordnung insgesamt gefördert und beschleunigt wird.

Daß Thomas Manns Betrachtungsweise der Zeit im *Zauberberg* viele Gemeinsamkeiten mit jener von Leibniz, nicht also von Newton, aufweist, haben wir erwähnt. Im Waggon-Gespräch läßt er Kuckuck darauf zurückkommen, und bezieht ausdrücklich auch den Raum ein, über den sich Newton analog zur Zeit aufgrund seiner Metaphysik, nicht aber seiner eigentlichen Physik, so geäußert hat:

Der absolute Raum, seiner Natur nach ohne Beziehung zu irgend etwas Äußerem, bleibt immer gleichartig und unbeweglich.[34]

Den Einfluß von Leibniz – übrigens via Barnetts Buch und damit Einstein – auf das Waggon-Gespräch, der sich noch in den Formulierungen dort findet, können wir direkt einem Notizblatt Thomas Manns aus der späten Periode der Arbeit am *Krull* entnehmen: Die Bewegungen der «Sterne, Nebel, Milchstraßen und all der ungeheuren Gravitationssysteme im äußeren Raum [...] [kann man] nur im Verhältnis zu einander beschreiben, denn im Raum sind keine Richtungen und Grenzen. – *Raum ist einfach (Leibnitz [sic]) die Ordnung oder Beziehung der Dinge unter einander. Ohne Dinge, die ihn einnehmen, ist nichts.* Auch keine Zeit; denn sie ist nur eine mögliche Ordnung von Ereignissen. Wo nichts passiert, ist keine Zeit.»[35]

Vom im Detail unbekannten, sozusagen vorweltlichem Nichts über das physikalische, von dem wir zwar nicht alles, aber viel wissen, kommen wir zu Thomas Manns nachweltlichem Nichts. Zwischen Nichts und Nichts hat er ja die Welt angesiedelt, und die Physik kennt heute verschiedene Szenarien, wie das Universum einmal enden wird, weiß aber nichts Sicheres. Wir wollen uns auf jenes beschränken, das auf der Annahme beruht, die beobachtete beschleunigte Expansion des Universums sei die Konsequenz einer Kosmologischen Konstante im Sinne Einsteins. Dann wird das Universum, bis in alle Zukunft beschleunigt und abermals beschleunigt, immer weiter expandieren und mehr und mehr ausgedünnt werden; es wird dann unsäglich einsam in *jeder* Umgebung. Mit dem so expandierenden Universum nimmt zwar die Dunkle Energie zu, nicht aber die unter dem Einfluß der Schwerkraft Klumpen bildende, leuchtende wie dunkle, baryonische und anderweitige Materie, so daß sich diese im wachsenden Raum verliert. Die Schwerkraft verrichtet in Konkurrenz zur Expansion aber weiterhin ihr Werk, und da mag es denn sein, daß alle Materie zu Schwarzen Löchern zusammenklumpt oder daß von ihr kalte einsame Inseln wie ausgebrannte Sterne und Galaxien übrigbleiben.

Beständig sind nach Auskunft von Arbeiten Stephen W. Hawkings, der wie bereits Einstein keiner Vorstellung bedarf, auch die Schwarzen Löcher nicht. Ist es in ihrer Umgebung kalt genug, verdampfen sie mit Wärmestrahlung ihrer eigenen Temperatur als Resultat. Falls die Materie selbst, wie es spekulative Theorien der Elementarteilchen wollen, instabil ist, also im Laufe der Zeit zerfällt – auch Diamanten sind dann nicht für immer! –, wird im Universum statt etwelcher Materie nur Strahlung übrigbleiben. Dann wird das Nichts Thomas Manns am fernen Ende der Welt ein Universum sein, das bis auf Dunkle Energie nur sich mehr und mehr ausdünnende Strahlung enthält und beschleunigt expandiert – eine für empfindsame Gemüter erschreckende Vorstellung. Steven Weinberg hat in seinem wunderbaren Buch *Die ersten drei Minuten* von 1977 mehr oder weniger abschließend geschrieben:

> Je begreiflicher uns das Universum wird, um so sinnloser erscheint es auch. [...] Das Bestreben, das Universum zu verstehen, hebt das Leben ein wenig über eine Farce hinaus und verleiht ihm einen Hauch von tragischer Würde.

Diese Bemerkungen, die ihm viel Widerspruch und Kritik, aber auch Zustimmung eingetragen haben, bezogen sich allgemeiner als unsere auf jedes mit den Naturgesetzen vereinbare Schicksal eines Universums, das sich «aus einem Anfangszustand entwickelt hat, der sich jeder Beschreibung entzieht und seiner Auslöschung durch unendliche Kälte oder unerträgliche Hitze entgegengeht»[36].

Es bleibt, auf eine seltsame Koinzidenz hinzuweisen, die von der Abb. 31 (S. 259) abgelesen werden kann: Innerhalb von vielleicht einem Dutzend Prozent besteht das Universum zur Zeit aus gleich viel Dunkler Energie wie, in Energie umgerechnet, klumpender Materie. Warum gerade jetzt, im Zeitalter der Erde, wo es doch zuvor Milliarden Jahre kaum Dunkle Energie gegeben hat, und weiterhin praktisch nur noch Dunkle Energie geben wird? Man mag, je nach Temperament, hierzu die Achseln zucken oder nach einer Erklärung suchen, die aber nur «anthropisch» ausfallen kann.

Thomas Manns Auffassung vom Nichts, in das alles Sein münden werde, war – wieder via Barnetts Buch – geprägt von der sich auf den Zweiten Hauptsatz (S. 57) gründenden Vorstellung vom «Wärmetod»; in seinen eigenen Worten, Barnett exzerpierend:

> Aller Raum wird die gleiche Temperatur haben. Keine Energie kann benützt werden, denn alle wird gleichmäßig durch den Kosmos verteilt sein. Es wird kein Licht, kein Leben, keine Wärme sein – nichts als unwiderrufliche Stagnation. Die *Zeit* wird aufhören. Wenn keine Folge von Ursache u. Wirkung, so wird für die Zeit keine Richtung mehr sein, also keine Zeit.[37]

Daß die Stagnation des Wärmetodes eintreten werde, basiert auf einer nicht berechtigten Übertragung der Konsequenz des Zweiten Hauptsatzes, daß die Ordnung im Laufe der Zeit abnehmen muß von *abgeschlossenen* Systemen auf den Kosmos insgesamt, der als expandierender ja kein abgeschlossenes System ist. Temperaturausgleich bis hin zur Gleichheit der Temperatur überall tritt in abgeschlossenen Systemen ein, weil nach der – in diesem Fall seltsam anmutenden – physikalischen Definition der Ordnung ein System mit Temperatur *unterschieden* sich in einem geordneteren Zustand befindet als dasselbe System mit derselben Temperatur überall. Dies deshalb, weil die physikalische Ordnung eines Systems dann geringer ist, wenn es – lose gesprochen – mehr Möglichkeiten gibt, seinen (unsichtbaren) Mikrozustand zu ändern, ohne daß sein (sichtbarer) Makrozustand geändert wird. Der konkrete Sinn dieser Definition ist im Fall der Temperaturverteilung einfach einzusehen: Nehmen wir einen Stab mit verschiedenen Temperaturen an beiden Enden. Wenn wir die Seiten, etwa durch Drehen um 180 Grad, vertauschen, haben wir sowohl den Mikro- als auch den Makrozustand des Stabes verändert. Ist hingegen die Temperatur des Stabes überall dieselbe, ändert die Vertauschung seiner beiden Enden zwar seinen Mikro-, nicht aber seinen Makrozustand, so daß es dann *mehr* Möglichkeiten gibt, den ersten so abzuändern, daß der zweite derselbe bleibt: Der Stab mit derselben Temperatur überall befindet sich in einem weniger geordneten Zustand als derselbe Stab mit Temperaturunterschieden. Weniger lose gesprochen, ist die Ordnung eines physikalischen Systems über die Zahl der Mikrozustände definiert, die mit seinem Makrozustand vereinbar sind: Je weniger Mikrozustände das sind, desto größer die Ordnung, die damit genauer als *Ordnung der Mikrozustände* entlarvt ist. Als Konsequenz des Zweiten Hauptsatzes mit dieser Definition von Ordnung kann, was ja ohne Zweifel stimmt und deshalb ein Erfolg des Zweiten Hauptsatzes *mit dieser Definition von Ordnung* ist, Wärme nur von wärmeren Bereichen zu kälteren fließen; daher die Möglichkeit, früher von später zu unterscheiden sowie Ursache von Wirkung. Gibt es keine Temperaturunterschiede, «wird für die Zeit keine mehr Richtung sein». Die Einsicht, daß das expandierende Universum *kein* abgeschlossenes System ist – in offenen kann die Ordnung auf Kosten der Ordnung außerhalb wachsen –, hat die Schlußfolgerung, daß das Universum den Wärmetod erleiden müsse, zu Fall gebracht.

Ausgezeichnet gegen das Anorganische scheint das Leben. Etwas unbestimmt Hinzukommendes, denn *stofflich ist kein Unterschied zu finden. Es hat alle Grundstoffe mit der unbelebten Natur gemein und geht in sich selbst ins Unorganische (Atom)* über. Die Grenzen zwischen dem Organischen u dem Unorganischen fließend. Im Leben der Pflanze entsteht das Organische aus dem Unorganischen. Das Umgekehrte in der Gesteinsbildung aus organischem Material. Wie könnte die Natur im Anorganischen das Organische spielend vortäuschen, wenn sie nicht Eins wäre.[38]

So Thomas Manns Notizen aus der späten Arbeitsperiode am *Krull*. Wir finden hier noch einmal Jonathan Leverkühns Gedanken zu den im Organischen dilettierenden Osmosegewächsen (siehe S. 78). Aber darum soll es uns hier nicht gehen, sondern um das Leben, um dessen Entstehung und die Periode, die ihm zugemessen ist. Daß «das Leben auf Erden eine verhältnismäßig rasch vorübergehende Episode» sei, läßt Thomas Mann Professor Kuckuck im Waggon-Gespräch sagen, und in der Niederschrift seines Radio-Essays *Lob der Vergänglichkeit* des Jahres 1952 finden wir diese erläuternden Details: Das Leben «ist sehr zäh, aber es ist an bestimmte Bedingungen gebunden, und wie es einen Anfang hatte, so wird es enden. Die Bewohnbarkeit eines Himmelskörpers ist eine *Episode* in seinem kosmischen Sein. Und würde das Leben noch einmal fünfhundertundfünfzig Millionen Jahre alt – am Maßstabe der Äonen gemessen ist es ein flüchtiges Zwischenspiel.»

Da wir dem Anfang des Lebens auf der Erde bereits ein Kapitel gewidmet haben, wollen wir darauf über die Bemerkung hinaus, daß bei dessen «Urzeugung» nach Auffassung Thomas Manns etwas zum Anorganischen hinzugekommen sein muß, nicht noch mal eingehen. Wohl aber auf das Ende, von dem die Physik heute viel mehr weiß, als Thomas Mann bekannt sein konnte. In fünf bis sechs Milliarden Jahren wird der Wasserstoff als Kernbrennstoff der Sonne verbraucht sein, und dann beginnt eine Phase ihrer Geschichte, die alles Leben auf der Erde spätestens dadurch beendet, daß sie sich zu einem roten Riesenstern aufbläht, der die inneren Planeten Merkur und Venus, vielleicht sogar die Erde, in sich aufnimmt. Es ist aber keine reine Science-fiction, wenn wir anfügen, daß das Leben insgesamt damit nicht beendet sein muß. Denn beginnen wir nicht, den Weltraum zu kolonisieren, und kann es nicht sein, daß das ursprünglich erdgebundene Leben dann einen anderen Platz im Universum gefunden hat? Es kann sein. Spekulationen, die darüber hinausgehen und dem Leben zutrauen, unabhängig von dem endgültigen Schicksal des Universums in abgewandelten Formen ewig zu bestehen – bei endlicher Lebensdauer des Universums durch Verlangsamung aller Lebensprozesse –, weisen wir nicht zurück, erlauben uns aber, sie nicht zu beachten.[39]

Drittens die Urzeugung des Menschen. «Es hat», so Professor Kuckuck (vgl. S. 195) zu dem erregt lauschenden Felix Krull, «drei Urzeugungen gegeben: Das Entspringen des Seins aus dem Nichts, die Erweckung des Lebens aus dem Sein und die Geburt des Menschen.»

Jeweils sei etwas dazugekommen. Denn Thomas Mann hält es für unmöglich, daß der wilde Zufall auch nur in einem der drei Fälle die Hauptrolle gespielt haben könnte. Der von ihm unterstellten Stammesgeschichte der Entstehung der Materie aus dem Nichts, des pflanzlichen und tierischen Lebens aus der Materie und schließlich des menschlichen Lebens aus dem tierischen, stimmen die heutigen Naturwissenschaften im wesentlichen zu. Kontrovers ist aber, ob und inwiefern das jeweils Neue hinzutrat, sich also nicht aus dem Vorgegebenen ergab. Hören wir dazu noch einmal Thomas Mann in seiner Tagebuchnotiz vom 23. Dezember 1951: «Wie und wann trat im Nichts die erste Schwingung des Seins auf? Dies etwas Neues. Ebenso das Plus zum Anorganischen, das man Leben nennt, ein Hinzukommendes ohne Neues an Stoff. Etwas drittes Hinzukommendes, im Tierisch-Organischen ist das Menschliche. Das Übergängliche ist gewahrt, aber ein Unbestimmbares, wie bei der Wendung zum ‹Leben›, tritt hinzu.» Dazu dies aus der bereits erwähnten Niederschrift des Radio-Essays *Lob der Vergänglichkeit* [40]:

Aus dem Bereich des Tierischen trat der Mensch hervor, – durch Abstammung, wie man sagt; in Wahrheit wiederum durch ein Hinzukommendes, das man mit Worten wie ‹Vernunft› und ‹Kulturfähigkeit› nur mangelhaft bestimmt. Die Erhebung des Menschen aus dem Tierischen, von dem ihm viel geblieben ist,

hat den Rang und die Bedeutung einer *Urzeugung*, – es war
die dritte nach der Hervorrufung des kosmischen Seins aus dem
Nichts und nach der Erweckung des Lebens aus dem anorganischen Sein.

Nein, Thomas Mann meint hier mehr als dasjenige, was heute
Emergenz heißt und die Ausbildung von Eigenschaften eines Systems meint, die von den Substanzen, aus denen das System besteht
und von den für diese geltenden Gesetzen im vorhinein, vor der
Bildung des Systems und der Beobachtung seiner Eigenschaften,
abzulesen menschenunmöglich ist. Er meint mit dem Hinzukom-
menden offenbar etwas *von außen* Kommendes, das den Rang
einer Idee hat. In seinem 1931 auf Nachfrage entstandenen *Fragment über das Religiöse*[41] hat er gesperrt gedruckt bekannt, daß
er, wenn er eine Überzeugung, eine *religio* sein eigen nenne, es
die sei, «daß es nie eine Stufe gegeben hat, auf der der Mensch
noch nicht Geist, sondern nur Natur war. Die modische Tendenz,
ihn auf eine solche Stufe ‹zurückzuführen›, die *Ideenverhöhnung*
[unsere Hervorhebung] der Zeit ist mir in tiefster Seele zuwider.»
Uns scheint, daß die zwanzig Jahre bis zum *Krull* diese Einschätzung Manns zwar abgemildert, aber nicht aufgehoben haben.

Was nun ist die Emergenz von Eigenschaften, und was unterscheidet sie von jenem Äußeren, das laut Thomas Mann bei deren
Entwicklung in Fällen wie dem Leben hinzukommen kann und
muß? Inmitten der Naturwissenschaften besteht eine Kluft zwischen zwei Auffassungen der Emergenz, der Entwicklung unvor-
hersehbarer Eigenschaften, die in den sichtbaren Eigenschaften der
Konstituenten eines Systems und ihren Gesetzen nicht angelegt zu
sein scheinen. Die einen halten für wichtig, daß es – aus welchen
Gründen auch immer – unmöglich war und ist, vorherzusagen,
ob Strukturen, und welche, entstehen werden. Den anderen ist das
egal; sie betonen, daß es die Naturgesetze sind, welche die Entstehung ebendieser Strukturen zulassen, vielleicht begünstigen, viel-

leicht sogar bei vorgegebenen unbekannten Anfangszuständen erzwingen. Wären die Naturgesetze andere, müßte oder könnte auch die beobachtbare Welt anders sein.

Für die zweite Auffassung – daß emergentes Verhalten wie alles andere auf Naturgesetzen beruht – wollen wir sprechen lassen, daß auch Computerprogramme nach allen gängigen Kriterien emergentes Verhalten zeigen. Unvorhersehbar ist, welche Strukturen das Programm eines zellularen Automaten hervorbringen wird. Dies in dem Sinn, daß es nur durch Recherchen ermittelt werden kann, die zu dem Laufenlassen des Programms äquivalent sind. Dabei ist doch unabweisbar, daß das Programm nichts weiter bewirkt, als daß seine Anweisungen Zeile für Zeile abgearbeitet werden. Nichts spricht dagegen, daß es mutatis mutandis bei emergentem Verhalten im wirklichen Leben genauso ist und erkennbar würde, wenn wir nur die Entwicklung von Systemen mit emergentem Verhalten sowie das Verhalten selbst von Anfang bis Ende verfolgen könnten. Es ist doch wohl selbstverständlich, daß das emergente Verhalten eines Ameisenhaufens oder eines Vogelschwarms auf nichts als den Wechselwirkungen ihrer einzelnen Mitglieder – Ameisen und Vögel – beruht. Die Evolution hat das Einzelverhalten so eingerichtet, daß es insgesamt auf das nützliche kollektive, emergente führt. Bricht aus irgendwelchen Gründen das Einzelverhalten zusammen, so mit ihm auch das kollektive. Und genauso umgekehrt: Wird dem kollektiven Verhalten der Boden entzogen – oft genug im Wortsinn! –, erstirbt auch das individuelle.

Ameisenhaufen, Vogelschwärme und Computerprogramme: Die schöne Metapher eines Ameisenhaufens für die Entwicklung komplexen Verhaltens vermöge einfacher Regeln stammt von Douglas R. Hofstadter in seinem Buch *Gödel, Escher, Bach*. Hofstadter stellt sich einen Ameisenhaufen vor, der als ganzer ein komplexes «emergentes» Verhalten zeigt, das aber auf und nur auf den einfachen Wechselwirkungen einzelner Ameisen miteinander beruht. Ob komplexes emergentes Verhalten allein hieraus erwachsen kann, könnte durch ein Computerprogramm untersucht werden, das virtuelle Krabbeltiere nach Regeln wechselwirken läßt, die den Regeln der Wechselwirkungen realer Ameisen entsprechen. Wenn die virtuellen Krabbeltiere als Gemeinschaft ein komplexes Verhalten entwickeln würden, das dem eines realen Ameisenhaufens entspräche, wäre gezeigt, daß bereits die einfachen Gesetze des zwischenameislichen Lebens ausreichen, um das komplexe Verhalten eines Haufens entstehen zu lassen. Vogelschwärme, die Schlafbäume suchen, werden für jeden, der sie dabei beobachtet, eine höchst eindrückliche Metapher für die Möglichkeit der Emergenz komplexen Verhaltens aus einfachen Regeln bilden. Direkt miteinander wechselwirken nach allem Anschein nur die nächsten Nachbarn im Schwarm. Es ist faszinierend zu sehen, wie komplex das Verhalten des Schwarms insgesamt ist.

Daß bereits die Zellularen Automaten Stephen Wolframs komplexes Verhalten zeigen, das aus einfachen Regeln folgt, haben wir gesehen. Ein bekannteres, auf zahllosen Rechnern implementiertes Beispiel bildet John Conways Programm *Life*. Eine schöne, allerdings ein wenig technische Darstellung dieses Programms und dafür, wie durch Computerrechnungen aus einfachen Regeln komplexes Verhalten entstehen kann, ist John Hollands *Emergence*. Alles und jedes in der wirklichen Welt, auch die Physik, auf Rechnungen des Universums als Supersupersuper…computer zurückführen will Stephen Wolfram in seinem bereits erwähnten Buch *A New Kind of Science*. Hierzu kein Kommentar.

Auch Ideen sind Abkömmlinge der Evolution. Und zwar entstammen sie, wenn wir dem Leipziger Anthropologen Michael Tomasello in seinem Buch *Die kulturelle Entwicklung menschlichen Denkens* [42] folgen, einem Zwischenreich biologischer und kultureller Evolution: Das spezifisch Menschliche beruht, so Tomasello, nicht auf einer Vielzahl genetischer Neuerungen, sondern auf einer einzigen. Es ist diese Neuerung, die den Anfang setzt für den Menschen, so daß dieser sofort Geist im Sinne Thomas Manns gewesen ist. Laut Tomasello ist die Zeit von rund einer Million Jahren, in der sich die Entwicklung der typisch menschlichen Möglichkeiten aus tierischen Anfängen vollzogen hat, für eine genetische Entwicklung viel zu kurz. Durch den einen genetischen Fortschritt, der nach Tomasello bei einer Vorform des Menschen eingetreten ist und zu dem allen anderen Menschenformen überlegenen Homo sapiens geführt hat, ist zugleich auch die Möglichkeit der Identifikation mit anderen Artgenossen entstanden: die Fähigkeit, sich in diese hineinzuversetzen und deren vermutete Gedanken zu denken. Es leuchtet ein, daß ein solcher Fortschritt, wenn er einmal erreicht wurde, zu rasanten und sich anhäufenden kulturellen Fortschritten führen wird – Fortschritten in allem, was das Verständnis anderer ermöglicht und durch es gefördert wird. Sprache also und Aufgabenteilung, Mathematik, Physik, Geld, Musik, Jurisprudenz, öffentliche Bibliotheken und das Internet. Und daß einige dieser neu eröffneten Möglichkeiten der Art, die sie besitzt, Überlebensvorteile bieten, die zur Verdrängung anderer Vorformen des heutigen Menschen geführt haben können. Tomasello:

> Menschen leben in einer Welt von Sprache, Mathematik, Geld, Regierungen, Bildung, Wissenschaft und Religion, d. h. von kulturellen Institutionen, die aus kulturellen Konventionen bestehen. [...] Diese sozialen Institutionen und Konventionen werden durch bestimmte Formen der Interaktion und des Denkens innerhalb einer Gruppe von Menschen geschaffen und aufrechterhalten. Andere Tierarten interagieren und denken einfach nicht so.

Auch unser kausales Denken ist für Tomasello aus unserer im Tierreich einmaligen Möglichkeit entstanden, Artgenossen zu verstehen:

Meine Vermutung ist dementsprechend, daß die einzigartige Fähigkeit des Menschen, äußere Ereignisse anhand von vermittelnden intentionalen und kausalen Kräften zu verstehen, bei der Evolution des Menschen zunächst auftrat, um Individuen die Vorhersage und Erklärung des Verhaltens ihrer Artgenossen zu ermöglichen, und daß diese Fähigkeit von da aus auf das Verhalten unbelebter Gegenstände angewendet wurde.

Die Eindeutigkeit dieser Reihenfolge darf bezweifelt werden. Bei allem Respekt vor Tomasellos Buch ist es wohl doch plausibler, daß sich beide Fähigkeiten Hand in Hand entwickelt haben.

Lobgold

Der Joseph des *Josephsromans* wird, zum Herrscher über Ägypten ernannt, mit Lobgold[43] überschüttet. So auch Thomas Mann, als er 1952 aus den USA nach Europa zurückkehrt. Wir konnten ihm nicht auf allen seinen naturwissenschaftlichen Erkundigungen ohne erhebliches Schütteln des Kopfes folgen. Aber was bedeutet das schon gegenüber dem von den Naturwissenschaften freien Raum anderer Schriftsteller seines Formats? Wir salutieren dem gelehrten Herrn, er hat uns weidlich schwitzen machen. Unvergessen bleibe sein moralischer Appell, daß mit der Menschheit ein großer Versuch angestellt worden ist, «dessen Mißlingen durch Menschenschuld dem Mißlingen der Schöpfung selbst, ihrer Widerlegung gleichkäme. Möge es so sein oder nicht so sein – es wäre gut, wenn der Mensch sich benähme, als wäre es so.»

Anhang

Anmerkungen

Vorwort

1 Zitiert nach [4], S. 2/3.
2 In [5], S. 14.

Kapitel 1

1 Die ironische Selbstcharakterisierung Manns als «verkommener Gymnasiast» entstammt «Im Spiegel», XI, S. 329.
2 Das *Faust*-Zitat steht auf S. 117 von [65].
3 Der Aufsatz «Okkulte Erlebnisse» findet sich in X, S. 135; das Zitat steht auf S. 139.
4 Den Brief an Rudolf Kayser hat Mann am 31. Mai 1954 geschrieben. Er ist nicht veröffentlicht (der hier interessierende Satz auch in den Regesten [63] nicht), ist aber im Thomas-Mann-Archiv Zürich einsehbar.
5 Die Vorbilder für die Gestalt des Professor Kuckuck nennt Hans Wysling in [42], S. 279; siehe auch [27] ab S. 44. Die im Text als Quellen erwähnten Bücher sind [19], [29], [44], [47] und [62].
6 Das Zitat «ein älterer Herr …» beginnt auf S. 529 von VII.
7 Der «Lebensbericht» von Klaus Mann ist [46]; das Zitat steht auf S. 541.
8 Naphtas Vater wird auf S. 609 von III als «sternenäugig» bezeichnet. Goethes Augen bezeichnet sein Sohn August auf S. 591 von II als «Sternenaugen».
9 Die «Selbstauskunft» Thomas Manns findet sich in IX, S. 427–477.
10 Das Buch, aus dem Thomas Mann seine Informationen über die Piccoloflöte (S. 67) und den Kontrabaß (S. 52) bezogen hat, ist [56].

11 Die Einschätzung des «Sinn- und gedankenvollen Abschreibens» findet sich auf S. 334 von VI.

12 Das «Quellenwerk» für Ägyptisches ist [21]; der Name *Mai-Sache* steht auf S. 164; der Name *Dudu* auf S. 118.

13 Die Klassifikation der Übernahmen Thomas Manns findet sich in der Dissertation [15], S. 8–15.

14 Joseph berechnet 77:7 auf S. 673 von IV.

15 Die ägyptische Berechnung von 77:7 steht auf S. 424 f. von [21].

16 Das Buch von Gunilla Bergsten ist [2]; die Zitate stehen auf S. 63.

17 Das Zitat «Eine dieser Glasflügligen…» entstammt [10], S. 16.

18 Das Zitat «Ein solcher Schmetterling…» entstammt S. 23 von VI.

19 Hans Wyslings Formulierung «Kirchenväter» für die intellektuellen Ahnherrn Thomas Manns findet sich in [42], S. 279. Siehe auch [27] ab S. 44. Sie hat Thomas Mann laut Wysling in der Figur des Professor Kuckuck vereinigt.

20 Die Doktorarbeit von Sigrid W. Becker-Frank ist [15]. Den «Fragebrief» an Dr. Rosenthal hat Thomas Mann am 28. 10. 1946 geschrieben. Es geht um die Meningitis, an der er den kleinen Nepomuk Schneidewein, genannt Echo, des *Doktor Faustus*, nachgebildet seinem Enkel Frido Mann, sterben zu lassen beabsichtigt. Ein Auszug: «Was ich brauche, sind einige charakteristische Einzelheiten über den (letalen) Verlauf der Meningitis (am besten wohl der Zerebrospinal-Meningitis) bei einem 5 oder 6jährigen Kinde. Wie sehen die Anfangs- und die späteren Symptome an [*sic*]? Worin besteht die Behandlung? Welches ist das Antitoxin? Kann eine notwendige Gehirn-Punktation an Ort und Stelle vorgenommen werden, da das Kind auf dem Lande lebt? Es wäre wünschenswert, daß der Transport in die Stadt und die Klinik (auch zum Zweck der Isolierung) wegen des raschen Verlaufs der Krankheit nicht möglich ist. Wie lang pflegt die Krankheitsdauer zu sein? Ist Fieber dabei? Muß das Kind sehr leiden? Tritt bald Bewußtlosigkeit ein? Die Verhältnisse sind so, daß die Behandlung, zunächst wenigstens, in den Händen eines einfachen Landarztes liegt.» Die Antwort trifft am 4. 11. 1946 ein und findet ihren Niederschlag im Tagebuch – /Brief von Dr. Rosenthal über Meningitis, wichtig, studiert./ – sowie im Antwortbrief vom 5. 11. 1946: «Das ist alles, was ich brauche, – mehr sogar. Aber man kann nie zuviel wissen, auch wenn dann manches nur, wie Fontane sagte, ‹hinter der Szene spukt›.» Was Thomas Mann aus alledem gemacht hat, steht im Kapitel XLV des *Doktor Faustus*, Werke VI, zu lesen. – Wir haben die Episode hier wiedergegeben, um die Darstellungen medizinischer sowie biologischer Sachverhalte bei

Thomas Mann jenen gegenüberzustellen, die er physikalischen angedeihen läßt: Hier detail- und kenntnisreiches Expertenwissen, dort populärwissenschaftliches Schrifttum. Darauf werden wir noch eingehen. Die Erkundigung bei Prof. Tillich erwähnt Thomas Mann in der Tagebucheintragung des 12.4.1943: «Brief an Prof. Tillich, New York, wegen Theologie-Studium.»

21 Als «Newton unserer Zeit», mit dem Thomas Mann auf «alltäglich-cordialem Fuße» stand, wird Einstein nach Auskunft der Anmerkungen zur Tagebucheintragung vom 19.4.1955 in einem in der Veröffentlichung gestrichenen Passus des Manuskripts von «Zum Tode von Albert Einstein» (X, S. 549) bezeichnet.

22 Die Magisterarbeit von Anke Weishaupt ist [41], das Zitat «Mann [...] von der Bekanntschaft ...» steht auf S. 118; das Zitat «Seine in dem Roman...» folgt unmittelbar danach.

23 Das Zitat «die Grenze zwischen mathematischer Physik...» oben auf S. 26 entstammt dem Essay *Okkulte Erlebnisse* in X, S. 139. – «Jawohl, jawohl...» läßt Thomas Mann den Dichter Daniel Zur Höhe auf S. 483 des *Doktor Faustus*, Werke VI, ausrufen. Die Zitate «In der Tat ist jeder Gedanke...» und «zweifellose Wirklichkeit...» sind den S. 39 und 40 von «Drei Berichte über Okkultische Sitzungen – Erster Bericht, über die Sitzung vom 20. September 1922» in XIII entnommen. Die Besuche Manns bei den spiritistischen Sitzungen des Münchner Arztes und Parapsychologen Albert Freiherr von Schrenck-Notzing (1862–1929) haben auch in dem Kapitel «Fragwürdigstes» des *Zauberberg* (Werke III) ihren – übrigens deutlich skeptischeren – Niederschlag gefunden. «[...] ich habe», schreibt Thomas Mann laut S. 794 von [177] am 25. Dezember 1922 an Ernst Bertram, «okkulte Gaukeleien des organischen Lebens gesehen (mit meinen unbestochenen Augen gesehen), die sich mehr als zwanglos in den Kreis meines Romans fügen.»

24 Die Einschätzung der mathematischen Kenntnisse und Fähigkeiten Manns durch Arnim Hermann findet sich in [78]. Zitiert nach [7]. Der Essay Hilschers ist [71].

25 Das Einstein-Zitat «Wenn schon keine quasistatische ...» haben wir [125], S. 292, entnommen.

26 Die Essays Bellwinkels sind [6] und [7]; der von Eigen ist [33].

27 Auch Thomas Manns Frau Katia hat sich über ihn als Wissenschaftler geäußert: «Wenn er ein Buch schrieb, so vertiefte er sich ungeheuerlich in seinen jeweiligen Gegenstand und studierte viel und stets noch, während er daran schrieb. Er verschaffte sich alles Wissenswerte, doch sowie das Buch fertig war, hatte er alles bald wieder vergessen. Er

interessierte sich nicht mehr dafür. Zur Zeit des ‹Doktor Faustus› war er, neben anderem, ein großer Musiktheoretiker, zur Zeit des ‹Joseph› ein großer Ägyptologe, Orientalist und Religionswissenschaftler, ein Mediziner für den ‹Zauberberg› – aber merkwürdig rasch vergaß er alle seine Hilfsmittel wie Kenntnisse. [...] So ging's mit allem. Wissenschaftler-Qualitäten hatte er nicht. Er nahm, was er brauchte, und mehr wollte er nicht. Er hat auch in scherzender Weise gesagt, mehr über eine Sache, als in seinem Werk vorkomme, wisse er nicht, mehr fragen oder examinieren dürfe man ihn nicht.» ([43], S. 162).

28 Das Buch *Einstein und das Universum* ist [54]; Thomas Mann hat die englische Originalausgabe [29] gelesen. Das von «Einstein selbst stammende» Buch ist [74]; das Buch «Weltbild» [28].

29 Hans Wysling in [42] nennt [47], [48], [51] und [49] als populärwissenschaftliche Bücher zu Fragen der Physik und Kosmologie, die Thomas Mann zwischen 1930 und 1938 gelesen hat; siehe auch [27] ab S. 44. Die Zeitungsartikel sind [9], [13] von 1944 und [14]. Das bereits erwähnte Buch von Barnett ist [29].

30 Die Metaphern «Mit dem Bleistift gelesen» und «zum Wiederlesen» finden sich in XI auf S. 151. Das Zitat «mit dem Bleistift dareinzufahren», entstammt S. 382 von III. Daß Thomas Mann nur das zitiert, was einen Strich bekommen hat, wird auf S. 16 von [15] festgestellt.

KAPITEL 2

1 Das Zitat «Gegen Ende eines Kolloquiums ...» entstammt II, S. 116 f.

2 Unsere Diskussion von Plenismus und Atomismus folgt [105].

3 Das Hertz-Zitat entstammt [174]; hier zitiert nach [66], S. 101.

4 Unsere Diskussion von Naturgesetzen und Realität folgt [106].

5 Die später gestrichenen Passagen zum Kuckuck-Gespräch ab S. 530 von VII sind als Anmerkungen zum 25. Dezember 1951 in den Tagebüchern der Jahre 1951–1952 auf S. 548 wiedergegeben.

6 Das Zitat «Klaus Heinrich sagte ...» steht in II auf S. 244. Übrigens *fällt* die rechte Quecksilbersäule der Abbildung bei *steigendem* Druck. Anders als das Barometer der Abbildung wurde also bei dem Immas die linke Säule abgelesen.

7 Die Zitate von «Er habe wollen...» bis «Die herrlichste Farbe...» stehen auf S. 22 und 23 von VI.

8 Thomas Manns und Jonathan Leverkühns Buch *Falterschönheit* ist [10]; das Zitat steht auf S. 15. Unsere Gegenüberstellung folgt [2], S. 61/62.

9 Die Zitate (S. 50) «Nur einen dunklen Farbfleck ...», (S. 51) «Wie hat das Tier das gemacht ...» und «Konnte nun dieser Falter ...» stehen auf S. 23 und 24 von VI.

10 Das Buch Lunaus ist [107]; die Diskussion der Mimikry bei Schmetterlingen beginnt auf S. 11.

11 Den (in [34] nicht enthaltenen) Brief an Ida Herz vom 10. Oktober 1951 haben wir nach [64], S. 253 zitiert.

12 Das Zitat «stumpfgesichtige Riesengürteltiere ...» entstammt VII, S. 576.

13 «Jonathan Leverkühns bebildertes Buch», aus dem die Zitate auf S. 55 und S. 59 stammen, ist [11].

14 Die Zitate von (S. 54) «sonderbare Ambivalenz ...» über (S. 56) «Gewinde und Gewölbe ...» und (S. 57) «Was nun jene Zeichenschrift ...» «Bedachte er ...» stehen auf S. 26, 25 und 27 von VI.

15 Das Buch von Stephen Wolfram ist [79]; das Zitat «Auf Grund unserer Alltagserfahrung ...» steht auf S. 40 (dort englisch).

16 Das Wolfram-Zitat «Diese Ähnlichkeit der Zeichnungen ...» beginnt auf S. 424 von [79] (dort englisch).

17 Das Zitat (S. 65) «die Einheit der belebten ...» entstammt VI, S. 29; das Zitat (S. 66) «Es waren Myriaden ...» III, S. 663. Kurz darauf folgt das Zitat (S. 70) «dem Leben schauderte ...».

18 Die Zitate (S. 71) «Edelsteine sind stofflich ...» und (S. 72) «Pflanzenzelle beweist ...» haben wir der Dokumentation von Hans Wysling [60], S. 472 und S. 498, entnommen. Zu dem ersten Zitat, das nach allem Anschein ein Exzerpt ist, gibt Wysling keine Quelle an; für das zweite nennt er S. 23 von [45]. Die Zitate (S. 72) «Zu den wenigen ...», (S. 74) «Alles wäre gut gewesen ...», über (S. 75 f.) «ein Tropfen kein Tier», «Eben dies aber tat ...» und (S. 78) «Das Kristallisationsgefäß ...» entstammen S. 28–31 von VI. Das Zitat «Es handelt sich ...» steht auf S. 27 von [45].

19 Das Zitat «In Chicago ...» entstammt XI, S. 182.

20 Das Zitat «An der Wand war ...» wurde VI, S. 125 entnommen.

21 Die Magischen Quadrate mit ihren vielen Aspekten haben eine lange Geschichte, und dementsprechend unerschöpflich ist die ihnen gewidmete Literatur. Daß es bis auf Drehungen und Spiegelungen nur ein einziges Magisches Quadrat der Ordnung 3 gibt, wird in dem Buch [159] von Martin Gardner auf S. 214 f. bewiesen. Von dort stammen auch die Angaben zur Anzahl der Quadrate der Ordnung 5. Für unsere Diskussion besonders nützlich waren auch [160], S. 7 f. und [161]. Die Formel für die charakteristische Summe S eines Quadrats der Ordnung N ist $S = N(N^2 + 1)/2$.

22 Die Zitate «So wußte und lehrte Eliezer ...» und «Gesetzt ...» entstammen IV, S. 405 und 673.

23 Das Buch von Barrow ist [157]. Unsere Diskussion der Zahlensysteme beruht auf [154], [155], [156] (Einmeißeln römischer Zahlen), [157], [158], [68] und [69].

24 Thomas Manns *Meerfahrt mit Don Quijote* ist IX, S. 427–477. Den Ausdruck «Horrendheiten der physikalischen Schöpfung» prägt Serenus Zeitblom auf S. 363 von VI. Auf S. 360 beginnt dort das Zitat «so geartet zu sein ...».

25 Thomas Manns Essay «Lob der Vergänglichkeit» beginnt auf S. 383 von X; das Zitat «Die Astronomie ...» steht auf S. 385.

26 Die Zitate von (S. 96) «ganz nebensächlich ...» über (S. 97) «innerhalb des Milchstraßenwirbels ...» bis «... Fernrohren erreichbar sei» sind den S. 359–362 des *Doktor Faustus*, Werke VI, entnommen.

27 Der Essay, mit dem Carter auf die Leben ermöglichenden Eigenschaften des Universums aufmerksam gemacht hat, ist [147]. Dieser Essay hat einen überaus reichen Nachhall gefunden: in [145], [146], [148], [149], [72], [150], [151], [152], [153], [94] und [127], um nur einige zu nennen.

28 Das Buch von Martin Rees mit seiner Parametrisierung der Starken Kraft ist [149].

29 Das Buch *Universes* von John Leslie ist [145].

30 Die Theologie von William Paley wird in dem «Monumentalwerk» [146] von Barrow und Tipler mit Quellenangaben ausführlich erörtert. Unsere Zitate «Das Universum, das existiert ...» über «Es brauchte Beobachter, ...» bis «Die Existenz unseres Universums ...» stehen auf S. 22 (dort englisch).

31 Die Widerlegbarkeit der These von den verschiedenen Universen mit verschiedenen Werten der Naturkonstanten erörtert Martin Rees in [72], S. 387ff.

32 Das Buch von Abbott ist [141], das von Dewdney [140]. Eine kommentierte Ausgabe von Abbotts Buch ist [142]. Hingewiesen sei auch auf [143] und [144].

33 Der Vortrag *Einführung in den ‹Zauberberg›* Thomas Manns an der Universität Princeton ist in XI ab S. 602 abgedruckt; das Zitat «ein Zeitroman ...» beginnt auf S. 611.

34 Das «Selbstgespräch Hans Castorps», das mit «Was ist die Zeit? ...» beginnt, entstammt III, S. 479.

35 Thomas Manns «Meerfahrt mit Don Quijote» findet sich in IX, S. 427–477.

36 Die Philosophen, von denen Thomas Mann seine Auffassung von der Zeit bezogen haben soll, nennt [70].

37 Das Minkowski-Zitat «Von Stund an ...» findet sich auf S. 54 von [95].

38 Unsere Diskussion der Physik der Zeit folgt [97] und [103].

39 Die deutsche Übersetzung von Newtons Prinzipia, aus der wir zitieren, ist [96]; Das Zitat «Die absolute, wahre, ...» steht auf S. 28.

40 Die Leibniz-Zitate entstammen [99].

41 Die «Mechanik» Machs ist [98].

42 Das Zitat von Hermann Weyl steht auf S. 150 von [102].

43 Das Einstein-Zitat «Jeder Beobachter entdeckt ...» steht auf S. 47 von [101].

44 Das Gedicht von Angelus Silesius ist Vers 148 des 5. Buches von *Cherubinischer Wandersmann*. Es findet sich z. B. in [178] auf S. 157. Das englische Original des Grafitto lautet: «Time is nature's way to keep everything from happening all at once». Es findet sich z. B. in Wheelers Artikel «Time Today» auf S. 1 von [104].

45 Das Zitat «Die Beschäftigung mit der Mathematik ...» entstammt III, S. 577; das nachfolgende «Er zirkelte und rechnete ...» S. 875.

46 Die Literatur zur Geschichte des Problems der Quadratur des Kreises und der Berechnung von pi ist umfangreich. Wir haben u. a. [70], S. 111 ff., und [162], S. 178 ff, verwendet. Die Möglichkeit, die Fläche eines Kreises in die eines Quadrats zu überführen, wird auf S. 271 f. von [162] beschrieben.

47 Die Briefstelle Newtons haben wir von S. 180 von [162] übernommen; dort englisch.

47 Die Computerberechnungen und die Normalität von pi werden in [163] beschrieben.

KAPITEL 3

1 Die folgenden Ausführungen fußen auf Material, das einer von uns (EPF) für die Kapitel 7 bis 10 von [108] zusammengetragen hat.

2 In dem *Zauberberg* spielt die Zahl sieben eine große Rolle – sieben Jahre verbringt Hans Castorp, dessen Name aus sieben Buchstaben besteht, auf Zimmer 34 (nicht 7, dort logiert Madame Chauchat) des Sanatoriums, in dem es 7 Tische mit 7 Plätzen gibt –, und so kann aus der Tatsache, daß Thomas Mann die «Forschungen» im siebten Kapitel eines Hauptteils spielen läßt, geschlossen werden, daß er dem Thema keine geringe Bedeutung beimaß. «Er hing an der Zahl 7» hat Katia Mann in

ihren ungeschriebenen Memoiren schreiben lassen ([43], S. 150). Natürlich darf man das Zahlenspiel nicht allzu ernst nehmen.

3   Die Zitate von (S. 131) «Was war das Leben? Man wußte es nicht ...» über (S. 133) «Was war das Leben? Niemand wußte es ...» bis «... der nächsthöheren Lebensordnung dienten» entstammen III, S. 382– 393.

4   Das Buch Oskar Hertwigs ist [75]. Thomas Mann muß die 1920 erschienene 5. Auflage benutzt haben. Dies stellt Michael Neumann in seinem Kommentar [115] zum *Zauberberg* fest. Das *Lehrbuch der Physiologie* von Ludimar Hermann [116] nennt er dort als weitere wichtige Quelle des Kapitels «Forschungen», indem er zahlreiche Übernahmen Manns aus beiden Büchern nachweist (S. 220–235). Hingegen ist, weiter laut Neumann, der Einfluß von Paul Kammerers *Allgemeine Biologie* [45], aus der Thomas Mann für das Kuckuck-Gespräch der *Bekenntnisse des Hochstaplers Felix Krull* schöpfen sollte, auf den *Zauberberg* gering. Bemerkenswert ist die Einschätzung des Mann'schen Textes im Vergleich zu seiner Quelle Hertwig durch Manfred Eigen in seinem Buch *Stufen zum Leben* ([110], S. 12): «In Hertwigs ‹Allgemeine Biologie› findet man alle Fachausdrücke und Formulierungen, deren sich Thomas Mann bediente, einschließlich der Fehldeutungen, die Hertwig unterlaufen waren, etwa wenn er – in Abgrenzung zu Darwin und Haeckel – von der Vererbung *erworbener* Eigenschaften [hier: S. 138] sprach. Überraschend ist, daß bei Hertwig die Formulierungen weniger prägnant ausfallen als bei Thomas Mann, dessen Sprachgenie sich nicht nur der dialektischen Aufbereitung des Sachverhalts annahm, sondern dessen scharfsinniger Verstand diesen selbst auch ordnete und in einen durchsichtigen logischen Zusammenhang brachte.»

5   Die Frage, warum sich der Magen nicht selbst verdaut, wird von der Wissenschaft heute mit dem Hinweis auf eine säurefeste Schutzschicht beantwortet, wobei es sein könnte, daß Thomas Mann etwas anderes erwartet hätte.

6   Zu Pasteur vgl. [164].

7   Das Buch von Max Delbrück ist [109].

8   Alexander Oparin in [165].

9   Zu dem Miller-Experiment siehe in [166].

10 Das Zitat «Informationsmenge ...» von Manfred Eigen entstammt S. 34 von [110]. Dort geht Eigen auch auf Thomas Manns *Zauberberg*-Kapitel zum Beginn des Lebens ein.

11 Das Buch von Freeman Dyson ist [111].

12 Wir haben in diesem Kapitel immer angenommen, daß sich das Leben

aus einer Art organischer Suppe entwickelt, die heiß oder kalt sein kann. Inzwischen wächst unter einigen Forschern die Tendenz, es einmal mit dem Gedanken zu probieren, daß Leben einen anderen Ursprung hat und sich nach und nach chemische Strukturen unter der Beteiligung von Schwefel und Eisen gebildet haben. Also nicht mehr nur «Ordnung aus dem Chaos», sondern eher «Mehr Ordnung aus weniger Ordnung aus noch weniger Ordnung». Siehe zum Beispiel «Life as we don't know it» von G. Wächtershäuser [112]. Der letzte Gedanke wird in dem Artikel etwas anders und auf englisch vorgestellt. Er heißt dort «order out of order out of order». Hoffentlich ist dieser Ansatz nicht «out of order». Im chemischen Detail sieht der Versuch gut aus, das Leben mit chemischer Notwendigkeit beginnen zu lassen, um anschließend dem biologischen Zufall seine Chance zu geben. Mit ihm dringt das Leben dann in immer neue chemische Räume vor. Es befreit sich selbst aus der Enge der Naturgesetze.

13 Die Mann-Zitate (S. 160) «die Idee der Urzeugung ...», (S. 162) «Das Atom war ...» und «wie es bei abermals ...» entstammen dem III, S. 394 und 395 ff.

14 Die «Universitätsrede» Eigens ist [33].

15 Die Diskussion der «Ebenen der Erkenntnis» folgt [106].

16 Die Äußerung «Wer angesichts der Quantenmechanik ...» von Niels Bohr ist in [25], S. 61 widergegeben.

17 Der Abschnitt «Irrationaler Einzelfall» folgt [108], S. 296 f.

18 Günter Wächtershäuser in [167].

19 Das Feynman-Zitat steht in [93] Band III, S. 1–8.

20 Bert Brechts *Flüchtlingsgespräche* wurden z. B. als [117] veröffentlicht; Ziffels Deutung der Unschärferelation steht dort auf S. 55.

21 N. W. Timoféef-Ressovsky, K. G. Zimmer und M. Delbrück in [168].

22 Das Buch Schrödingers ist [113].

KAPITEL 4

1 Die Zitate «Übrigens wird nichts uns hindern ...» und «Wissen Sie aber ...» entstammen den *Bekenntnissen des Hochstaplers Felix Krull*, Werke VII, S. 531 und 533 f.

2 Die Bücher von Lincoln Barnett, Albert Einstein, James Jeans, Arthur Eddington, Maurice Maeterlinck und Otto Hartmann sind [29], [28], [48], [51], [77], [47] und [49].

3 Das Buch von Hans Wysling, aus dem wir Nietzsches Aphorismus

«Wir sind irgendwo in der Mitte…» über die «Mystiker der Verhältnismäßigkeit» übernommen haben, ist [60], S. 304f. Dort sind die Quellen «Nietzsche» und – im englischen Original [29] – «Barnett» angegeben. Die von uns angeführte Übersetzung «Es ist vielleicht charakteristisch…» steht auf S. 21 von [54].

4 Den Vergrößerungsfaktor «hundert Billionen» nennt [54] auf S. 35; das Exzerpt Thomas Manns «Um ein Objekt von der ‹Größe› des Elektrons…» steht auf S. 504 von [60]. Der Übersetzungsfehler einer amerikanischen Billion, die zahlenmäßig einer deutschen Milliarde gleicht, in sprachlich ebenfalls eine Billion, findet sich erstaunlicherweise auch bei Arno Schmidt, der stets mit seiner mathematisch-naturwissenschaftlichen Bildung geprunkt hat: In seiner Übersetzung des Essays *Heureka* [139] von Edgar Allan Poe müssen wir lesen, «die Entfernung des Planeten Neptun von der Sonne […] beträgt 28 Hundert Millionen Meilen: der Umfang seiner Kreisbahn folglich rund 17 Billionen.» Genauer genommen sind es nach der Formel «U gleich zwei pi R» der Schulphysik 17,592 Milliarden, keinesfalls Billionen. Weder die Tage- noch die Notizbücher Thomas Manns erwähnen nach unserer Kenntnis den Essay *Heureka* von Edgar Allan Poe, dessen Ähnlichkeiten mit Partien von Thomas Mann unübersehbar sind. Ob er Thomas Mann als Quelle gedient hat, muß der professionellen Thomas-Mann-Forschung überlassen bleiben.

5 Das Exzerpt (S. 186) «Man fand, daß…» haben wir aus [60], S. 504 übernommen; dort findet sich auch die Fortführung «zu komplex [ist] für materielle Punkte…» des Exzerpts. Die auf S. 187 erwähnte deutsche Übersetzung der Vorlage steht auf S. 29 von [54]. Manfred Eigens in einer Endnote zu S. 139 bereits angeführte Einschätzung «dessen Sprachgenie…» auf derselben Seite stammt aus [110], S. 12.

6 Das auf S. 189 beginnende Zitat «vom Paläozoologischen Institut…» entstammt S. 536–548 von VII.

7 Als «Erotiker» wird Felix Krull von Thomas Mann in seinem Brief an Paul Amann vom 23. 12. 1951 bezeichnet.

8 Die auf S. 202 beginnende Zitatenfolge von «Das Museu Sciencias…» bis «… Blumenstrauß dienstlich zu präsentieren» entstammt S. 571–580 von VII.

9 (S. 215) Adolf Portmann in [169] und [170].

10 Stephen Jay Goulds Buch *Illusion Fortschritt* ist [123].

11 Das Gould-Zitat «Man […] sollte sie sich wie…» steht auf S. 426 von [124].

12 Die Zitate von Simon Conway Morris entstammen [125].

13 Charles Darwins Buch *Die Entstehung der Arten* ist [126].

14 Das Buch von Lee Smolin ist [127].

15 Es gibt Übersetzungen, die aus dem «struggle for life» ein «Ringen um die Existenz» machen; «struggle» drückt ein entschlossenes und ziel-bewußten Vorgehen aus; es meint ein Sich-abmühen, wie wir es aus jedem Tag kennen. Leben macht zwar Mühe, aber es muß nicht unbedingt ein Kampf mit Siegern und Verlierern sein.

16 Das Darwin-Zitat «Mit Recht kann man sagen ...» geben wir nach [126], S. 101/102 wieder; die Übersetzung von Carl W. Neumann stammt aus dem Jahre 1963.

17 Das Nietzsche-Zitat «Das Mitleiden kreuzt ...» entstammt [171], Band II, S. 1168. Der Essay Thomas Manns *Nietzsches Philosophie im Lichte unserer Erfahrung* findet sich in IX ab S. 675.

18 Konrad Lorenz in [172].

19 Die schlimmste Verirrung der Evolutionsidee ist Hitlers verbrecherische Biopolitik, die aber nicht weiter kommentiert wird.

20 Charles Darwin in [126], S. 678.

21 Das Lamarck-Zitat «Die Natur hat alle Tierarten ...» entstammt [128], S. 176.

22 Ernst Mayr in [128], S. 233.

23 Das Peirce-Zitat «Die Kontroverse um Darwin ...» enstammt [109], S. 238.

24 Das Darwin-Zitat «Hier besteht ein krasser ...» haben wir aus [126] übernommen.

25 Das Zitat «Unser Erkenntnisapparat ...» entstammt [118], S. 102.

26 Die Boltzmann-Zitate (S. 246) «[...] als der Apparat ...» und «Nach meiner Überzeugung ...» haben wir aus [119], S. 111 übernommen.

27 Das Zitat von Lorenz «[...] aus denselben Gründen ...» haben wir aus [120], S. 357 entnommen; sein Zitat «Für den Naturforscher ...» aus [173].

28 Die «evolutionäre Ästhetik» ist eines der Themen von [122].

29 Das Michell-Zitat haben wir aus [138], S. 311, entnommen; dort englisch.

30 Wir zitieren Laplace nach [130], S. 6.

31 Der Abschnitt zu den Schwarzen Löchern folgt [105], ab S. 303. Dort sind auch deren quantenmechanische Eigenschaften beschrieben, die wir hier unterdrückt haben.

32 Die Themen des Unterkapitels «Urzeugungen» sind in [97], [105] und [106] ausführlich dargestellt.

33 Das Augustin-Zitat entstammt [131], S. 837.

34 Wie bereits Newtons Charakterisierung der Zeit, zitieren wir auch die des Raums nach [96], S. 28.

35 Die Notiz Thomas Manns über «Sterne, Nebel, Milchstraßen ...» ist auf S. 505 von [60] abgedruckt.

36 Das Buch Weinbergs ist [132]; die Zitate stehen auf S. 212f.

37 Das Zitat «Aller Raum wird ...» entstammt [60], S. 509.

38 Das Zitat «Ausgezeichnet gegen das Anorganische ...» entstammt [60], S. 503.

39 Eine ausführliche Darstellung der Spekulationen zum Ewigen Leben enthält [137].

40 Der mehrfach erwähnte Essay *Lob der Vergänglichkeit* findet sich in X, S. 383 ff.

41 Das «Fragment über das Religiöse» beginnt auf S. 423 von XI; das Zitat «daß es nie eine Stufe ...» steht auf S. 425.

42 Unsere Diskussion von Ameisenhaufen, Vogelschwärmen und Computerprogrammen folgt [135], S. 111. Das Buch Hofstadters ist [136]. Das Buch von Holland ist [134], das bereits erwähnte Wolframs [79]. Das Buch von Michael Tomasello ist [133], die Zitate stehen auf den S. 249f. und 35. Unsere Diskussion der Thesen des Buchs folgt [106], S. 173 f.

43 Die Überschrift «Lobgold» für einen Abschnitt über die Ehrungen, die Thomas Mann bei seiner Rückkehr aus den USA zuteil geworden sind, haben wir von aus [8], S. 560, übernommen. – Das Zitat «dessen Mißlingen ...» stammt aus dem bereits öfter erwähnten Essay *Lob der Vergänglichkeit* in X, S. 385.

Literaturverzeichnis

Die Bibliographie enthält die im Text, den Anmerkungen, den Abbildungstexten oder als Quellen von Abbildungen angeführten Werke sowie Werke aus dem Umkreis unseres Themas, die zu vertiefender Lektüre geeignet sind. Die Zitate aus den Werken Thomas Manns haben wir «Thomas Mann: *Gesammelte Werke in dreizehn Bänden*; Frankfurt/Main 1960–1974» entnommen:

I:	*Buddenbrooks*
II:	*Königliche Hoheit / Lotte in Weimar*
III:	*Der Zauberberg*
IV–V:	*Joseph und seine Brüder*
VI:	*Doktor Faustus*
VII:	*Der Erwählte / Bekenntnisse des Hochstaplers Felix Krull*
VIII:	*Erzählungen / Fiorenza / Dichtungen*
IX:	*Reden und Aufsätze 1*
X:	*Reden und Aufsätze 2*
XI:	*Reden und Aufsätze 3*
XII:	*Reden und Aufsätze 4*
XIII:	*Nachträge*

Aus ihnen zitieren wir durch Angabe des Bandes I–XIII und der Seitenzahl.

Aus den Tagebüchern «Thomas Mann: *Tagebücher*, 10 Bände, hrsg. von Peter de Mendelssohn (5 Bände, 1918–1943) und Inge Jens (5 Bände, 1943–1955), Frankfurt/Main 1977–1995» zitieren wir durch Angabe des Datums der Eintragung.

Als Quelle der Briefe haben wir, wenn immer möglich, [34] (auch zitiert als Briefe 1, 2 und 3) benutzt; zitiert wird durch Angabe des Adressaten und des Datums des Briefes.

[1]   E. Heftrich und H. Koopman: *Thomas Mann und seine Quellen*;
        Vittorio Klostermann, Frankfurt/Main 1991.

[2]   Gunilla Bergsten: *Thomas Manns Doktor Faustus – Untersuchungen
        zu den Quellen und zur Struktur des Romans*; Max Niemeyer Verlag,
        Tübingen 1974.

[3]   Liselotte Voss: *Die Entstehung von Thomas Manns Roman «Doktor
        Faustus» – Dargestellt anhand von unveröffentlichten Vorarbeiten*;
        Max Niemeyer Verlag, Tübingen 1975.

[4]   Elisabeth Emter: *Literatur und Quantentheorie*; Walter de Gruyter,
        Berlin 1995.

[5]   Keith Devlin: *Das Mathe-Gen*; Klett-Cotta, Stuttgart 2001.

[6]   Hans Wolfgang Bellwinkel: «Naturwissenschaftliche Themen im Werk
        von Thomas Mann»; Naturwissenschaftliche Rundschau, 45. Jg.
        Heft 5/1992, S. 174.

[7]   Hans Wolfgang Bellwinkel: «Naturwissenschaftliche Themen im
        Werk von Thomas Mann»; ZIF Mitteilungen 1/2002, S. 13.

[8]   Hermann Kurzke: *Thomas Mann – Das Leben als Kunstwerk*; Fischer
        Taschenbuch Verlag, Frankfurt/Main 2001.

[9]   Emo Descovich: «Dehnt sich das Weltall aus?» Neue Freie Presse,
        27. 6. 1934.

[10]   *Falterschönheit. Exotische Schmetterlinge in farbigen Naturaufnah-
        men.* Zwölf vielfarbige Tafeln mit Einführung von Adolf Portmann.
        Vorwort von Hermann Hesse. Bern 1935.

[11]   *Kunstgebilde des Meeres. Muscheln und Schneckengehäuse.* 15 Farb-
        tafeln nach Aquarellen von Paul A. Robert. Einführung von Arnold
        Maserey. Bern 1936.

[12]   *Meyers Kleines Lexikon.* 8. gänzlich neu bearbeitete Auflage in drei
        Bänden. Leipzig 1931–1932.

[13]   R. D. Potter: «We Live Inside a Globe, Too»; The American Weekly
        19. 3. 1944.

[14]   Anonymer Artikel: «Die Wunder der Meerestiefe». Prager Presse,
        [Mitte] August 1934.

[15]   Sigrid Becker-Frank: *Das Spätwerk Thomas Manns. Untersuchungen
        zur Integration des Zitats in Thomas Manns «Doktor Faustus»*; Dis-
        sertation, Tübingen 1963.

[16]   H. Peibst: «Experimente aus Thomas Manns *Doktor Faustus*»;
        Wissenschaft und Fortschritt 8, 1958, S. 113–114.

[17]   Richard Thieberger: *Der Begriff der Zeit bei Thomas Mann*; Baden-
        Baden 1952.

[18]   Hans Wysling (Hrsg.): «Thomas Mann, Notizen zu Felix Krull,

Friedrich, Königliche Hoheit, Versuch über das Theater, Maja, Geist und Kunst, Ein Elender, Betrachtungen eines Unpolitischen, Doktor Faustus und anderen Werken» (Euphoria, Beiheft 5.), Heidelberg 1973.

[19]   M. Hartmann: *Allgemeine Biologie. Eine Einführung in die Lehre vom Leben*; Jena 1927.

[20]   K. Ludwig Pfeiffer: «Literatur und die Naturwissenschaften»; Siegener Studien, Heft 35 (1983/84) S. 45 – 57.

[21]   A. Erman und H. Ranke: *Aegypten und aegyptisches Leben im Altertum*; Verlag J. C. B. Mohr (Paul Siebeck), Tübingen 1923.

[22]   Alfred Grimm: *Joseph und Echnaton – Thomas Mann und Ägypten*; Philip von Zabern, Mainz 1992.

[23]   Klaus Harpprecht: *Thomas Mann – Eine Biographie*; Rowohlt Verlag, Reinbek 1995.

[25]   Hans Wysling (Hrsg.): Dichter über ihre Dichtungen, Band 14/I–III; Frankfurt/Main 1975–1981.

[25]   Ernst Peter Fischer: *Niels Bohr – Die Lektion der Atome*; Piper Verlag, München 1987.

[26]   Klaus Mampell: «Wandlung des Organischen»; Genf 1951. Aus: Revue Suisse de Zoologie, Vol. 58, Nov. 1934, S. 537–551.

[27]   Hans Wysling: Thomas Mann heute – sieben Vorträge; Francke Verlag, Bern und München 1976.

[28]   Albert Einstein: *Mein Weltbild*; Ullstein Verlag, Frankfurt/Berlin 1989.

[29]   Lincoln Barnett: *The Universe and Dr. Einstein*; New York 1948; Exemplar mit Anstreichungen von Thomas Mann im Thomas-Mann-Archiv; Übersetzung ins Deutsche: [54].

[30]   Michael Maar: *Geister und Kunst – Neuigkeiten aus dem Zauberberg*, Carl Hanser Verlag, München 1995.

[31]   Joachim Fest: *Die unwissenden Magier – Über Thomas und Heinrich Mann*; Wolf Jobst Siedler Verlag, Berlin 1985.

[32]   Marcel Reich-Ranicki: *Thomas Mann und die Seinen*; Deutsche Verlags-Anstalt, Stuttgart 1987.

[33]   Manfred Eigen: «Zwei Kulturen?». In: Göttinger Universitätsreden; Grenzübertritte – Drei Vorträge zur deutschen Literatur; Vandenhoeck & Ruprecht, Göttingen.

[34]   Briefe 1: Thomas Mann: Briefe 1889–1936 (hrsg. von Erika Mann); S. Fischer Verlag, Frankfurt/Main 1961. Briefe 2: Thomas Mann: Briefe 1937–1947 (hrsg. von Erika Mann); S. Fischer Verlag, Frankfurt/Main 1963. Briefe 3: Thomas Mann: Briefe 1948–1955 und

Nachlese (hrsg. von Erika Mann); S. Fischer Verlag, Frankfurt/Main 1965.

[35] Rudolf Wolff (Hrsg.): *Aufsätze zum Zauberberg*, Bouvier, Bonn 1988.

[36] Günther Schwarberg: *Es war einmal ein Zauberberg*. Steidl Verlag, Göttingen 2001.

[37] Knut Radbruch: *Mathematische Spuren in der Literatur*; Wissenschaftliche Buchgesellschaft, Darmstadt 1997.

[38] Arthur Kaufmann: «Zur Relativitätstheorie. Erkenntnistheoretische Erörterungen». In: der Neue Merkur, Jg. 3, 1920, S. 587–594.

[39] Artikel über die «Einsteins Theorie» in: Münchner Neueste Nachrichten vom 25. Februar 1920 (Nach Hermann [40], S. 234).

[40] Armin Hermann: *Einstein – Der Weltweise und sein Jahrhundert*; Piper Verlag, München 1994.

[41] Heike Weishaupt: *Albert Einstein und Thomas Mann. Chronik ihrer politischen Beziehung*. Magisterarbeit, Stuttgart 1994.

[42] Hans Wysling: «Wer ist Professor Kuckuck? – Zu einem der letzten ‹großen Gespräche› Thomas Manns» In: Hermann Kurzke (Hrsg.): *Stationen der Thomas Mann-Forschung. Aufsätze seit 1970*; Würzburg, 1985, S. 276–295.

[43] Katia Mann: *Meine ungeschriebenen Memoiren*; S. Fischer Verlag, Frankfurt/Main 2002.

[44] Ernst Haeckel: *Die Welträtsel. Gemeinverständliche Studien über monistische Philosophie*; Emil Strauß, Bonn 1899.

[45] Paul Kammerer: *Allgemeine Biologie*; Deutsche Verlags-Anstalt, Stuttgart, Berlin und Leipzig 1915.

[46] Klaus Mann: *Der Wendepunkt – Ein Lebensbericht*; Rowohlt Taschenbuchverlag, Reinbek 1984.

[47] Maurice Maeterlinck: *Geheimnisse des Weltalls*; Deutsche Verlags-Anstalt, Stuttgart, Berlin und Leipzig 1930.

[48] James Jeans: *Sterne, Welten und Atome*; Deutsche Verlags-Anstalt, Stuttgart/Berlin 1931.

[49] Otto J. Hartmann: *Erde und Kosmos. Eine philosophische Kosmologie*; Vittorio Klostermann, Frankfurt/Main 1938.

[50] Homer W. Smith: *From Fish to Philosopher*; Boston 1953.

[51] James Jeans: *Der Weltraum und seine Rätsel*; Deutsche Verlags-Anstalt, Stuttgart/Berlin 1937.

[52] Thomas Mann: *Briefe an Richard Schaukal*. Hrsg. von Claudia Girardi. Vittorio Klostermann, Frankfurt/Main 2003.

[53] Donald A. Prater: *Thomas Mann – Deutscher und Weltbürger*; Carl Hanser Verlag, München 1995.

[54]   Lincoln Barnett: *Einstein und das Universum*. Mit einem Vorwort
       von Albert Einstein; Deutsche Übersetzung von [29]. S. Fischer Verlag,
       Frankfurt/Main 1952.

[55]   Hermann Meyer: *Das Zitat in der Erzählkunst. Zur Geschichte und
       Poetik des europäischen Romans*; Stuttgart 1960.

[56]   Fritz Volbach: *Das moderne Orchester I*; Leipzig und Berlin 1921.

[57]   Christoph Gödde und Thomas Sprecher (Hrsg.): *Theodor W. Adorno
       – Thomas Mann, Briefwechsel 1943–1955*; Suhrkamp Verlag, Frank-
       furt/Main 2002.

[58]   Erika Mann: *Mein Vater, der Zauberer*; Rowohlt Verlag, Reinbek
       1996.

[59]   Volkmar Hansen und Gert Heine (Hrsg.): *Frage und Antwort – Inter-
       views mit Thomas Mann*; Albrecht Knaus Verlag, Hamburg 1983.

[60]   Hans Wysling: *Narzissmus und illusionäre Existenzform. Zu den
       Bekenntnissen des Hochstaplers Felix Krull*; Thomas-Mann-Studien,
       hrsg. vom Thomas-Mann-Archiv der Eidgenössischen Technischen
       Hochschule in Zürich, Band V, Bern 1986.

[61]   Heinrich Breloer: *Unterwegs zur Familie Mann*; S. Fischer Verlag,
       Frankfurt/Main 2001.

[62]   Martin Kuckuck: *Die Lösung des Problems der Urzeugung*; Joh. A.
       Barth, Leipzig 1907.

[63]   Hans Bürgin u.a. (Hrsg.): *Die Briefe Thomas Manns*: Regesten und
       Register I–V; S. Fischer Verlag, Frankfurt/Main 1976–1987.

[64]   Hans Wysling: «Archivalisches Gewühle. Zur Entstehungsgeschichte
       der ‹Bekenntnisse des Hochstaplers Felix Krull›». In: Paul Scherrer
       und Hans Wysling: *Quellenkritische Studien zum Werk von Thomas
       Mann*, S.234–257; Francke Verlag, Bern und München 1967.

[65]   Johann Wolfgang Goethe: «Faust – der Tragödie erster Teil» in:
       Albrecht Schöne (Hrsg.): *Johann Wolfgang Goethe – Faust – Texte*;
       Deutscher Klassiker Verlag, Frankfurt/Main 1994.

[66]   Pierre Duhem: *Ziel und Struktur der physikalischen Theorien*; Meiner,
       Hamburg 1998.

[67]   Hans Wysling und Yvonne Schmidlin (Hrsg.): *Bild und Text bei
       Thomas Mann*; Francke Verlag, Bern und München 1975.

[68]   A. K. Dewdney: *Reise in das Innere der Mathematik*; Birkhäuser
       Verlag, Basel 2000.

[69]   Herbert Meschkowski: *Mathematik verständlich dargestellt*; VMA-
       Verlag, Wiesbaden 1997.

[70]   Erich Schneider: *Von der Null zur Unendlichkeit*; Weiß Verlag, Drei-
       eich 1987.

[71] Eberhard Hilscher: «Thomas Manns Beziehungen zur Philosophie und Naturwissenschaft»; in: Neue deutsche Hefte 23 (1976) Hf.149, S. 53.

[72] Martin Rees: *Das Rätsel unseres Universums*; Verlag C. H. Beck, München 2003.

[73] Abraham Pais: *Raffiniert ist der Herrgott...*; Vieweg Verlag, Braunschweig 1986.

[74] Albert Einstein: *Über die spezielle und die allgemeine Relativitätstheorie*; Vieweg Verlag, Braunschweig 1917; zahlreiche Neuauflagen und Nachdrucke.

[75] Oscar Hertwig: *Allgemeine Biologie*; Verlag von Gustav Fischer, Jena 1912.

[76] Thomas Klugkist: *49 Fragen und Antworten zu Thomas Mann*; S. Fischer Verlag, Frankfurt/Main 2003.

[77] Sir Arthur Eddington: *The Expanding Universe*; Cambridge University Press Cambridge 1933; zahlreiche Neuauflagen.

[78] Armin Hermann: *Einig gegen das «Geziefer»*; in: Damals 2/94, S. 26.

[79] Stephen Wolfram: *A New Kind of Science*; Wolfram Media Inc., Champaign 2002.

[80] Klaus Richter und Jan-Michael Rost: *Komplexe Systeme*; Fischer Taschenbuch Verlag, Frankfurt/Main 2002.

[81] Philip Ball: *The Self-Made Papestry – Pattern Formation in Nature*; Oxford University Press, Oxford 1999.

[82] Dirk Heisserer (Hrsg.): *Thomas Manns «Villino» in Feldafing am Starnberger See 1919–1923*; P. Kirchheim, München 2001.

[83] J. H. Mulvey (Hrsg.): *The nature of matter*; Oxford University Press, Oxford 1981.

[84] Manfred Schroeder: *Fractals, Chaos, Power Laws*; W. H. Freeman and Company, New York 1990.

[85] E. Hinrichsen et. al.: «DLA growth from a line»; Report Series, Cooperative Phenomena Project, Department of Physics, University of Oslo 87–11, 1–21.

[86] *Meyers Physik-Lexikon*, Bibliographisches Institut Mannheim 1973.

[87] Wilfried Kuhn: *Physik 2*; Westermann Schulbuchverlag, Braunschweig 2000.

[88] H. Genz und A. Sararu: «Tischrechnerfilme zur Physik»; PhuD 3, 1986 (218–226).

[89] Heinz R. Pagels: *Die Zeit vor der Zeit*; Ullstein Verlag, Berlin 1985.

[90] Jae R. Ballif und William E. Dibble: *Anschauliche Physik*; Walter de Gruyter, Berlin 1987.

[91]   Helmut Zimmermann und Alfred Weigert: *ABC-Lexikon Astronomie*; Spektrum Akademischer Verlag, Heidelberg 1995.

[92]   Fang Li Zhi und Li Shu Xian: *Creation of the Universe*; World Scientific, Singapore 1989.

[93]   Richard P. Feynman, Robert B. Leighton und Matthew Sands: *Feynman Vorlesungen über Physik*, Bände I–III; R. Oldenbourg, München 1991.

[94]   Reinhard Breuer (Hrsg.): *Das anthropische Prinzip*; Ullstein Verlag, Frankfurt/Main 1981.

[95]   H. A. Lorenz, A. Einstein und H. Minkowski: *Das Relativitätsprinzip. Eine Sammlung von Abhandlungen*; Wissenschaftliche Buchgesellschaft, Darmstadt 1958.

[96]   Isaac Newton: *Die mathematischen Prinzipien der Physik.* Übersetzt und herausgegeben von Volkmar Schüller; Walter de Gruyter, Berlin und New York 1999.

[97]   Henning Genz: *Wie die Zeit in die Welt kam – Die Entstehung einer Illusion aus Ordnung und Chaos*; Carl Hanser Verlag, München 1996, Rowohlt Science Taschenbuch, Reinbek 1999.

[98]   Ernst Mach: *Die Mechanik*; Wissenschaftliche Buchgesellschaft, Darmstadt 1963.

[99]   Volkmar Schüller (Hrsg.): *Der Leibniz-Clark-Briefwechsel*; Akademie Verlag, Berlin 1991.

[100] Gernot Böhme: *Zeit und Zahl*; Vittorio Klostermann, Frankfurt/Main 1974.

[101] Paul Arthur Schilpp (Hrsg.): *Albert Einstein als Philosoph und Naturforscher*; Vieweg Verlag, Braunschweig 1979.

[102] Hermann Weyl: *Philosophie der Mathematik und Naturwissenschaft*; R. Oldenbourg, München 1966.

[103] Henning Genz: «Zeit und Naturgesetze»; in: Friedrich Gaede und Constanze Peres (Hrsg.), *Antizipation in Kunst und Wissenschaft*; Francke Verlag, Tübingen und Basel 1997, S. 133.

[104] J. J. Halliwall u. a. (Hrsg.): *Physical Origins of Time Asymmetry*; Cambridge University Press, Cambridge 1994

[105] Henning Genz: *Die Entdeckung des Nichts – Leere und Fülle im Universum*; Carl Hanser Verlag, München 1994, Rowohlt Science Taschenbuch, Reinbek 1999.

[106] Henning Genz: *Wie die Naturgesetze Wirklichkeit schaffen – Über Physik und Realität*; Carl Hanser Verlag, München 2002, Rowohlt Science Taschenbuch, Reinbek 2004.

[107] Klaus Lunau: *Warnen, Tarnen, Täuschen – Mimikry und andere Über-*

lebensstrategien in der Natur; Wissenschaftliche Buchgesellschaft, Darmstadt 2002.

[108] Ernst Peter Fischer: *Die andere Bildung*; Ullstein Verlag, München 2001.

[109] Max Delbrück: *Wahrheit und Wirklichkeit*; Rasch & Röhring, Hamburg 1985.

[110] Manfred Eigen: *Stufen zum Leben*; Piper Verlag, München 1987.

[111] Freeman Dyson: *Origins of Life*; Cambridge University Press, Cambridge 1999.

[112] G. Wächtershäuser: «Life as we don't know it»; Science 289 (2000), 1307–1308.

[113] Erwin Schrödinger: *Was ist Leben?*; Piper Verlag, München 1987.

[114] Francis Crick: *Was die Seele wirklich ist – Die naturwissenschaftliche Erforschung des Bewußtseins*; Artemis & Winkler, München 1994.

[115] Michael Neumann: «Kommentar zu *Der Zauberberg*» – Band 5.2 der Großen Kommentierten Frankfurter Ausgabe der Werke Thomas Manns; S. Fischer Verlag, Frankfurt/Main 2002.

[116] Ludimar Hermann: *Lehrbuch der Physiologie*; Berlin 1910.

[117] Bertolt Brecht: *Flüchtlingsgespräche*; Suhrkamp Verlag, Frankfurt/Main 1965.

[118] Gerhard Vollmer: *Evolutionäre Erkenntnistheorie*; S. Hirzel Verlag, Stuttgart 1981.

[119] Ludwig Boltzmann: *Populäre Schriften*; Vieweg Verlag, Braunschweig 1979.

[120] Konrad Lorenz: «Die angeborenen Formen möglicher Erfahrung»; in: Zeitschrift für Tierpsychologie 5 (1943), S.352.

[121] George G. Simpson: «Biology and the Nature of Science»; in: Science 139 (1963), S.84.

[122] Ernst Peter Fischer: *Das Schöne und das Biest*; Piper Verlag, München 1997.

[123] Stephen J. Gould: *Illusion Fortschritt – Die vielfältigen Wege der Evolution*; S. Fischer Verlag, Frankfurt/Main 1998.

[124] Stephen J. Gould: *Der Dinosaurier im Heuhaufen – Streifzüge durch die Naturgeschichte*; S. Fischer Verlag, Frankfurt/Main 2000.

[125] Simon Conway Morris in: Ernst Peter Fischer und Klaus Wiegandt (Hrsg.): *Evolution – Geschichte und Zukunft des Lebens*; S. Fischer Verlag, Frankfurt/Main 2003.

[126] Charles Darwin: *Über die Entstehung der Arten*; Reclam Verlag, Stuttgart 1998.

[127] Lee Smolin: *Warum gibt es die Welt?*; Verlag C. H. Beck, München 2000.

[128] Ernst Mayr: *Die Entwicklung der biologischen Gedankenwelt*; Springer, Berlin 1985.

[129] Bernhard Rensch: *Homo sapiens*; Vandenhoeck & Ruprecht, Göttingen 1965.

[130] Jean-Pierre Luminet: *Schwarze Löcher*; Vieweg Verlag, Braunschweig/Wiesbaden 1997.

[131] Augustinus: *Confessiones – Bekenntnisse*; Kösel Verlag, München 1960.

[132] Steven Weinberg: *Die ersten drei Minuten*; Piper Verlag, München 1977.

[133] Michael Tomasello: *Die kulturelle Entwicklung des menschlichen Denkens*; Suhrkamp Verlag, Frankfurt/Main 2002.

[134] John H. Holland: *Emergence*; Addison-Wesley Reading 1998.

[135] Henning Genz: *Gedankenexperimente*; Wiley-VCH Verlag, Weinheim 1999.

[136] Douglas R. Hofstadter: *Gödel, Escher, Bach – ein Endloses Geflochtenes Band*; Ernst Klett Verlage, Stuttgart 1985.

[137] David Deutsch: *Fabric of Reality*; Penguin Books Harmondsworth 1997. Die nicht ganz vollständige deutsche Übersetzung ist 1996 unter dem Titel *Die Physik der Welterkenntnis* im Birkhäuser Verlag, Basel erschienen.

[138] Prabhakar Gondhalekar: *The Grip of Gravity*; Cambridge University Press, Cambridge 2001.

[139] Edgar Allan Poe: *Heureka*, übersetzt von Arno Schmidt. In: Edgar Allan Poe, *Werke II*; Walter Verlag, Olten und Freiburg im Breisgau, 1967.

[140] A. K. Dewdney: *The Planiverse*; Copernikus Springer, New York 2001.

[141] Edwin A. Abbott: *Flächenland*; Franz Becker, Salzdetfurt 1982.

[142] Edwin A. Abbott: *The annotated Flatland – A Romance of Many Dimensions*; mit einer Einführung und Kommentaren von Ian Stewart; Perseus Publishing, Cambridge MA 2002.

[143] Rudy Rucker: *Die Wunderwelt der vierten Dimension*; Scherz Verlag, Bern 1984.

[144] Ian Stewart: *Flacherland*; Verlag C. H. Beck, München 2003.

[145] John Leslie: *Universes*; Routledge, London 1989.

[146] John D. Barrow und Frank J. Tipler: *The Anthropic Cosmological Principle*; Clarendon Press, Oxford 1986.

[147] B. Carter: «Large Number Coincidences and the Anthropic Principle in Cosmology»; in: M. S. Longair (Hrsg.): *Confrontation of Cosmological Theories with Observational Data*; D. Reidel Publishing, Dodrecht 1974.

[148] F. Bertola und U. Curi (Hrsg.): *The Anthropic Principle*; Cambridge University Press, Cambridge UK 1993.

[149] Martin Rees: *Just Six Numbers – The Deep Forces That Shape the Universe*; Basic Books, New York 2000.

[150] P. C. W. Davies: *The Accidental Universe*; Cambridge University Press, Cambridge UK 1982.

[151] John Gribbin und Martin Rees: *Cosmic Coincidences – Dark Matter, Mankind, and Anthropic Cosmology*; Bantam Books, New York 1989.

[152] Michael Rowan-Robinson: *The Nine Numbers of the Cosmos*; Oxford University Press, Oxford UK 1999.

[153] John D. Barrow: *The Constants of Nature – From Alpha to Omega*; Jonathan Cape, London 2002.

[154] Robert Kaplan: *Die Geschichte der Null*; Piper Verlag, München 2003.

[155] Charles Seife: *Zwilling der Unendlichkeit – Eine Biographie der Null*; Berlin Verlag, Berlin 2000.

[156] Alfred Beutelsbacher: «Null – Die Erfindung einer unberechenbaren Zahl»; in: Karlheinz A. Geissler u.a. (Hrsg.): *Könnte es nicht auch anders sein?*; S. Hirzel Verlag, Stuttgart 2002.

[157] John D. Barrow: *Warum die Welt mathematisch ist*; Campus Verlag, Frankfurt/Main 1993.

[158] John D. Barrow: *The Book of Nothing*; Jonathan Cape, London 2000.

[159] Martin Gardner: *Time Travel and Other Mathematical Bewilderments*; W. H. Freeman, New York 1988.

[160] Heinz Haber (Hrsg. und Autor): *Das Mathematische Kabinett*; Deutsche Verlags-Anstalt, Stuttgart 1967.

[161] Christoph Pöppe: «Edle magische Quadrate»; in: Spektrum der Wissenschaft 1/1996, S. 14.

[162] Ivar Peterson: *Islands of Truth – A Mathematical Mystery Cruise*; W. H. Freeman and Company, New York 1990.

[163] Wayt T. Gibbs: *A Digital Slice of Pi*; in: Scientific American, May 2003, S. 13.

[164] Gerald L. Geison: *The Private Science of Louis Pasteur*; Princeton University Press, Princeton NJ 1995.

[165] Alexander Oparin: *Die Entstehung des Lebens auf der Erde*; Verlag Volk und Wissen, Berlin und Leipzig 1947.

[166] Stanley M. Miller und Leslie E. Orgel: *The Origins of Life on Earth*; Prentice-Hall Englewood-Cliffs, NJ 1974.

[167] Günther Wächtershäuser: «Die Entstehung des Lebens», in: Ernst-Ludwig Winnacker (Hrsg.): *Unter jedem Stein liegt ein Diamant*; S. Hirzel Verlag, Stuttgart 2001.

[168] N. W. Timoféef-Ressovsky, K. G. Zimmer und M. Delbrück: «Über die Natur der Genmutation und der Genstruktur»; in: Nachrichten der Wissenschaftlichen Gesellschaft Göttingen, Mathematisch-Physikalische Klasse, Fachgruppe 6, Nr. 13, S. 190–245, 1935.

[169] Adolf Portmann: *Biologische Fragmente zu einer Lehre des Menschen*; Schwab Basel 1944. Nachdruck 1956 unter dem Titel *Zoologie und das neue Bild vom Menschen*. Rowohlts Deutsche Enzyklopädie, Bd. 20, Rowohlt Verlag, Reinbek 1956.

[170] Adolf Portmann: «Die Ontogenese des Menschen als Problem der Evolutionsforschung»; Verb. Schweiz. Naturf. Ges. 44–53, 1945. Nachdruck in *Zoologie aus vier Jahrzehnten*; Piper Verlag, München 1967.

[171] Friedrich Nietzsche: «Antichrist»; in: *Gesammelte Werke in drei Bänden*, Wissenschaftliche Buchgesellschaft, Darmstadt 1997.

[172] Konrad Lorenz: *Das sogenannte Böse*; Borotha-Schoeler, Wien.

[173] Konrad Lorenz: «Kants Lehre vom Apriorischen im Lichte gegenwärtiger Biologie»; in: *Blätter für deutsche Philosophie*, Band 15 (1941), S. 94–125.

[174] Heinrich Hertz: *Untersuchungen über die Ausbreitung der elektrischen Kraft*; Leipzig 1892.

[175] Abraham Pais: Raffiniert ist der Herrgott…; Vieweg Verlag, Braunschweig 1986.

[176] Peter de Mendelssohn: *Der Zauberer – Das Leben des deutschen Schriftstellers Thomas Mann*; S. Fischer Verlag, Frankfurt/Main 1975.

[177] Thomas Mann: Aufsätze, Reden Essays 3, hrsg. von Harry Matter; Berlin und Weimar 1986.

[178] Angelus Silesius: *Sämtliche Poetische Werke in drei Bänden*, Band 3; Carl Hanser Verlag, München 1949.

Register

a priori 246–249
Abbott, Edwin A. 117, 292
Adorno, Theodor W. 33 f.
Affe 216, 218
– Menschwerdung 238
 (→ Mensch)
Allgemeine Relativitätstheorie
 27, 30, 42, 118, 123, 256
Allsympathie 201 f., 204
Amann, Paul 43, 296
Andromeda-Galaxie 98 f.
Anfangsbedingungen 111, 114,
 122, 277, 283
Angelus Silesius 124, 293
Anpassung (Adaptation) 224 f.,
 233, 235, 237, 252
 (→ Evolution)
Anthropisches Prinzip 112 f., 278
– partizipatorische Version 114
– Schwaches 96, 113
– Starkes 94, 113 f.
Atomismus 38, 290
Atomkern 41, 266
Augustin 271 f., 297
Außerirdischer 28

Bakterien 191, 215
Barnett, Lincoln 16, 33, 98, 181 f.,
 185–187, 276, 295
Barrow, John 88, 114
Becker-Frank, Sigrid W. 24, 288
Bellwinkel, Wolfgang 32, 289

Beobachtung 108, 114, 124, 258
– eingeschränkte 173
 (→ Unschärferelation)
Bergsten, Gunilla 22, 288
Bewußtsein 132 f., 217
«Billionen» 183 f., 193, 296
Biochemie 175
– der Einsicht entzogene 171 f.
Bohr, Niels 92, 114, 166, 295
Boltzmann, Ludwig 41, 246 f.,
 297
Brecht, Bertolt 154, 173 f., 295

Carter, Brandon 111, 292
Cepheide 101, 104, 255
Chandrasekhar-Grenze 183
Chladnische Klangfiguren 72 f.
Crick, Francis 132 f.

Darwin, Charles 51 f., 111, 114,
 220–222, 224 f., 228, 235–237,
 245, 251, 294, 297
Delbrück, Max 143 f., 168, 176 f.
Denkgesetze, aprioristische
 247 f.
Denknotwendigkeit 166–168
Descartes, René 39, 41, 87
diffusionsbegrenztes Wachstum
 66, 68, 75
Dinosaurier 206 f.
Dirac, Paul 109
DNA 133 f., 148 f., 153, 156, 177

Dopplereffekt 102, 260, 267
Dunkle Energie 254, 257–259,
  276f.
Dunkle Materie 254, 258f.
Dürer, Albrecht 82f.
Dyson, Freeman 155, 159, 168,
  294

Eddington, Arthur 30, 182, 295
Eigen, Manfred 32, 153f., 156f.,
  164, 168, 187, 294–296
Einstein, Albert 10, 15, 18, 25f.,
  30, 33, 118, 120f., 181, 184,
  256f., 276, 295
– Newton unserer Zeit 24, 289
Eisblumen 66, 68, 70, 74
Eisenbahngleis, Knoten im 69f.
elektromagnetische Kräfte 41–43,
  103, 266, 273
Elementarteilchen 41, 186
Emergenz 142, 282–284
Energie 26, 91f., 112f., 268f.
Eozän 190, 215
Erde 230 (→ Leben)
– Bewegung um die Sonne 46,
  197, 271
– präbiotische 147
→ Schwerefeld 263
Erkenntnisapparat, menschlicher
  245–249
Evolution 11–13, 159, 166, 189,
  220–222, 231, 237, 245, 250f.
  (→ natürliche Selektion)
– Aposteriori der 249
– gerichtete 217
– präbiotische 144
– Zufall 235, 237
evolutionäre Erkenntnislehre
  245–249, 251
evolutionäre Konvergenz 217
Evolutionsgespräch → Kuckuck-
  Gespräch

Falter 50–52
Feinstrukturkonstante 103
Feynman, Richard P. 172, 295
Fraktal 126f.
«fressender Tropfen» 75–77

Galaxien 29, 105–107, 110, 112,
  258, 260, 267, 275
  (→ Rotverschiebung)
– Fluchtgeschwindigkeit 104,
  106f., 255
→ Schwarze Löcher im Zentrum
  von 264
– weit entfernte 104, 107, 109
Galaxienhaufen 95, 101, 258, 260
Galilei, Galileo 39, 85
Gene 138, 171, 176f., 226, 232,
  238f.
– als eigene Einheit des Lebens
  177
– informationstragende 154f.
– Verdoppelung 155
genetische Vielfalt 250f.
Goethe, Johann Wolfgang von
  15f., 23, 48, 228
Gottesbeweis 111, 114
Gould, Stephen J. 216, 253, 296

Haeckel, Ernst 16, 294
Heisenberg, Werner 10, 174
«Heisenbergs Mikroskop» 172,
  183
Hermann, Armin 27, 289
Hermes 193f., 198
Hertwig, Oskar 138f., 233, 294
Hetaera esmeralda 22f.
Hilscher, Eberhard 27, 29–31, 289
Himmelsblau 47–49
Hinzukommendes 199, 214,
  280–282 (→ Nichts; Sein)
Hofstadter, Douglas R. 283, 298
Holland, John 284, 298

Homo erectus 218, 220, 243
Homunkulus 170 f.
Hubble, Edwin Powell 29, 101,
    104, 118, 255
Hubble-Teleskop 256
Hyperzyklus 153, 155, 157 f.

Interferenz 47 – 50
Inzest-Tabu 249 f.

Jeans, James 181, 187, 295
Jens, Inge 186, 214

Kammerer, Paul 16, 35
Kampf ums Dasein 223 f., 243
Kant, Immanuel 101, 230 f., 243,
    246, 248 f.
Kayser, Rudolf 15, 287
Kegelschnecken 54 f.
kognitive Fähigkeiten 245 f.
Kompaktifizierung 115, 272
komplexes Verhalten 283 f.
kosmische Hintergrundstrahlung
    108, 254, 265 – 267, 274
Kosmologische Konstante 30, 115,
    257 f., 260, 276
Kosmos → Universum
Kuckuck-Gespräch 33, 72, 101,
    106, 214, 275 f., 280, 290
    (→ Mann, Thomas, Roman-
    personen)

Lamarck, Jean Baptiste 231 f., 297
Lamarckismus 233
Laplace, Pierre Simon 262
Leben, Ursprung 96, 110, 112,
    133 f., 140, 142 – 146, 148 – 151,
    156 f., 161, 164, 221
    (→ Nichts; Sein)
– als Computer 171
– Entstehungsbedingungen
    110 – 112, 115

– im Wasser 191
– im Weltraum 145
– Kohlenstoff-Grundlage 145
– spontane Erzeugung 140
– Trachten nach Selbsterkenntnis
    132
– Vermehrungsfähigkeit 154
– zeitgenössische Erforschung 131
Leibniz, Gottfried Wilhelm 89 f.,
    111, 122, 275 f.
Licht 103
– abgelenktes 118
– Spektrallinie 103, 255
– von einem Stern abgestrahltes
    262 f.
Lichtgeschwindigkeit 28, 92, 108
– falscher Wert 27
«Lichtjahrgeschwindigkeit» 162
Lichtstreuung 47 – 49
logische Existenz 164 f., 168, 172
Lorenz, Konrad 247 f., 297
Lunau, Klaus 52, 291

Mach, Ernst 123
Maeterlinck, Maurice 16, 182,
    295
Magisches Quadrat 81 – 85
Mann, Erika 185
Mann, Katia (Ehefrau) 37, 117,
    185, 289, 293
Mann, Klaus (Sohn) 18, 287
Mann, Thomas 9, 12, 17, 23, 48,
    70 f., 76, 139 f., 214 f., 220, 226 f.,
    233, 250, 265, 269, 277, 288 f.,
    293
– «höheres Abschreiben» 34
– «mit dem Bleistift gelesen»
    23 f., 32, 34 – 36, 71, 99, 186 f.,
    209, 290
– Notizen 33, 71 f., 276, 280
– «wechselnde Berufe» 31 – 33
– Zitierweise 18 – 22, 34

Mann, Thomas, Naturwissen-
schaften 10f., 29, 37, 143,160,
163–165, 168, 170
– falsche Zeitlichkeit 32, 50f.
– fehlende Kenntnisse 25, 27, 104,
120, 183f., 258
– Medizin 24, 32, 36
– Physik 24, 29, 32f.
→ Zeit 118–121, 270, 275
Mann, Thomas, Romanpersonen
– Adrian Leverkühn 16, 20, 22,
27, 29f., 33, 46f., 56, 72f., 75,
81f., 93, 96, 100, 106f., 253
– Daniel zur Höhe 26, 289
– Eliezer 85f., 292
– Felix Krull (alias Marquis de
Venosta) 13, 20, 29, 33, 52f.,
101, 179, 187, 189, 202, 214,
253, 281, 296
– Hanno Buddenbrook 11, 20, 34
– Hans Castorp 16, 20, 34, 66,
71, 119f., 122, 124f., 131, 134f.,
139, 161, 163, 270, 292f.
– Hurtado 202f.
– Imma Spoelmann 37, 44
– Jonathan Leverkühn 16, 22f.,
46f., 51f., 54, 57, 65f., 72, 74f.,
77, 80, 290
– Joseph 20, 85f., 286
– Klaus Heinrich 37f., 44, 290
– Professor Kuckuck 9, 12f., 16f.,
29, 43, 94, 181, 187, 189, 191, 202,
215, 253, 267, 269, 281, 287f.
– Serenus Zeitblom 20, 29, 47,
56, 73, 75f., 81, 84f., 93, 110
– Staatsanwalt Paravant 124–126
Mann, Thomas, Werke
– *Bekenntnisse des Hochstaplers
Felix Krull* 11, 16f., 25, 29, 43,
71f., 94, 280, 282, 294f.
* Zitate 53, 180f., 189–214,
270, 275

– Briefe 31–33
* Zitate 34, 43
– *Buddenbrooks* 11
– *Der Zauberberg* 11, 18, 25, 36,
72, 117, 131, 140, 144, 161, 169,
171, 176f., 270, 275, 290, 293f.
* Zitate 66, 119, 124f.,
131–139, 160–164
– *Doktor Faustus* 16, 18, 20, 22,
25–27, 29, 33, 46, 52, 80f., 93,
181, 288f., 292
* Zitate 47, 51f., 56f., 59, 65,
72, 74, 78, 93, 96f., 100
– *Joseph und seine Brüder* 86, 286
* Zitate 86
– *Königliche Hoheit* 37
* Zitate 38, 44
– *Lob der Vergänglichkeit* 94, 215,
281f., 292, 298
– *Lotte in Weimar* 16, 18, 181
* Zitate 31f.
– *Meerfahrt mit Don Quijote* 93,
120, 292
– *Okkulte Erlebnisse* 15, 25, 121,
161, 289
– Reden und Aufsätze
* Zitate 81, 118
– Tagebücher 20, 33, 161,
185–187, 215, 268, 281, 289
* Zitate 43, 91, 139f., 185, 188
Maxwell'sche Gleichungen 42
Mayr, Ernst 233, 297
Medi (Mann, Elisabeth, Tochter)
187f.
Mendel, Gregor 238
Mensch 195, 210, 225
– dem Tier verwandter 195, 199
– «Gedanken lesender» 285
– unvermeidlich aufgetauchter
218–220
– vom Affen abstammender 216,
238

Meter 27 f.
Michell, John 261, 297
Milchstraße 29, 95, 97–99, 101,
    197 f., 201, 264, 267, 276
Miller-Experiment 149–152, 159,
    168
Mimikry 52, 291
Minkowski, Hermann 121
missing link 91 f., 243
Mitgefühl 244
Molekülgruppen 160 f., 163–165
Molluskenwachstum 58 f., 63–65
Morris, Simon Conway 217, 296
Multiversum 114, 116
Muschelmuster 56 f.
Mutationen, zufällige 235

Nachkommen 233, 237, 239
Natur, anorganische 65, 75, 134,
    143, 145, 199, 279
Natur, organische 75, 77, 134,
    143, 145, 161 f., 164, 205, 231,
    279 (→ Leben, Ursprung)
Naturgesetze 103, 122, 168, 271,
    283
– gelegentlich geänderte 229
– statistische 235
Naturkonstante 28, 103, 113 f., 254
natürliche Selektion (Zuchtwahl)
    221, 225–227, 233–237, 239,
    244 f., 251
– vom Menschen aufgehobene 226
Neandertaler 188, 211–213, 220,
    227, 243 f.
Neutrino 91 f., 161
Newton, Isaac 46, 48, 122, 128,
    200, 220, 275, 293, 298
Nichts, physikalisches 43, 195 f.,
    268 f., 271 f., 278 (→ Sein)
– nachweltliches 276
→ Quantenfluktuation 268 f., 272
→ Zweiter Hauptsatz 278 f.

Nietzsche, Friedrich 23, 182, 226 f.,
    230, 295
Null 87, 89, 93
nunc stans 118

Oparin, Alexander I. 147 f., 151 f.,
    294
Oppenheimer, Max 18 f.
Ordnung
– abnehmende 57–59, 275
    (→ Unordnung)
– zunehmende 57, 275
Osmose 75, 80
osmotischer Druck 78 f.

Parallaxenbestimmung 45, 101
Pascal, Blaise 38
Pasteur, Louis 140 f., 294
Pasteurisierung 142
pi 125–129, 293
Pithecanthropus erectus 200, 220
Planetenbewegung 111, 271, 273 f.
Planetensysteme 110, 270, 274 f.
    (→ Sonnensysteme)
Plenismus 38 f., 44, 290
Population 233 f., 239
Populationsgenetik 239
Portmann, Adolf 215, 296
Princeton 24 f., 33
Proteine 150–152, 159

Quadratur des Kreises 125, 293
Quantenmechanik 42, 92,
    165–168, 172, 175
– Kopenhagener Interpretation 172
Quantenfluktuationen 43 f., 268 f.,
    274

Radioaktivität 40 f.
Raum 25, 38, 107, 119, 121, 196,
    198, 270 f. (→ Zeit)
– absoluter 275

– gekrümmter 107, 109
– Gummiband-Modell 108
– in Zeit transformierter 121
Raum, leerer 38–40, 44, 259, 268
– Fluktuationen 43 f., 268
– verhinderter 42
– zulässiger 40
Rechenregeln 21, 87–90
reduzierende Atmosphäre 148 f., 152
Rees, Martin 112, 115, 292
Replikation 155 f.
reproduktive Fitness 241, 250
Riesengürteltiere 207 f.
RNA 153, 156–158 (→ DNA)
Rosenthal, Dr. 24, 288
Rotverschiebung 100, 103 f., 255

Säbelzahntiger 207 f.
Sauerstoff 146–148
Schlanklori 208 f.
Schließen, richtiges 166 f.
Schneekristalle 66 f.
Schönberg, Arnold 33
Schopenhauer, Arthur 16–18, 23, 120
Schrödinger, Erwin 177
Schwache Kraft 112 f.
Schwarze Löcher 254, 261–264, 276, 297
– verdampfende 277
Schwarzschild-Radius 264
Schwerefeld 118, 197, 260, 274
– negative Energie 261
Schwerkraft 105, 112, 117, 256–258, 262, 273, 275
Sechssymmetrie 66–68
Sein 43, 196, 198 f., 201, 215
(→ Leben, Ursprung; Nichts)
– aus dem Nichts 195, 281 f.
Serviette 69 f.

SETI (Search für Extraterrestial Intelligence) 145
Sexualität, universelle 136 f.
sexuelle Selektion 240–243, 245
(→ natürliche Selektion)
Shakespeare, William 200, 220
Sonne 96, 197, 270, 274
– eigenes → Schwerefeld 118, 274
– verbrauchter Kernbrennstoff 280
Sonnensystem 110, 162, 197, 267
Spektrallinien 103, 255
Spezielle Relativitätstheorie 92, 121, 263
Standardkerze 104, 255
Starke Kraft 112 f.
Sterne 96, 112, 254, 260, 275 f.
– abgestrahltes Licht 262 f.
– Schicksal 254
(→ Schwarze Löcher)
Sternenexplosion 91, 110
Strukturblau 48
Supernova 254 f.
– Entfernungsbestimmungen 255 f.
Superstrings 272
Superstringtheorie 115
Symmetriebrechung 69 f.

Thomas-Mann-Archiv Zürich 18, 22, 55, 98, 287
Thomas-Mann-Forschung 29, 53
Thomson, J. J. 41, 186
Tiefenzeit 230
Tomasello, Michael 284 f., 298
topologischer Defekt 68–70
Torricelli, Evangelista 38–40

Überleben 245, 285
Übermensch 227
Unbewußtes, kollektives 252
Unendlichkeit 108, 262

Universum 30, 111f., 114–117, 265, 269, 275, 277
– Alter 110, 229
– beobachtbares 108, 114, 258
– flaches 257, 260
– frühes 103, 112
– Schicksal 276, 280f.
Universum, Expansion 29f., 100, 104–106, 112, 118, 258, 273, 276 (→ Galaxien)
– beschleunigte 256–258, 276
– im offenen System 279
Unordnung 58f. (→ Entropie)
– maximal mögliche 275
Unschärferelation 172–175, 268, 295
– zwischen Energie und Zeit 268f.
Urknall 91, 106–110, 113, 115, 264, 267
– vierhunderttausend Jahre danach 265
Urzeugung 71, 132, 134, 160f., 195, 210, 280, 282
– der Wohlgestalt 272f.
– des Menschen 281

Variation, zufällige 233–236
Vererbung 139 (→ Gene)
– erworbener Eigenschaften 138, 226, 232–234
Vermehrung 142, 148, 156f.
Vitalismus 171

Wächtershäuser, Günther 169, 295
Wahrscheinlichkeitspostulate 236
Warburg, Otto 141, 143, 169
Wärmestrahlung 266, 275
Wärmetod 278f.

Wasser, gefrierendes 37f., 66f.
Wassermoleküle 74f.
weibliche Wahl 242, 244
Weinberg, Steven 138, 277, 298
Weishaupt, Heike 24, 27, 289
Welt, Alter der 30, 106f.
Weltraum, kolonisierter 280
Weyl, Hermann 30, 123, 293
Wheeler, John Archibald 114, 124
Wolfram, Stephen 60–64, 284, 291
Wysling, Hans 16, 23, 182, 287f., 290f., 295

Zahlen 12, 88f., 109f., 128, 229
– irrationale 126, 128
– komprimierbare 61
– rationale 126
Zeit 25, 118–121, 123, 196, 198, 270f. (→ Mann, Thomas, Naturwissenschaften)
– null des → Urknalls 107
– physikalische 118, 120
– und Energie 268f.
– zyklische 119f.
Zeitlosigkeit 196
Zeitrichtung 123, 271
Zelle 136f., 162, 193
– Lebenseinheiten unterhalb der 163, 176
zellulare Automaten 59f., 62f., 283f.
Zufall 62–65, 235, 281
Zufallszahlen 61f., 129
Zweiter Hauptsatz der Thermodynamik 57, 236, 278f.
Zwillingsparadox 122, 128

Bildnachweis

S. 17, 35, 54, 55, 99, 209, 212
Hans Wysling (Hrsg.): *Bild und Text bei Thomas Mann. Eine Dokumentation*, Francke Verlag, Bern/Stuttgart 1975.

S. 19
Postkarte mit Porträt im Thomas-Mann-Archiv, Zürich.

S. 25
Armin Hermann: *Einstein – Der Weltweise und sein Jahrhundert*, Piper Verlag, München 1994.

S. 56
Kunstgebilde des Meeres. Muscheln und Schneckengehäuse, 15 Farbtafeln nach Aquarellen von Paul A. Robert. Einführung von Arnold Maserey, Bern 1936.

S. 60, 62, 63, 65
Stephen Wolfram: *A New Kind of Science*, Wolfram Media Inc. Champaign 2002.

S. 67
National Oceanic and Atmospheric Administration/Department of Commerce, Washington D.C., USA.

S. 68
Manfred Schroeder: *Fractals, Chaos, Power Laws*; W.H. Freeman and Company, New York 1990.

S. 69 (unten)
J. H. Mulvey (Hrsg.): *The Nature of Matter*, Oxford University Press, Oxford 1981.

S. 82
Herbert Meschkowski: *Mathematik verständlich dargestellt*, VMA-Verlag, Wiesbaden 1997.

S. 95
Fang Li Zhi und Li Shu Xian: *Creation of the Universe, World Scientific*, Singapore 1989.

S. 98
Heinz R. Pagels: *Die Zeit vor der Zeit*, Ullstein Verlag, Berlin 1985.

S. 102
Jae R. Ballif und William E. Dibble: *Anschauliche Physik*, Walter de Gruyter, Berlin 1987.

S. 149, 153
Ernst Peter Fischer: *Die andere Bildung*, Ullstein Verlag, München 2001.

science

Mathematik, Physik, Medizin, Philosophie, Kunst, Genetik – so kommt die Wissenschaft in den Kopf

Pierre Basieux
Die Top Ten der schönsten mathematischen Sätze
3-499-60883-9

Jörg Blech
Leben auf dem Menschen
Die Geschichte unserer Besiedler
3-499-60880-4

Richard Dawkins
Das egoistische Gen
3-499-19609-3

Michio Kaku
Im Hyperraum
Eine Reise durch Zeittunnel und Paralleluniversen
3-499-60360-8

Detlef B. Linke
Kunst und Gehirn
Die Eroberung des Unsichtbaren
3-499-60258-X

James Trefil
Physik im Strandkorb
Von Wasser, Wind und Wellen
Professor James Trefil ist komplexen Naturerscheinungen auf den Grund gegangen – ein Kolleg auf hohem Niveau, voller vergnüglicher Geschichten!

3-499-19683-2